KB140740

한미일중 100년 Ⅱ

냉전 해체와 중국의 부상

(1970-2023)

한미일중 100년 Ⅱ
냉전 해체와 중국의 부상
(1970–2023)

최종현학술원

KOREA
U.S.A.
JAPAN
CHINA

일조각

인사말

최종현학술원이 출범한 지 벌써 5년이 지나고 있다. 그동안 학술원은 과학기술 혁신과 지정학적 변화가 가져올 기회와 도전을 심층적으로 분석하여 효과적인 대응 방안을 제시하고자 노력해 왔다. 그런데 5년 전의 예상보다 과학기술 혁신은 더 빠른 속도로 진행되고 있고, 지정학적 리스크는 훨씬 더 커지고 있다.

예컨대 생성형 인공지능(AI)의 등장은 전방위적인 기술 혁신을 가속화시키고 있으며, 드론, 통신위성 등은 전쟁의 양상을 바꾸어 놓고 있다. 첨단기술·산업과 이를 둘러싼 공급망이 곧 안보 문제로 인식되면서, 국가 간 무역 장벽도 강화되고 있다. 세계 시장의 블록화에 따라 그동안 자유무역에 힘입어 성장해 온 한국 경제는 큰 도전을 맞게 되었다.

우리나라가 이러한 도전을 극복하고 지속적인 평화와 성장을 이루기 위해서는 주변 국가와의 협력을 통한 새로운 발전모델을 구상할 필요가 있다. 이를 위해서는 과거의 역사로부터 교훈을 얻어 미래의 평화를 설계할 수 있는 지적 상상력이 필요하다. 학술원은 그 노력의 일환으로 이번에 '한미일중 100년'을 되돌아보고 역사적 교훈을 찾아내는 작업을 하였다.

한미일중 관계의 미래 100년을 성공적으로 구축하려면 과거 100년에 대한 정확한 이해가 필수적이며, 21세기 국제관계가 20세기와 어떤 연속성과 변화 속에서 진행되고 있는지를 알아야 한다.

　이 책이 객관적 사실에 근거한 역사적 이해를 공유하고, 한반도와 동아시아에 새로운 평화 질서를 구축하는 길을 모색하는 데 큰 도움을 줄 것으로 기대한다.

　마지막으로 100여 년에 걸친 한미일중 관계사를 재정리하는 방대한 사업을 성공적으로 이끌어 준 42명의 전문가들에게 깊이 감사드린다.

최종현학술원 이사장, SK그룹 회장

최태원

발간사

최종현학술원은 올해 1월 4일 우리나라를 대표하는 42명의 한국 외교사 분야 석학들을 한자리에 초청하여 지난 150년의 한·미·일·중을 둘러싼 외교사의 흐름을 되돌아보고 한반도와 동아시아의 미래 100년을 조망해 보았습니다.

동아시아 지역의 지난 100년의 역사적 흐름을 다양한 시각에서 조망해 볼 필요가 있습니다. 올해 한미동맹 70주년을 맞아 20세기에 미국이 글로벌 파워로 등장하며 세계사를 재편하는 과정에서 동아시아에 끼친 영향을 중심으로 지난 100년을 재조명해 보면서 앞으로 다가올 또 다른 70년의 향배를 가늠해 보는 것도 의미 있는 일이라고 하겠습니다. 특별히 한일합병을 전후한 시점부터 오늘날까지 미국이 태평양을 건너 동아시아로 외교무대를 확장하면서 중국, 일본 등 기존의 동아시아 열강들과 어떤 관계를 형성하고 변천해 왔는지, 그리고 한반도에 대한 미국의 인식과 이해관계가 어떻게 변해 왔는지를 정리해 보고자 합니다.

1882년 한미수호통상조약 체결 이후 지난 140년 동안 한미 관계는 엄청난 변화를 겪었습니다. 한국으로부터 지리적으로 가장 멀리 떨어져 있는 '역외국가'였던 미국의 역할 변천과 그에 따른 열강과의 관계 설정은 한국의 역동적 변화에 깊은 영향을 미쳤습니다. 지난 100여 년 동안 코리아는 주권 상실, 일제 식민지로부터 해방, 분단, 전쟁을 겪은 후 산업화와 민주화에 성공하여 개발도상국에서 벗어나 선진국 대열에 진입하는 대전환을 겪었습니다. 조선이 미국과 처음 인연을 맺은 19세기 말, 20세기 초에는 상상도 할 수 없는 일이었습니다. 1901년 시어도어 루스벨트 대통령이 취임할 당시의 미국은 스페인, 영국, 그리고 프랑스 등 전통적인 유럽 강국을 축출하면서 독립을 쟁취하고, 미주 대륙의 서북부 통합을 통해 신장한 국력을 바탕으로 서태평양과 동아시아 진출로 눈을 돌립니다. 아시아에 관심을 기울인 미국은 동아시아 국가들을 향한 문호개방 요구와 함께 광활한 태평양을 횡단하는 데 필요한 군함과 상선의 중간 기지로서 연료, 식량과 식수를 제공할 수 있는 일본과 필리핀을 주목하였고, 당연히 미국의 입장에서 볼 때 한반도는 유사시 보조 역할을 할 수 있는 대상으로 그 중요성이 현저히 떨어졌습니다. 1905년 체결된 것으로 알려진 가쓰라-태프트 밀약은 사실 미일 양국 정부를 대표해서 서명된 합의나 조약은 아니어서 그 구속력에 대한 논란의 여지가 있지만 한 가지 확실한 것은 적어도 미국이 일본을 한반도보다 압도적으로 중요하게 인식하였던 것을 방증하고 있다고 하겠습니다. 이미 쇠약해질 대로 쇠약해진 조선은 국제정치적 지각 변동에 무지했고 미국과 제대로 된 관계를 형성하지 못한 채 국권을 상실하게 됩니다. 제1차 세계대전을 계기로 4대 제국(독일, 러시아, 오스만튀르크, 오스트리아·헝가리)들이 해체되고 신생국가들이 대거 국제무대에 출현하는 역사적 변곡점에서 애석하게도 한국은 독립의 기회를 찾지 못했습니다.

일본제국 패망 이후에도 찬탁 및 반탁으로 분열된 한국은 1948년 UN 역사상 전무후무하게 UN 결의에 의한 총선거를 통해 유엔을 비롯한 국제사회에서 정부 수립을 인정받았습니다. 1950년 북한의 불법 기습 남침으로 인한 6·25전쟁으로 대한민국의 존립이 위태로워졌지만, 오히려 한국전쟁을 통해 한국이 역외국가였던 미국과 새로운 차원의 관계 설정을 하게 된 것은 한반도 역사의 대전환이었다고 할 수 있습니다. 이홍구 전 총리가 한국전에서 스탈린, 모택동, 그리고 김일성 세 사람의 공통된 오판은 미국이 그렇게 빨리 참전을 결정하게 될 줄 몰랐던 것이었다고 술회한 바 있는데, 극적으로 기사회생한 대한민국은 전쟁이 남긴 폐허 속에서 엄청난 경제발전과 민주화를 동시에 이룩하였습니다. 그리고 지난 2023년 8월 캠프 데이비드 한미일 정상회담은 첨단과학기술에 기반을 둔 한국의 대약진이 국제사회에서 공인되었음을 의미하는 역사적 분수령으로 볼 수 있습니다. 이제 한국은 국제사회에서 더 이상 종속변수가 아닌 독립변수가 되었음에 주목하고자 합니다.

네 세션에 걸쳐 진행된 「한미일중 100년」 컨퍼런스의 내용을 두 권의 단행본으로 정리하였습니다. 역사 인식과 방법론의 차이에 따라 중요한 사건이나 현상에 대해 상이한 시각을 가질 수도 있겠지만 우리 학계의 있는 모습 그대로를 snapshot으로 담아 다음 세대로 이어 주는 것도 의미 있는 작업이라고 보았습니다. 첨예한 미·중 전략경쟁으로 인해 동아시아 질서가 다시 격동하고 있는 상황에서 우리들이 한미일중 관계의 지난 150년의 역사로부터 새로운 교훈을 얻어 대한민국이 21세기 국제사회의 격랑을 헤쳐 나가는 데 큰 도움이 되기를 바랍니다.

최종현학술원장

박인국

축사

최근 국제정세가 급격히 변화하고 있어서 우리나라가 어떤 입장을 취해야 하는지가 국민의 커다란 관심 사항이 되고 있다. 특히 한두 나라가 아니라 여러 나라들이 국제사회에서 서로 변화를 추동하고 있어서 일반 국민들이 정확하게 이해하는 것이 쉽지 않은 것 같다. 이 책은 19세기 말부터 최근까지 100여 년에 걸쳐 우리나라가 미국, 일본, 중국을 비롯한 이웃 나라들과 서로 어떤 관계를 맺어 왔는지를 심층적으로 분석하고 있다. 이 문제를 오랫동안 연구해 온 전문가들의 논문과 토론이 오늘날의 국제정세를 이해하려는 일반 국민들은 물론 다른 전문가들에게 큰 도움이 될 것으로 확신한다.

최종현학술원이 이 연구 프로젝트를 구상하는 단계에서 자문을 요청했는데, 먼저 프로젝트의 제목을 보니 '한미일중 100년'이라고 정해서 제목이 멋있다고 생각했다. 그러나 실질적으로는 100년에 국한하지 않고 그 이상의 시기를 다룰 것으로 예상했다. 결국 이 책에서는 조선이 맺은 최초의 근대적 조약인 1876년 강화도조약(조일수호조규)으로부터 시작하여 최근 국제정세의 최대 이슈인 중국의 부상까지 다루고 있기 때문에 거의 150년에 걸친 한반도와 동아시아 국제정세의 역사적 전개 과정을 설명하고 있다. 그리고 프로젝트의 제목에는 한반도와 국경을 맞대고 있는 러시아(소련)가 들어가지 않았지만, 러시아가 한반도 정세,

특히 러일전쟁, 한반도 분단이나 전쟁에 끼친 영향이 너무나 크기 때문에 논문과 토론에는 반드시 들어갈 것으로 기대했다.

지난 100년을 넘어 200년을 되돌아보면 결국 서양 제국주의 세력이 아시아를 비롯해서 전 지구상으로 확장되면서 여러 가지 중요한 변화가 일어났는데, 한반도와 한반도를 둘러싼 동북아 지역도 이들과 새로이 관계를 형성하며 이러한 국제관계로부터 영향을 받아 왔다. 19세기 들어 아시아 국가들이 서양의 제국주의적인 식민지 정책에 대항하고, 또 거기에 적응하는 반응들을 보였는데, 그중에서 일본이 서구 문명을 재빨리 받아들여서 바로 서양 제국주의적 행태를 모방하여 일본 제국을 만든 결과, 일본과 한국, 중국이 전혀 다른 길을 걸을 수밖에 없었다.

그런데 2차 대전을 전후하여 우리가 미국과 아주 가까워지는 사이가 되었는데, 우리가 어떻게 미국과 가까워졌는지에 대한 토론이 필요할 것 같다. 아마 제일 큰 이유 중의 하나가 기독교라고 볼 수 있다. 많은 미국 사람들이 한국을 기독교 국가로 생각하는 경향이 있다. 실제 양국 관계 발전에 기독교의 영향이 굉장히 컸다. 예컨대 1905년에 우리나라가 미국에 특사를 보내야 되겠다고 생각해서 민영환 선생의 도움으로 이승만 박사가 젊은 나이에 특사로 워싱턴에 갔는데, 당시 기록을 보면 시어도어 루스벨트(Theodore Roosevelt Jr.) 대통령과 대화를 잘했다는 것을 알 수 있다. 당시 루스벨트 대통령이 매우 바쁜 일정에도 불구하고 청년 이승만을 만난 배경에는 한국을 비롯해서 아시아에 와 있던 미국 선교사들의 영향이 컸다. 당시 수백 명의 선교사들은 편지나 인편을 통해 한국이 일본의 부당한 정책 때문에 상당한 어려움을 겪고 있다는 것을 알리기 위해 노력했다.

그리고 2차 대전 전후를 시작으로 한미일중의 관계에서 미국의 의도가 매우 중요해졌다. 예컨대 한반도에 6 · 25전쟁이 난 이유가 지금 돌이켜 보면 당시 남침을 결정한 스탈린, 모택동, 김일성, 이 세 사람 모두가 미국을 잘 몰라서 오판을 한 것이다. 이들이 미국을 잘 몰랐던 부분은 아직까지도 한반도 정세에 영향을 미치고 있다. 당시 미국이 유일하게 핵폭탄을 가진 초강대국이지만 한국을 위해서 참전하지는 않을 것이라고 미국의 의도를 제대로 파악하지 못하고 그냥 쉽게 미국과 충돌하는 길을 택했다. 특히 한국전쟁을 일으킨 세 사람은 미국이 한국을 지키기 위해서 파병을 하는 것은 물론 5만 명의 미군들이 전사하는 희생을 감내할 줄을 차마 생각하지 못했다. 미국은 20세기에 있었던 두 개의 큰 전쟁, 1차 대전과 2차 대전을 끝내는 데 결정적인 역할을 한 후, 앞으로 세계평화를 유지하기 위해 제일 좋은 방법을 유엔을 만드는 것으로 보았다. 그런데 한국은 유엔 결의에 따라 만들어진 정부였기 때문에 미국은 한국을 보호하는 것을 당연한 것으로 생각했는데, 스탈린, 김일성, 모택동은 미처 이런 것들을 생각하지 못했다. 이로 인해서 한반도에 전쟁이 발발하고, 중공군의 참전으로 전쟁이 불필요하게 확대되어, 그 후에 국제관계를 바꾸는 결과를 초래했다.

이 책은 위에서 언급한 문제들을 비롯해서 지난 100여 년에 걸쳐 한반도와 동아시아 국제사회에서 일어난 중요한 사건이나 현상들을 심층적으로 다루고 있어서 매우 소중한 가치를 지니고 있다. 최종현학술원이 리더십을 발휘하여 발간된 이 책이 우리 학계나 우리 국민들의 각계 각층에서 보다 큰 관심을 불러일으킬 것으로 믿는다. 앞으로 우리 외교의 미래를 위하여 전문가들의 다양하고 심층적인 논의가 계속되고, 외교정책에 대한 국민적인 합의를 도출하는 데 기여하기를 진심으로 바란다.

전 국무총리
이홍구

축사

이 책은 올해 1월에 개최된 「한미일중 100년」 컨퍼런스의 결과를 중심으로 발표 논문과 토론을 엮은 것이다. 이 회의는 다음과 같은 세 가지 이유 때문에 의미가 크다고 보았다. 첫째, 21세기 세계질서가 미중의 전략경쟁 속에 역사적 변곡점을 맞이하면서, 역사적 안목에서 한미일중 관계의 장래를 전망해 보는 것이 절실하다. 4국 관계는 전통 천하질서, 근대 제국주의 질서, 냉전 질서를 거쳐 복합 질서의 시대로 진행되고 있다. 21세기의 4국 관계는 단순히 19세기 제국주의 시대나 20세기 냉전 시대로 회귀하는 것은 아니지만, 동시에 그러한 속성에서 완전히 벗어난 것도 아니다. 따라서 우리의 운명을 좌우할 21세기 한미일중의 미래사 100년에 대한 전망은 과거사 100년에 대한 제대로 된 이해를 전제로 한다.

둘째, 21세기 한미일중은 새로운 복합 공간의 시대를 맞이하고 있다. 최근 미국을 비롯한 세계 각국은 본격적으로 지구적 인도-태평양 전략을 추진하고, 새로운 삶의 공간을 건축하고 있다. 한국은 19세기 이래 새롭게 근대 국제 공간 속에서 살게 되면서 개별국가 중심의 양자관계나 다자 관계에 기반한 외교를 전개해 오고 있다. 그러나 우리가 21세기의 주인공이 되기 위해서는 지역, 지구, 사이버 공간을 함께 생각해야 한다. 따라서 이러한 공간 변환의 역사적 이해는 필수적이다.

셋째, 21세기 한미일중 관계는 역사의 변곡점을 겪고 있음에도 불구하고, 국내의 미래사에 대한 이해와 실천은 시대에 뒤떨어진 길에서 좀처럼 벗어나지 못하고 있다. 국내 보수와 진보 진영의 21세기 역사 인식은 근대와 탈근대, 또는 냉전과 탈냉전의 이분법적 지평에서 21세기 복합 변환을 제대로 담지 못하고 있다. 우리가 현재의 남남 갈등, 남북 갈등, 지역 갈등, 지구 갈등을 풀기 위해서는 자생과 공동 진화를 통한 공생의 새로운 지평이라는 21세기적 역사 재인식이 필요하다. 이러한 안목에서 보면, 자유, 평화, 번영을 공유하는 한미일의 협력 기반 위에 중국을 포함한 세계와의 공생을 추구하는 새로운 복합 질서를 구축해야 한다.

한국을 대표하는 지성들이 함께 모여 발표와 난상 토론을 통해서 한미일중의 과거 100년을 되돌아보고, 미래 100년을 내다봄으로써 한국이 성공적으로 21세기의 역사적 격랑을 선도적으로 헤쳐 나가는 등대지기 역할을 할 수 있기를 기대한다.

서울대 명예교수, 동아시아연구원 이사장

하영선

차 례

제 4 부

탈냉전과 중국의 부상

요약

박철희(서울대 국제대학원 교수) ··················· 188

탈냉전 시기 미국의 대외전략과 동아시아: 단극구조와 자유주의 국제질서

차태서(성균관대 정치외교학과 교수) ··················· 193

Ⅰ. 탈냉전 30년 역산하기 194
Ⅱ. 탈냉전 시기 미국 대외전략의 흐름 202
Ⅲ. 탈냉전 시기 미국 동아시아 전략의 변동 207

제15장

탈냉전 시기 일본의 보통국가화와 한미일중(1990년대−2010년대)

박철희(서울대 국제대학원 교수) ··················· 225

Ⅰ. 서론: 탈냉전 시기 일본 국가전략의 변화와 시기 구분 226
Ⅱ. 1990년대: 미일동맹의 재정의와 아시아 국가들과의 역사 화해 시도 227
Ⅲ. 2000년대: 동맹과 다자주의의 결합 속에 중국을 견제 232
Ⅳ. 2010년대: 중국의 공세에 대응하는 광역지역전략 구상 237
Ⅴ. 결론: 탈냉전 시기를 관통한 일본의 보통국가화 241

제16장

탈냉전 시기 중국의 대외전략과 한미일중(1990년대−2020년대)

김한권(국립외교원 인도태평양연구부 교수) ··················· 245

Ⅰ. 서론 246
Ⅱ. 냉전의 종식과 중국 대외전략의 변화 246
Ⅲ. 1990년대 장쩌민 시기와 '중국의 부상' 252
Ⅳ. 2000년대 후진타오 시기, '부상'에서 'G2'로 256
Ⅴ. 2010년대−2020년대 시진핑 시기, '도광양회'에서 '분발유위'로 263
Ⅵ. 결론 276

『한미일중 100년 Ⅰ: 일본 제국주의와 냉전(1870-1970)』

일러두기

- 이 책은 2023년 1월 4일 최종현학술원에서 '지정학 특별기획'으로 마련한「한미일중 100년」 컨퍼런스에서 논의된 내용과 추가 좌담회로 구성되어 있다.
- 맞춤법과 띄어쓰기는「한글맞춤법」에 따르는 것을 원칙으로 하되, 용어 및 관용적 문구 등은 예외로 하였다.
- 외국의 인명과 지명 등은 원칙적으로「외래어표기법」에 따르되, 오랫동안 사용해 온 것은 굳어진 대로 표기하였다. 특히 중국의 인명과 지명은 중국어 발음과 한자음을 혼용하였다.
- 한국, 일본 및 중국 자료의 편명은「」로, 책 제목은『』로 묶어 표기하였다. 영문 자료의 경우 시카고 스타일을 따랐다.
- 「한미일중 100년」 컨퍼런스 내용은 최종현학술원 공식 유튜브 채널을 통해 공개되어 있다. (https://www.youtube.com/@cheyinstitute [최종현학술원 특별기획] 한미일중 100년)
- 본 단행본에 게재된 내용은 각 연구자들의 개인적인 견해이며, 최종현학술원의 공식적인 입장이 아님을 밝힌다.

냉전의 이완·해체와
한미일중

요
약

마상윤
가톨릭대 국제학부 교수

　「한미일중 100년」의 제3부는 냉전이 이완되고 궁극적으로 해체에 이르는 시기(1972-1992)에 동아시아를 중심으로 미국·중국·일본·한국이 각각 추구한 외교전략을 살펴보고, 아울러 이들의 전략이 어떻게 교차하면서 상호작용해 왔는지를 입체적으로 분석하였다.

　마상윤 교수는 "미국의 동아시아 정책(1972-1992)"에서 미국의 동아시아 전략을 크게 두 개의 국면으로 나누어 행정부별로 검토한다. 첫 번째 국면은 닉슨, 포드, 카터 행정부가 미국 국력의 상대적 약화 속에 미국이 삼각외교(미국-소련-중국)와 데탕트 정책을 추구하던 시기이다. 1969년 닉슨 독트린, 1972년 닉슨의 역사적인 중국 방문, 같은 해 5월 모스크바 미소정상회담, 1973년 베트남 철수 완료를 통해 데탕트 시대가 활짝 열렸다. 닉슨의 이러한 전략이 한국과 일본 등 동맹국가들의 미국에 대한 신뢰에 의구심을 불러일으키자, 닉슨을 승계한 포드는 동맹 관리에 관심을 기울였다. 카터 행정부는 삼각외교와 데탕트 정책 등과 함께 인권을 강조하는 도덕외교를 추구하였다. 미국이 1979년 1월 중국과 국교정상화를 이루었으나, 1979년 12월 소련의 아프가니스탄 침공에 강력히 대응하면서 신냉전으로 국면이 전환되었다. 두 번째 국면은 레이건과 고르바초프가 등장한 이후 시기이다. 삼각외교와 데탕트는 퇴조했고, 이전과 달리 아시아의 중요성이 상대적으로 부각되었다. 레이건 행정부는 데탕트 정책 대신 힘의 우위에 입각한 외교를 전개함으로써 탈냉전으로의 이행을 촉진하였다. 고르바초프의 개혁·개방이 실패한 결과였다. 중국의 개혁·개방이 시작되면서 미국은 중국의 정치경제적 변화에 대한 낙관론을 바탕으로 건설적 관여를 시도하였다. 부시 행정부는 1989년 천안문 사태에 대응하여 대중국 제재 조치를 취했지만, 곧 건설적 관여를 재개했다. 냉전이 끝나면서 미국 외교와 군사 전략의 초점이 사라지면서 동아시아에서 미국의 전략적 표류도 시작되었다.

이동률 교수는 "중국, 대전환의 20년(1972-1992)"에서 이 시기를 중국 외교사에서 가장 역동적인 격변기로 규정한다. 이 시기에 중국은 경제발전 중심의 실용주의 지향의 개혁·개방 체제로의 대전환을 모색했다. 이에 따라 1982년 '독립자주외교노선'이라는 외교전략이 제시되면서 사실상 대외개방과 국제체제로의 점진적이고 선택적 진입이 진행되었다. 중국 외교의 대전환의 출발점은 미국과의 데탕트인바, 중국이 유엔 가입을 필두로 국제무대에 등장하는 계기가 되었다. 필자에 의하면 20년에 걸친 대전환의 시기에 중국 외교에 세 가지 특징이 나타났다. 첫째, 대국외교와 주변국외교 사이의 상호작용이다. 중국은 주변외교를 통해 주변 정세의 안정을 확보하는 한편, 경쟁 관계에 있는 미국 등 대국에 대한 외교적 레버리지로 활용하고자 했다. 다수의 국가와 접경하고 있는 중국의 지정학적 특성에 따라 형성된 독특한 외교전략이다. 둘째, 내정과 외교 사이의 상호작용이다. 내우를 방지하기 위해 국제정세를 안정적으로 관리하는 것이 중요하다는 중국 특유의 위기관리 인식이 자리하고 있다. 셋째, 자주와 개방의 상호작용이다. 중국은 1971년을 기점으로 지속적으로 개방을 확대하면서 일관되게 중국의 내정간섭에 대한 경계를 늦추지 않으며 자주성을 유지하려 했다. 예컨대 1982년의 '독립자주외교노선'의 제시, 그리고 1990년대 초 '평화연변(平和演變)'에 대한 경계와 민족주의의 고양 등의 방식을 통해 자주성과 독립성을 견지하였다.

조양현 교수는 "데탕트, 신냉전, 탈냉전 시기 일본의 외교(1972-1992)"에서 국제질서의 구조적 변화에 일본이 어떻게 외교적으로 대응해 왔는지를 검토한다. 필자는 일본을 '외압반응형 국가(reactive state)'로 보지 않고, 오히려 냉전체제의 구조가 근본적으로 변화하는 상황에서 일본이 일정한 한계 내에서지만 상당히 적극적이고 전략적인 외교를 펼쳤음을 강조한다. 닉슨의 중국 방문으로 일본은 소위 '닉슨 쇼크'를 겪은 후, 다나카 내각부터 후쿠다 내각까지 미국 일변도의 외교를 극복하고 독자적인 외교 기반을 확보하기 위해 외교 다변화를 시도하였다. 일본은 '전방위 평화외교'와 함께 총합안전보장이라는 개념을 내세우고, 소련을 비롯한 공산권과 동남아 지역을 대상으로 관계 강화 노력을 경주하였다. 그 성과에는 한계가 있었지만, 이러한 시도는 후일 동남아 지역에서의 일본의 기반을 다지는 계기가 되었고, 또한 탈냉전 이후 일본이 아시아 지역주의를 선도하는 사상적 모태가 되었다. 신냉전이 도래하면서 일본은 전방위 평화외교에서 대미 기축 외교로 전환하였다. 나카소네 내각은 소련 견제를 위한 미국의 군사전략에 적극적으로 협력하면서 국제사회에서 일본 외교의 존재감을 확대하였다. 그리고 이후 글로벌 냉전의 해체기를 맞이하면서 일본 외교는 새로운 국가전략을 모색하면서 소위 '보통국가'로의 전환을 본격적으로 시작했다. 이처럼 일본 외교는 미국과의 동맹에 의지하는 정도를 환경변화에 맞추어 조정해 왔으며, 다른 한편으로는 독자적인 외교적 지평을 확대하기 위한 노력도 기울여 왔다. 이와 같은 전략적 노력은 오늘날 새로운 전환기를 맞이하여 국제적 역할 확대를 꾀하고 있는 일본 외교의 기반이 되고 있다.

마지막으로, 우승지 교수는 "데탕트, 신냉전, 탈냉전 시기 한국의 외교(1972-1992)"에서 시기별로 한국 외교의 전략을 검토한다. 미중, 미소 데탕트로 인해 한국 외교는 커다란 도전에 직면하게 된다. 닉슨 독트린, 주한미군 2사단 철수, 미중 화해의 공간에서 박정희 대통령은 자주국방과 자주외교를 모색했다. 한편 진영 대결에 익숙해 있던 한국은 남북대화라는 과감한 실험을 진행했다. 그러나 얼마 가지 않아 남북대화가 중단되고 한반도 안보 상황은 다시 악화되고, 베트남 공산화로 동아시아에 신냉전이 도래하였다. 1970년대 후반 미국의 카터 행정부가 주한미군 철수를 추진하고, 한국의 인권 문제를 강하게 비판하면서 한미관계는 긴장이 높아졌다. 미국은 1980년대 초까지 모든 지상군 병력을 철수한다는 방안을 마련했다. 그러나 소련의 극동함대 증강, 북한의 군사력 증강 정보가 공개되면서 카터의 철군 계획은 중단되었다. 1980년대 한국 외교는 신냉전의 배경 아래 진행되었다. 전두환 정부는 강화된 공산주의 위협에 맞서는 차원에서 미국 및 일본과의 협력 기반을 다졌다. 1970년대 유신정권 때 한국과 미국이 여러 방면에서 갈등을 겪었는데, 1980년대 들어서면서 갈등이 밀월로 바뀌었다. 1980년대 중반부터 소련 내부 변화로 탈냉전의 단초가 마련되었다. 고르바초프의 신사고는 국제질서의 변화를 가져왔다. 노태우 정부는 탈냉전의 분위기 속에서 공산권 국가와 관계 개선을 시도했다. 경제력을 지렛대로 적극적인 북방외교를 펼쳐서 소련과는 1990년에, 중국과는 1992년에 수교했다. 대륙세력과의 교류가 트이면서 한국 외교의 지평이 크게 확대되었다. 북한과의 대화에도 진전이 있었다. 노태우 대통령은 1988년 7·7선언을 발표하며 남북 관계 개선의 드라이브를 걸었다. 이후 1991년에 유엔에 북한과 동시 가입하는 한편 남북기본합의서와 한반도비핵화 공동선언을 만들어 냈다. 북방외교는 탈냉전 기류에 우리가 주체적으로 대응한 노력이었고, 성공한 외교정책으로 평가된다. 다만, 북한과 평화공존의 틀을 만들고 협력의 심화를 이루는 데에는 이르지 못했다.

제 10 장

미국의 동아시아 정책
(1972–1992)

마상윤

가톨릭대 국제학부 교수

I. 서론

이 글의 목적은 1972–1992년 기간 중 미국의 동아시아 전략을 개괄적으로 검토하는 것이다. 20년간 미국에서는 닉슨(Richard Nixon)에서 포드(Gerald Ford), 카터(Jimmy Carter), 레이건(Ronald Reagan), 그리고 부시(Geroge H. W. Bush)까지 다섯 명의 대통령이 백악관을 거쳐 갔다. 다섯 대통령 중 카터만이 유일하게 민주당 소속이었고, 나머지는 모두 공화당이었다. 하지만 이들의 소속 정당이 미국의 동아시아 정책의 방향을 결정짓는 주요 변수는 아니었다.[1]

1972년에서 1992년까지의 시기는 냉전의 역사에 있어서 데탕트에서 신냉전으로, 그리고 다시 냉전 종식에 이르는 극적인 변화를 포함한다.

우선 1972년 2월 닉슨의 중국 방문과 이어진 미중 화해가 상징하듯 데탕트 시기에는 긴장이 완화되고 진영 대결에 일정한 균열이 발생했다. 미중 관계 개선은 정도의 차이는 있었지만, 포드를 거쳐 카터 행정부에 이르기까지 꾸준히 모색되었다. 그러나 카터 행정부 말기에 소련의 아프가니스탄 침공을 결정적 계기로 신냉전 국면으로의 전환이 빠르게 이루어졌으며, 레이건 행정부 초기에 미소 간의 대립과 경쟁은 크게 격화되었다. 하지만 이후 레이건 행정부는 소련과의 군축에 적극적으

---

[1] 물론 카터 대통령의 인권을 중시하는 외교가 보다 민주당의 정체성에 부합한다고 할 수 있겠지만 인권을 외교의 전면에 내세운 것은 민주당 출신 대통령으로서도 차별적인 모습이었다. 게다가 그의 후임인 레이건 대통령은 공화당 소속이었지만 자신의 임기 후반에 인권과 민주주의 증진에 괄목할 만한 성과를 거두었던 바 있다.

로 나섰고, 부시 행정부 시기에 소련의 붕괴로 탈냉전이라는 새로운 시대로의 진입을 맞이하였다.

이 글은 미소 냉전체제의 변동이라는 거시적 맥락 속에서 미국의 동아시아 정책의 전개를 살핀다. 미소 관계를 중심으로 하는 냉전사의 맥락은 미국과 동아시아의 관계에도 일정한 영향을 미쳤다. 일반적으로 보았을 때, 긴장완화의 수준은 아시아에 대한 미국의 군사적 개입 의지와 반비례했다. 하지만 그것이 미국과 아시아 관계를 전적으로 규정한 것은 아니다. 단적인 예로 미소 관계의 부침에도 불구하고 미국과 중국은 관계 개선을 향한 완만하지만 꾸준한 움직임을 보여 주었다.

한편, 미중 관계의 흐름은 미국과 전통적 동맹국과의 관계와 일정한 함수관계를 지니고 있었다. 특히 미국이 아시아 정책의 최대 주안점을 중국과의 관계 개선에 놓느냐, 아니면 일본과 한국 등 동맹국과의 협력 강화에 놓느냐에 따라 큰 차이가 발생했다.

1972년부터 20년의 기간 중 미국의 아시아 외교는 방대한 주제로서 심층적이고 포괄적인 연구가 필요할 것이다. 이 글은 시론적 입장에서 시대의 흐름을 거시적 관점에서 조망하고 정리하였다.

II. 1970년대 데탕트와 미국의 동아시아 정책

1. 닉슨 행정부의 동아시아 정책

1960년대 말, 미국은 베트남전쟁의 수렁에 빠져 있었다. 정치적으로 반전운동이 확대되었고, 경제적으로는 전쟁에 따른 재정지출 증가로 금 보유 문제가 악화하고 인플레이션 압력도 높아졌다. 군사력에서도 소련에 대한 우위를 잃어 갔다. 이런 상황에서 닉슨은 소련 및 중국과의 데탕트를 생각했다. 정치인으로서의 그의 장래가 밝지만은 않을 때였다. 그는 아이젠하워 행정부에서 부통령을 지냈지만 1960년 공화당 후보로 나선 대통령선거에서 패배했고, 1962년 캘리포니아 주지사 선거에서도 낙선했다.

닉슨은 1967년 7월 보헤미안클럽 연설에서 소련과의 데탕트를 제안했다. 소련이 미사일 톤수에서 미국을 앞서기 시작했고, 운반수단에서도 1970년까지는 미국과 대등해질 것이며, 중국도 곧 핵 운반 능력을 보유할 전망이라고 지적했다. 닉슨은 미국이 군사적 우위를 유지하기 위해 투자해야 하며, 외교적으로도 "소련 지도자와 대화를 통해 오판 가능성을 줄이고 서로 합의할 수 있는 영역을 모색하여 긴장을 낮추어야 한다"고 주장했다. 경제적으로는 소련 및 동유럽 국가들과 무역을 확대해야 한다고 보았다.[2]

---

[2] "Address by Richard M. Nixon to the Bohemian Club," San Francisco, July 29, 1967, *FRUS*, 1969-1976, Vol. 1: Foundations of Foreign Policy, 1969-1972, Document 2.

닉슨은 1967년 10월에는 권위 있는 외교 잡지『포린 어페어스
(Foreign Affairs)』에「베트남 이후의 아시아(Asia After Viet Nam)」라
는 제목의 글을 기고했다. 이 기고문은 그가 대통령 당선 후에 펼칠 새
로운 아시아 정책의 청사진이 되었다. 닉슨은 미국이 장기화하는 베트
남전쟁에 빠져 있는 상황을 비판하면서 베트남에서 벗어나서 새로운 아
시아 정책을 펼쳐야 한다고 주장했다. "아시아는 스스로 안보를 위해
노력해야" 하며, 미국의 역할은 이를 도와주는 데 그쳐야 한다는 것인
데, 이런 주장은 후일 닉슨 독트린으로 정식화되었다. 이 글에서 또한
주목할 대목은 중국이었다. 닉슨은 8억 인구의 중국이 "국제사회(the
family of nations)의 밖에 남아 공상을 펼치고 증오를 키우며 이웃을 위
협하도록 놓아두어서는 안 된다"고 썼다.[3]

닉슨은 1968년 선거에서 대통령에 당선된 후 하버드대학교의 국제
정치학 교수인 키신저(Henry Kissinger)를 자신의 국가안보보좌관으로
임명했다. 이는 다소 의외의 선택이었다. 키신저는 공화당 대통령 후보
경선 과정에서 닉슨과 경쟁한 록펠러에게 오랫동안 정책자문 역할을 해
왔기 때문이다. 하지만 키신저와 닉슨은 현실주의자이자 국제주의자라
는 공통점이 있었다. 특히 이들은 미국의 국력이 상대적으로 쇠퇴하는
속에서 미국이 계속해서 영향력을 유지하고 국익을 확보하기 위해 새로
운 외교전략이 중요하다는 데 인식을 같이했다.

키신저는 미국 외교의 기본 과제를 새로운 다극 질서의 출현이라는

---

3 "Article by Richard M. Nixon," October 1967, 위의 자료, Document 3.

국제정치의 구조적 변화에 창조적으로 대응하는 것으로 보았다. 공산권은 중소 분열이 가시화되는 등 더 이상 단일 진영이 아니었다. 서방 진영에서도 일본이 경제 강국으로 등장했으며, 프랑스와 서독 등은 경제력을 회복한 뒤 독자적 외교 노선을 시도하고 있었다. 키신저는 이러한 국제환경의 변화 속에서 미국의 역할은 여타 강대국과의 협조를 이끌어 '평화의 구조'를 만드는 데 있다고 생각했다. 다른 강대국들과 국제질서의 성격에 대한 합의를 형성함으로써 국제적 안정을 도모해야 한다는 것이다.

닉슨 행정부는 국제질서의 다극화 추세 속에서 미국의 새로운 아시아 전략을 모색했는데, 그 내용은 오스굿(Robert Osgood) 교수의 표현처럼 "군사적 축소와 정치적 개입의 지속(military retrenchment without political disengagement)"이라고 요약할 수 있다.[4] 즉 아시아 지역에 대한 군사적 개입은 줄이지만 그러면서도 정치적으로는 계속해서 개입하겠다는 것이다. 이는 1969년 7월 25일 닉슨 독트린으로 처음 표명되었고, 1973년 베트남 철수 완료로 이어졌다.

닉슨 독트린은 아시아 순방 중이던 닉슨이 괌에서 백악관 수행기자단과 가진 기자회견에서 비롯했기 때문에 괌 독트린이라고도 불린다. 닉슨은 동아시아 동맹국들의 자주국방 능력 강화와 미국의 부담 감축 방침을 언급했다. 특히 "태평양전쟁, 한국전쟁, 그리고 아직도 끝이 나지 않은 베트남전쟁"을 언급하며 아시아에서 미국이 국가적 자원을 더 이

---

4 Michael Green, *By More Than Providence: Grand Strategy and American Power in the Asia Pacific Since 1783* (New York: Columbia University Press, 2017), p. 337.

상 계속 소모해서는 안 된다고 주장했다.

사실 닉슨의 기자회견 발언은 준비된 것은 아니었기 때문에 키신저를 비롯한 참모들은 깜짝 놀랐다. 하지만 그가 언급한 방향으로의 정책 전환은 이미 검토되고 있었다. 5월 28일 자로 작성된 NSC의 국가안보 연구비망록(NSSM) 13호는 아시아 지역의 안보에서 일본의 역할을 점차 확대하고, 미군의 주둔 규모를 축소할 필요가 있으며, 아시아 동맹국들이 자신의 방어를 책임질 수 있다는 결론을 내렸다. 닉슨 행정부는 1970년 초에 한국, 일본, 태국 등 아시아 주둔 미 군사력을 감축한다는 계획을 마무리하고 이행에 옮기기 시작했다.[5] 한국에서는 한국군 현대화 계획을 지원하는 보상을 약속하고, 1971년 3월까지 병력 2만 명의 주한미군 제7사단이 철수했다.[6]

닉슨 행정부가 추진한 새로운 아시아전략의 또 다른 축은 중국에 관한 것이었다. 원래 키신저는 중국에 큰 관심을 두지 않았다. 그러나 그는 닉슨의 지시를 따르면서 중국과의 관계 개선에 전략적 의미를 부여했다. 강대국 간 힘의 역학 관계를 이용한 국제관계 관리를 구상하던 키신저는 악화일로에 있던 중소 관계를 중요한 전략적 기회로 인식하기 시작했다. 닉슨의 비전은 키신저의 전략을 만나 '평화를 위한 구조'의 아이디어가 되었다. 미국이 중국과의 관계를 개선하면, 이는 첫째, 중소 분쟁 상황에서 소련에 미국과의 관계 개선 압력으로 작용할 수 있을

5 Michael Green, *Ibid.*, pp. 337-339.
6 Sang-Yoon Ma, "Alliance for Self-reliance: ROK-US Security Relations, 1968-71," 『미국학 논집』 39권 1호(2007).

것으로 생각했다. 둘째, 중국의 협조를 유도함으로써 베트남전쟁으로부터 명예로운 탈출을 모색할 수 있다고 보았다. 셋째, 국내 정치적으로도 닉슨의 외교 치적을 앞세워 대통령 재선에 유리한 여건을 만들 수 있을 것으로 생각했다. 넷째, 중국 시장 확보로 미국 경제 회복 및 미국 경제계의 행정부에 대한 지지 강화도 기대할 수 있었다.

요컨대, 닉슨 행정부는 미·중·소 삼각관계 속에서 중국과의 관계 개선을 통해 베트남전쟁에서의 명예로운 출구를 찾고 아울러 소련과의 경쟁도 완화하려 했다. 실제로 1971년 7월 키신저의 비밀 방중에 이어 이듬해 2월 닉슨의 역사적인 중국 방문이 이루어졌고, 같은 해 5월 모스크바에서 미소정상회담이 개최되어 데탕트 시대가 활짝 열렸다.

그러나 미국의 이러한 전략은 일본과 한국 등 아시아 동맹국에 '미국을 얼마나 신뢰할 수 있을 것인가'에 대한 의구심을 불러일으켰다. 일본은 닉슨 행정부가 비밀리에 중국에 접근한 것과 달러화의 금 태환 중지 선언 때문에 큰 충격을 받았다. 한국도 미국이 주한미군 1개 사단 철수에 그치지 않고 추가 철수를 추진할 가능성에 대해 우려하게 되었다. 게다가 닉슨 행정부가 약속한 한국군 현대화 지원이 미 의회의 부정적 태도로 인해 필요 예산을 확보하기 쉽지 않게 되어서 한국의 안보 불안은 더욱 증폭되었다.[7]

---

7 *Investigation of Korean-American Relations: Report of the Subcommittee on International Organizations of the Committee on International Relations U.S. House of Representative*, October 31, 1978(Washington D.C.: U.S. Government Printing Office), pp. 65-70.

2. 포드 행정부의 동아시아 정책

1974년 8월 닉슨 대통령이 워터게이트 스캔들로 사임하면서 포드 부통령이 대통령직을 승계하였다. 하지만 닉슨 행정부 외교의 핵심 인물인 키신저는 국무장관직에 유임되었고, 닉슨-키신저 팀의 대중 정책 방향도 그대로 유지되었다. 다만 포드 행정부는 미중 관계정상화를 추진하려 했으나, 공화당 내의 반대 여론을 의식해서 1976년 대통령선거 이후로 추진을 미루었다. 물론 포드 대통령이 재선에 실패함으로써 미중 수교의 과제는 카터 행정부에서 추진하게 되었다.

포드 대통령은 닉슨의 잔여 임기 2년 4개월을 채우는 데 그쳤고, 1976년 11월 대통령선거에서 고배를 마셨다. 따라서 포드 행정부는 닉슨 행정부의 연속선 상에서 부속물처럼 평가되는 경향이 있지만, 나름의 정책적 구상을 펴고자 노력을 기울인 것도 사실이다. 포드 행정부는 닉슨 행정부 이래의 국방비 감축 기조를 바꾸어 1976년 3월 역대 최대 규모의 국방예산안을 의회에 제출했다. 또 포드 대통령은 1976년 9월 국가안보연구비망록(NSSM) 246호에 서명하면서 국방정책과 전력 태세에 대한 근본적이고 전반적인 검토를 지시했다.[8] 이후 포드 행정부는 핵 전력 강화와 통상전력의 세계적 배치를 증강하는 전략을 채택한바, 이는 닉슨 행정부의 데탕트 정책과 차별적인 방향이었다.[9]

---

8 National Security Council, "National Security Study Memorandum 246: National Defense Policy and Military Posture," September 2, 1976. https://www.fordlibrarymuseum. gov/library/document/0310/nssm246.pdf.

9 조원선, 「주한미군 철수압박에 대한 한국의 대응연구: 포드 행정부 시기 한국의 대미의회로

아시아 정책에 있어서는 태평양 독트린을 주목할 필요가 있다. 포드 대통령은 중국과 인도네시아 및 필리핀 순방을 마치고 돌아오는 길에 1975년 12월 7일 하와이대학에 들러서 아시아 정책에 대한 구상을 밝히고 이를 '태평양 평화 독트린'이라고 불렀다. 태평양 독트린의 내용은 여섯 가지로 구성되었다. 첫째, 태평양 지역에서의 안정적 세력균형을 위해서는 미국의 힘이 기본요건이라는 것이고, 둘째, 일본과의 동반자 관계가 미국 전략의 기둥이라고 보았다. 셋째, 중국과의 관계정상화 필요성, 그리고 넷째, 동남아시아의 안정과 안보의 중요성을 강조하였다. 다섯째, 아시아의 평화가 기존 정치적 갈등의 해결에 달려 있다고 지적하면서 그 사례로 한국과 인도차이나를 거론했다. 특히 주한미군의 존재가 증명하듯 미국은 한반도의 평화와 안정에 큰 관심이 있다고 밝히고, 대한민국에 대한 지원, 그리고 한반도의 긴장완화를 위한 계속적 노력을 재확인하였다. 아울러 한국 문제에 대한 논의에서 한국을 배제하려는 어떠한 시도도 계속해서 거부한다는 태도도 밝혔다. 마지막 여섯째로는, 미국의 아시아 무역 규모가 유럽을 넘어섰다고 언급하면서 미국의 아시아에 대한 약속은 견고한 경제적 협력 구조에 기반한다고 강조했다.[10]

태평양 독트린에서 일본과의 파트너십을 강조하고 한국에 대한 안보 지원 의지를 재강조하고 있는 데에서 드러나듯이 포드 행정부는 동

비 전략」, 『동북아연구』 35권 1호(2020), 153쪽.

10 "Address by President Gerald R. Ford at the University of Hawaii," December 7, 1975. https://www.fordlibrarymuseum.gov/library/speeches/750716.asp.

맹 관리에 큰 노력을 기울였다. 이는 닉슨 행정부 시기에 동맹 신뢰의 문제가 불거졌던 데에 대한 대응이었다. 1975년 4월 베트남이 공산화되면서 아시아에서의 동맹 관리는 특히 예민한 문제가 되었다. 포드 행정부는 동맹국들이 미국으로부터의 방기(abandonment) 위험을 느낀다는 점을 인식하고 불안을 불식시키기 위해 적극적으로 아시아 지역에 대한 미국의 안보 지원을 재차 확인했다. 태평양 독트린은 그러한 노력의 일환이었다.

포드 대통령은 1974년 11월 방한하여 한국에 대한 미국의 안보 공약을 확인했지만, 이듬해 베트남의 공산화로 한국의 의심과 불안은 다시 커졌다. 북한의 대남전략은 눈에 띄게 강경해졌다. 1975년 4월 18일 중국을 방문한 김일성은 연설에서 "전쟁이 발생하든 혁명이 발생하든, 곧 다가올 혁명 대변혁을 성공적으로 맞아야 한다"고 주장했다. "남조선에서 혁명이 일단 발생하면 우리는 남조선 인민을 적극 지원할 것이며, 같은 민족으로서 절대 수수방관할 수 없다. 만일 적이 전쟁을 감행한다면 우리는 단호히 전쟁으로 답하여, 침략자를 철저히 소멸할 것이다. 이 전쟁에서 우리가 잃을 것은 군사분계선이며, 얻을 것은 조국의 통일이다"라고 말하였다. 그는 한반도에서의 전쟁 발생 시 중국의 지원을 요청하였다. 김일성의 지원 요청에 대한 중국의 반응은 미온적이었다.[11] 하지만 한국의 안보 위기의식은 고조되었다.

한편, 미국의 안보 공약에 대한 신뢰가 약화되면서 박정희 정부는

---

11 션즈화 저, 김동길·김민철 역, 『최후의 천조(天朝): 모택동 김일성 시대의 중국과 북한』(선인, 2017), 877쪽.

핵 개발을 추진하였는데, 미국은 이를 막기 위한 전방위적 압력을 가하였다.[12] 그러한 가운데 1975년 8월 한국을 방문한 슐레진저(James Schlesinger) 미 국방장관은 한국의 안보 불안감을 달래는 차원에서 한반도 전술핵 배치를 공표하기도 했다. 1976년 8월 판문점 도끼살해 사건이 발생했는데, 미국은 북한이 미국 대선을 앞두고 주한미군 철수를 정치쟁점으로 만들려 한다고 판단했다. 포드 행정부는 미국 안보 공약의 신뢰성을 지키기 위해 북한의 도발에 단호하게 대응하였다. 미국의 단호한 대응 앞에 북한은 이례적으로 사과했다.[13]

3. 카터 행정부의 동아시아 정책

1977년 출범한 카터 행정부는 삼각외교(triangular diplomacy)와 데탕트 정책을 계속 추진하였다. 이런 점에서 이전의 닉슨, 포드 행정부와의 정책적 연속성을 찾을 수 있다. 하지만 그 방식은 조금 달랐다. 워터게이트 스캔들과 베트남전이 미국 사회에 큰 도덕적 상처를 남긴 상태에서 카터는 외교에 있어서 인권을 강조하는 소위 '도덕외교'를 추구

---

12 Central Intelligence Agency, National Foreign Assessment Center, "South Korea: Nuclear Developments and Strategic Decisionmaking," June 1978. http://nautilus.org/wp-content/uploads/2011/09/CIA_ROK_Nuclear_DecisionMaking.pdf; Se Young Jang, "The Evolution of US Extended Deterrence and South Korea's Nuclear Ambitions," *The Journal of Strategic Studies*, Vol. 39, No. 4(2016).
13 Andrew Gawthorpe, "Ford, Kissinger and US Asia-Pacific Policy," *The Diplomat*, August 15, 2014. https://thediplomat.com/2014/08/ford-kissinger-and-us-asia-pacific-policy/.

하였다.[14] 현실주의 외교에 대비되는 것이었다. 그러나 외교 목표로서 상대국의 인권 상황 개선을 강조하는 가운데 소련과의 군축 협상이 지연되었고, 한국처럼 권위주의체제 아래 있던 우방국과의 관계도 경색되었다.

한편, 1979년 12월 소련이 아프가니스탄을 침공하면서 국제정세는 급속히 냉각되었다. 이로써 데탕트가 막을 내리고 신냉전으로 국면이 급속도로 전환되었다. 미국은 소련의 아프간 침공에 강경하게 대응하였다. 특히 카터 대통령의 국가안보보좌관이었던 브레진스키(Zbigniew Brzezinski)는 소련의 아프간 침공이 대전략 일환이라고 이해하고 강경 대응을 주도해서 관철했다.[15]

미국은 소련을 압박하기 위해 중국을 군사적으로 지원하는 소위 '중국 카드'도 활용했다. 이 역시 브레진스키 국가안보보좌관이 적극적으로 추진한 접근법이었다. 그는 1978년 5월 중국을 방문하여 덩샤오핑(鄧小平), 화궈펑(華國鋒), 황화(黃華) 등 중국공산당의 핵심 인사를 모두 만났다. 그는 미국이 중국과 관계를 정상화할 의지가 있다고 강조했다. 대만 문제와 관련해서는 닉슨의 약속을 재확인하면서 미국이 대만으로부터 모든 정부기관을 철수할 것이라고도 덧붙였다. 아울러 소련과의 전략무기감축(SALT) 협상 등에 대한 기밀 정세 브리핑을 중국과 공유하였고, 민감 군사기술의 중국 이전도 약속했다.[16]

14 「도덕외교의 이상과 현실」, 『중앙일보』 1977년 9월 21일. https://www.joongang.co.kr/article/1467253#home.
15 소련의 아프가니스탄 침공이 실제로 대전략에서 비롯된 것이었는지는 의문의 여지가 있다.
16 Warren I. Cohen and Nancy B. Tucker, "Beijing's Friend, Moscow's Foe," Charles

당시 밴스 국무장관은 브레진스키와 달리 대중 정책과 대소 정책의 균형에 입각한 데탕트 정책의 유지를 희망했다. 특히 소련과의 관계 개선을 고려해서 중국과의 관계정상화에 비교적 소극적인 태도를 보였다. 미국이 중국에 지나치게 접근하면 소련이 반발하여 소련과의 데탕트에 해를 끼칠 수 있다는 것이었다. 또한 중국과의 관계정상화는 일본을 비롯한 아시아 동맹국과의 관계에도 상당한 긴장을 초래할 수 있다고 우려했다.

그러나 이러한 입장은 브레진스키의 대소 강경론에 밀려 정책화되지 못했다. 카터 행정부 내부의 힘겨루기에서 브레진스키 국가안보보좌관이 밴스 국무장관을 따돌리고 외교정책의 주도권을 쥐면서 중국과의 대화를 진전시켰다. 결국 1979년 1월 덩샤오핑이 워싱턴을 방문한 가운데 미국은 중국과 국교를 정상화했다. 이후 중국에 이중용도 장비를 제공했고, 전자전 장비와 방공 레이다 등에 대한 대중국 수출통제도 풀었다.[17] 미국은 일본의 중국 지원도 독려하였다.

중국과의 국교정상화로 대만에 대한 지원 문제가 미국의 정치쟁점으로 부각되었다. 카터 행정부와의 교섭 과정을 거치면서 중국은 미국이 대만에 대한 무기 지원을 점차 줄여가다가 결국에는 대만 자체를 포기하게 되리라 기대했다. 그러나 소위 '차이나 로비'의 영향력이 강했던 미국 의회에서는 대만을 포기할 생각이 없었다. 오히려 1979년 4월 의

Gati ed., *Zbig: The Strategy and Statecraft of Zbigniew Brzezinski*(Baltimore, MD: The Johns Hopkins University Press, 2013), pp. 88-96.

17 Warren I. Cohen and Nancy B. Tucker, *Ibid.*, p. 96.

회는 대만관계법을 통과시켜 대만에 무기를 지원할 수 있는 국내법적 근거를 마련했다.

한편, 카터 대통령은 취임 직후 주한미군 철수를 추진함으로써 동맹 신뢰 문제를 다시 불러일으켰다. 그는 이미 선거 캠페인 과정에서부터 주한미군 철군을 공약으로 제시했다. 이는 박정희 정부의 권위주의 강화와 '코리아게이트' 스캔들 등으로 미국의 한국에 대한 군사 지원이 정당성을 의심받게 된 맥락에서 나온 것이었다. 중국과의 관계 개선 등 동아시아 데탕트 상황도 미군의 한반도 주둔 필요성을 감소시키는 것으로 보였다.

주한미군 철수 정책은 1979년 6월 카터 대통령의 방한 직전에 중단 되었다. 주된 이유는 북한군 전력을 새롭게 평가한 결과, 기존의 평가 보다 높게 나왔기 때문이다.[18] 한반도에서의 군사력 균형을 유지하려면 주한미군 철수가 이루어지면 곤란하다는 판단이 내려졌던 것이다. 이 로써 카터의 철군 정책은 중단되었지만, 그 과정에서 한미 관계가 크게 악화되었다. 일본도 주한미군 철수가 아시아에 대한 미국 안보 공약의 전반적인 약화로 이어질 것을 우려하며 반대하였다.

---

18 카터의 주한미군 철군 백지화 과정에 대해서는 최규장, 『외교 정책 결정 과정론: 카터의 주 한미군 철수 결정 백지화 과정 연구』(을유문화사, 1993) 참조.

III. 1980년대-1990년대 초 미국의 동아시아 정책과 미소 냉전의 해체

1. 레이건 행정부의 동아시아 정책

1980년 11월 미국 대통령선거에서 카터가 재선에 실패하고 공화당의 레이건 후보가 당선되었다. 레이건은 공화당의 강경 보수세력을 대표하는 정치인이었는데, 그는 닉슨, 포드 및 카터 행정부가 초정파적으로 추진해 왔던 데탕트 정책을 비판했다. 그는 현상 유지에 안주하지 않고 힘의 우위에 입각한 외교를 추진했다. 외교가 힘으로 뒷받침되지 않는다면 비효과적이거나 심지어 위험하다는 생각이었다.[19] 신냉전으로 전환된 국면에서 소련과의 국방비 지출을 대폭 늘렸고, 전략방위구상(SDI)이라는 상징적인 사업도 추진했다. 막대한 예산이 소요되는 사업이었다.

레이건이 냉전을 승리로 이끌었다는 주장이 1991년 소련이 붕괴하며 냉전이 종식된 직후 미국에서 널리 퍼졌다. 레이건 행정부의 대소 압박 외교가 소련의 붕괴와 탈냉전으로의 이행을 촉진하였다는 것이다. 소련은 어려운 경제 사정에 있었는데, 미국과의 군비경쟁에 나섰다가 오히려 경제적 붕괴, 그리고 이어서 공산당 지배의 붕괴를 자초했다는 것이다. 그러나 이러한 평가는 일면적이다. 미국 역사학계의 최근 연구에

---

19 The White House, "National Security Decision Directive 32: U.S. National Security Strategy," Top Secret, May 20, 1982; William Inboden, "Ronald Reagan, Exemplar of Conservative Internationalism?" *Orbis*(Winter 2018), p. 46.

따르면, 냉전 종식은 단순히 레이건 행정부가 소련을 군사적으로 압박한 결과가 아니었다.[20] 그보다는 소련의 최고지도자로 등장한 고르바초프와의 소통과 공감을 통해 그가 대내적 개혁에 전념할 수 있도록 도와준 결과였다.[21] 레이건은 공산주의에 대한 강경한 레토릭을 구사했고 군사적으로 소련을 압박하였지만, 소련 및 중국과의 대화에도 관심이 있었다.[22] 특히 레이건은 집권 4년 차인 1984년 1월 이후 핵 군비축소에 적극적으로 나섰으며, 1985년부터 미소 간에 군축회담이 열렸다.[23] 레이건은 고르바초프가 대내 개혁에 몰두하는 동안 소련의 안전이 위협받지 않을 것이라고 약속했다. 레이건의 진심 어린 태도와 공감 능력, 그리고 자신감은 고르바초프에게 깊은 감명을 주었다.

한편, 레이건은 아시아 정책에서도 중요한 변화를 가져왔다. 닉슨에서 카터에 이르는 기간 중 미국의 아시아 전략이 중국을 중심으로 하는 것이었다면, 레이건 행정부는 동맹, 특히 일본 중심의 전략을 추진했다. 레이건은 더 이상 중국을 아시아 전략의 중심에 놓지 않았지만, 중국과의 관계는 경제교류를 중심으로 해서 오히려 증진되었다. 미국

20 Beth Fischer, *The Myth of Triumphalism: Rethinking President Reagan's Cold War Legacy* (Lexington: University Press of Kentucky, 2020).

21 Melvyn P. Leffler, "Ronald Reagan and the Cold War," Jonathan R. Hunt and Simon Miles eds., *The Reagan Moment: America and the World in the 1980s* (Ithaca: Cornell University Press, 2021).

22 Elizabeth C. Charles and James Graham Wilson, "Confronting the Soviet Threat: Reagan's Approach to Policymaking," Jonathan R. Hunt and Simon Miles eds., *The Reagan Moment: America and the World in the 1980s* (Ithaca: Cornell University Press, 2021).

23 Aaron Donaghy, *The Second Cold War: Carter, Reagan, and the Politics of Foreign Policy* (Cambridge: Cambridge University Press, 2021).

은 중국이 필요로 하는 투자와 기술 이전의 장벽을 낮추었다. 덩샤오핑의 경제개혁이 추진되면서 미국은 중국의 미래를 낙관적으로 전망하기 시작했고, 중국의 시장에 관해서도 관심과 실제 접근을 늘려가게 되었다.[24]

미국의 아시아 정책이 일본을 중시하는 방향으로 변화하면서 표류하던 미일동맹은 로널드 레이건 대통령과 나카소네 야스히로 총리 간의 소위 '론-야스 밀월' 속에서 강화되었다. 다만 미국의 구조적인 대일 무역적자로 일본과의 무역마찰이 발생했다. 여기에는 미국 국력의 상대적 쇠퇴에 대한 우려가 제기되는 가운데 일본의 경제적 부상이 강조되는 거시적 맥락도 작용했다. 정부가 기업을 뒷받침하는 일본식 경제 모델에 대한 미국의 두려움도 있었다. 미국의 시각에서 보면, 무역마찰은 큰 정치적 파장을 일으키지는 않고 비교적 성공적으로 관리되었다. 예를 들어, 1986년 미국과 일본은 반도체 산업과 관련해서 미국의 일본 시장에 대한 접근을 확대한다는 내용을 골자로 하는 무역협정을 체결했다. 미국은 자유롭고 공정한 무역을 강조하면서 일본의 반도체 덤핑 의혹을 제기하며 압박을 가했다. 미국의 거센 공세 앞에 일본으로서는 자국의 반도체 산업 이익을 양보하게 되었다.[25]

그동안 주한미군 철수 정책 등을 둘러싸고 긴장이 노출되었던 한국과

---

24 Jonathan R. Hunt, "One World, Two Chinas: Dreams of Capitalist Convergence in East Asia," Jonathan R. Hunt and Simon Miles eds., *The Reagan Moment: America and the World in the 1980s*(Ithaca: Cornell University Press, 2021).

25 Jennifer M. Miller, "Adam Smith's Arthritis: Japan and Fears of American Decline," Jonathan R. Hunt and Simon Miles eds., *The Reagan Moment: America and the World in the 1980s*(Ithaca: Cornell University Press, 2021).

의 관계에서도 미국은 동맹을 강화하려는 노력을 기울였다. 1981년 2월 전두환 대통령의 미국 방문은 아시아의 동맹관계를 복원하려는 미국의 전략적 의도를 배경으로 이루어졌다. 아울러 미국은 한국의 대공산권 방위에 대한 기여를 명목으로 일본이 한국에 대규모 경제협력 차관을 제공하도록 중재하여 미국을 매개로 한 한일 관계의 개선에도 관여했다.

한편, 미국은 전두환의 방미를 지렛대로 삼아 당시 내란음모죄로 구형되었던 김대중에 대한 사형의 집행을 막았다. 사형이 집행되면 전두환의 방미를 받아들일 수 없다고 한국 신정부에 강조했던 것이다. 1987년 6월 한국의 민주화운동이 거세게 일던 때에 레이건 행정부는 전두환정권의 한국군을 동원한 민주화운동 진압 가능성에 대해 강력히 경고함으로써 한국의 민주화를 도왔다. 이렇게 레이건 행정부는 한국정책에서 안보협력 강화와 함께 민주주의 및 인권이라는 분야에서도 상당한 성과를 이루었다.[26]

2. 부시 행정부의 동아시아 정책

부시 대통령이 1989년 1월 취임할 당시 중국의 미래, 그리고 중국과의 양자관계에 대해 미국은 대체로 낙관적으로 전망하고 있었다. 부시 대통령은 취임 직후인 2월에 중국을 방문하여 중국의 개혁을 촉진

---

26 Michael Green, *Ibid*., pp. 415-420.

하고 중국과의 관계를 강화하고자 했다. 부시의 방중은 소기의 성과를 거두었다. 그러나 1989년 6월 발생한 천안문 사태는 미국을 큰 충격에 빠뜨렸다. 미국에서 특히 의회와 인권단체를 중심으로 중국 당국의 민주화운동 탄압에 항의하는 움직임이 강하게 일었다. 이런 압력 아래에서 부시 행정부는 중국과의 고위급 회담, 중국에 대한 군사기술 이전 및 재정 지원 등을 잠정적으로 중단하는 제재를 가하였다. 하지만 부시 대통령은 중국과의 소통을 중단할 생각이 없었고, 7월 말에 스코크로프트(Brent Scowcroft) 국가안보보좌관과 이글버거(Lawrence Eagleburger) 국무부 차관을 비밀리에 베이징에 보내서 이런 생각을 전하였다. 얼마 지나지 않아서 부시 행정부는 중국과의 관계 증진을 통해 긍정적 방향으로의 발전을 유도한다는 건설적 관여(constructive engagement)를 재개하였다. 부시 행정부는 건설적 관여의 기조에서 1990년 만료 예정이었던 중국에 대한 최혜국 지위를 연장하고, 이를 지렛대로 중국 시장을 개방하고자 했다. 그러나 민주당이 다수를 차지한 의회는 행정부에 협조적이지 않았다. 중국의 최혜국 지위는 1990년 5월에야 연장이 승인되었고, 이후 중국은 20억 달러 규모의 항공기를 보잉사로부터 구매했다. 하지만 미국 국내 압력으로 부시 행정부는 대만에 F-16 전투기를 판매하였고, 부시 대통령은 티베트의 정신적 지도자인 달라이 라마를 만났다. 미국과 중국의 관계는 전면적인 개선이라기보다는 사안별 협력의 형태를 띠기 시작했다.[27]

---

27 Michael Green, *Ibid*., pp. 434-439.

한편 탈냉전으로의 움직임과 함께 소련 위협이 약화하자, 동아시아에서 미국의 군사적 역할 축소도 모색되었다. 미 국방부는 1990년 4월 의회에 제출된 동아시아 전략 보고서를 통해 동아시아에서의 미국의 군사적 역할을 지역 균형자 및 안보 보증자로 규정했다. 미국이 앞으로 이 지역에서 주도적인 군사적 역할을 담당하지 않고, 세력 간의 균형을 조정함으로써 지역의 안정을 꾀하는 간접적 방식으로 역할을 축소 조정하겠다는 의미였다.[28]

냉전의 약화와 해체는 미일 관계에도 미묘한 긴장을 일으켰다. 우선 일본의 '불공정 무역' 관행에 대한 미국의 여론이 악화하였고, 이에 따라 무역 불균형 시정을 요구하는 미 의회에서의 압력도 강화되었다. 또한 1991년 발생한 걸프전도 묘한 파장을 일으켰다. 이라크가 쿠웨이트를 침공하자, 이를 격퇴하기 위해 미국이 주도하는 다국적군이 결성되었는데, 일본은 금전적으로 이바지했을 뿐 다국적군에 직접 참여하지는 못했다. 이를 두고 미국 일각에서는 일본이 국제적 기여를 회피한 채 무임승차하고 있다는 비판이 제기되었다.

부시 행정부 당시 국제적인 탈냉전의 흐름 속에서 한반도 정세도 급변했다. 1991년 9월 남북한이 유엔에 동시 가입하였고, 12월에는 상호불가침을 약속한 남북기본합의서에 서명했다. 한편 부시 대통령이 1991년 9월 27일 전 세계의 모든 지상 및 해상 발사 단거리 전술핵무기를 철수하겠다고 선언했는데, 이는 1992년 1월 한반도비핵화공동선언

---

28 U.S. Department of Defense, *A Strategic Framework for the Asian Pacific Rim: Report to Congress: Looking toward the 21st Century*, 1990.

의 채택을 촉진하는 계기가 되었다. 하지만 남북 관계의 가시적 진전과 성과에도 불구하고 1992년 북한의 핵 개발 의혹이 제기되었다. 1992년 5월 국제원자력기구(IAEA)가 북한의 영변 원자력시설에 대한 사찰을 벌인 결과 신고되지 않은 플루토늄 추출량이 있음을 확인하게 되었던 것인데, 이후 IAEA가 북한에 특별사찰을 요구하였다. 하지만 북한이 이를 받아들이지 않고 오히려 핵확산금지조약(NPT)에서 임의로 탈퇴하면서 제1차 북핵위기가 시작되었다. 이로써 지금까지도 풀리지 않고 있는 국제적 난제인 북핵 문제가 등장했다.

한편 지역의 새로운 명칭으로서 아시아-태평양도 등장했다. 1989년 11월 호주 캔버라에서 제1차 APEC 외교장관 회담이 개최되었다. 아시아-태평양의 등장 배경에는 아시아의 경제적 성장과 국제적 위상 제고가 있었다. 하지만 아시아-태평양은 냉전 이후 미국의 지역적 역할이 줄어들 수 있다는 전망 아래에서 일본과 호주가 미국을 지역에 붙잡아 놓기 위해 고안했던 새로운 지역 구상이기도 했다. 탈냉전과 함께 아시아-태평양의 시대가 열렸던 데에는 이렇게 미국의 이탈을 막으려는 지정학적 고려가 작동했다.

IV. 결론

이상에서 정리한 1970년대 이후 20년간의 미국의 동아시아 정책은 크게 두 개의 국면으로 나누어 볼 수 있다. 첫 번째는 데탕트 국면이다.

미국의 상대적 국력이 약화되면서 미국이 삼각외교와 데탕트 정책을 통해 소련에 제약을 가하려던 시기이다. 이때 미국 외교의 전략적 우선성은 유럽에 놓여 있었고, 아시아 정책은 중국을 중심으로 추진되었다. 미중 데탕트 속에서 한반도에서도 남북 관계의 평화적 진화가 이루어질 것이라는 기대가 있었다. 물론 현실화되지는 않았고, 오히려 동맹 신뢰가 훼손되는 문제가 발생했다.

두 번째 국면은 레이건과 고르바초프 등장 이후이다. 삼각외교와 데탕트는 퇴조했고, 이전에 비해 아시아의 중요성이 상대적으로 더 주목받았다. 이 시기에 미국의 아시아 전략은 동맹, 특히 일본과의 동맹을 중심에 두는 것으로 바뀌었다. 한편 중국의 개혁·개방이 시작되면서 중국의 정치·경제적 변화에 대한 낙관론을 바탕으로 건설적 관여가 시도되었다. 그러나 냉전이 해체되면서 미국 외교와 군사 전략의 초점이 사라지게 되었고, 미국의 전략적 표류가 시작되었다고 볼 수 있다.[29]

---

29 Michael Cox, *U.S. Foreign Policy After the Cold War: Superpower Without a Mission* (London: Cassell, 1996).

제 11 장

중국, 대전환의 20년
(1972-1992)

이동률

동덕여대 중어중국학과 교수

I. 서론:
대전환의 20년

중국공산당 102년, 중국 건국 74년은 혼돈과 격변의 역사였다. 그 가운데에서도 1972년부터 1992년까지 20년은 중국 외교사에서 가장 역동적인 대전환이 진행된 격변기였다. 이 시기는 지구적 차원에서 냉전 체제가 이완되면서 불확실성이 증대되고 있었고, 중국에서는 대전환이 진행되며 혼돈과 격변이 교차하는 시기였다. 중국에서는 이데올로기의 과잉, 절대 안보 위기, 폐쇄와 고립에서 실용주의, 경제 우선주의, 개방과 국제체제의 진입이라는 대전환이 모색되는 역사적 시기였다. 국내적으로는 이데올로기의 광풍이 휘몰아친 문화대혁명(이하 문혁)이 정점을 찍고 수습 국면에 들어서고, 경제발전 중심의 실용주의 지향의 개혁·개방 체제로의 대전환이 모색되었다. 이에 따라 건국 후 사실상 처음으로 이른바 '독립자주외교노선'이라는 외교전략이 1982년에 제시되면서 사실상 대외 개방 및 국제체제와 질서로의 점진적이고 선택적인 진입이 진행되었다.

20년간에 걸친 대전환의 출발에는 미국과의 데탕트가 자리하고 있다. 중국은 미국과의 데탕트를 통해 소련발 절대 안보 불안을 극복하는 한편, 탈문혁을 통해 경제발전을 추동할 수 있는 실용주의 개혁 세력이 집권하는 토대를 마련하게 되었다. 특히 미국과의 데탕트는 중국이 유엔 가입을 필두로 국제무대에 등장하는 계기가 되었으며, 이후 중국은 경제발전에 유리한 국제 제도와 기구에 선택적으로 진입하면서 점차 국제사회에서의 역할과 영향력을 확대해 갔다. 그리고 중국은 1989년 천안문 사건 이후 미국이 이른바 경제적 상호의존을 동원해 중국 체제의 변화를 모색한다는 평화연변에 대한 경계를 갖게 되면서 경제협력선의 다변화를 적극 모색하게 되었고, 그 결과 주변외교의 중요성이 새롭게 부각되었다. 그리고 그 연장선상에서 한중 관계도 40여 년의 단절과 적대를 넘어서 수교에 이르게 되었다.

II. 탈안보위협의 대전환:
중국의 대미 데탕트

1. 마오쩌둥의 대소련 위협인식과 대외전략

이데올로기가 지배적인 영향을 미쳤던 냉전 시기에 중국은 표면적으로는 '반제국주의', '반수정주의', '반패권주의' 등 이데올로기로 포장된 대외전략 기치를 전면에 내세웠다. 중국은 문혁의 극심한 혼돈기를 거치며 1970년대에 외교적 고립과 안보위협에서 탈피하기 위한 고육지책으로 '3개 세계론'을 주창하며 미소 양 패권국에 대항할 수 있는 견제 세력으로 제3세계 국가들과 반패권 통일전선을 기치로 관계 발전을 모색했다. 그렇지만 본질적으로는 마오쩌둥 등 주요 지도자들의 안보위협에 대한 인식이 대외정책 방향을 결정하는 주요 변수로 작동했다. 당시 마오쩌둥의 안보 위협인식은 실체보다는 과대평가된 측면이 있었으며, 이러한 인식의 배경에는 2만 2천 킬로미터에 달하는 세계 최장의 국경을 지닌 취약한 물리적 안보 환경, 소위 '100년 치욕'으로 대변되는 근대 피침의 역사적 경험, 그리고 내부 체제 및 국력의 취약성이 자리하고 있었다.

마오쩌둥은 "미소 양 패권국 중 한 패권국을 쟁취해야 한다. 2개의 전선에서 작전을 할 수 없다. 양 초강대국 사이의 갈등을 이용하는 것이 우리의 정책"이라며, "미국도 중국의 안보위협이지만 소련처럼 초미의 위협이 아니다"라고 판단했다. 마오쩌둥은 두 위협 중 누가 덜 위협인가 하는 점이 중국이 양 초강대국 중에서 우적(友敵)을 구분하는 유일한 원칙이라는 전략적 판단을 갖고 있었다. 중국은 이미 1960년대 초 소련과 갈등이 고조되고 있었지만, 미국 케네디(John F. Kennedy) 정부 역시 중국을 위협으로 인식하고 봉쇄정책을 지속하고 있었다. 따라서 중국 입장에서는 미국을 통한 소련 견제라는 전략적 선택지를 고려해 볼 여지가 없었다. 그럼에도 마오쩌둥을 비롯한 중국 지도자들은 1960년대 중반 이후 지속적으로 미국의 동향 정보를 수집하며 주시하고 있었다.

마오쩌둥은 1968년 소련의 체코 침공과 1969년 진보도(珍寶島)에서의 소련과의 무력충돌 이후 소련의 팽창에 대한 위기의식이 최고조에 이르며, 사실상 소련이 미국을 능가하는 중국의 최대 위협이자 주적이라고 상정하게 되었다. 즉 당시 베트남전의 수렁에 빠져 있던 미국보다는 소련이 더욱 현실적 위협이라는 인식하에 미국을 통해 소련을 견제하는 이른바 반소패권주의의 '연미항소(聯美抗蘇)' 전략을 구상했다. 요컨대, 마오쩌둥이 미국과 관계 개선이라는 전략적 선택을 하게 된 결정적인 동인은 소련에 대한 위협인식에 있다. 그리고 마오쩌둥의 소련에 대한 위협 인식은 국내 문혁이 초래한 정치 불안정으로 인해 더욱 고조되었다. 마오쩌둥은 이러한 내우외환의 상황을 '천하대란'의 국면으로 규정하고 이를 돌파하기 위한 중대한 전략 조정이 필요하다는 인식을 하게 되었다. 이러한 상황에서 중국은 닉슨 행정부의 대중 화해 제스처에 신속하게 반응하며 미국과 관계 개선을 위한 사전 준비와 조치들을 치밀하게 진행시켜 갔다.

2. 미국과의 데탕트를 향한 사전 준비

중국이 건국 이후 20여 년간 주적이자 최대 위협으로 간주해 왔을 뿐만 아니라 냉전 시기에 대립적 체제와 이데올로기를 견지하고 있던 미국과의 데탕트를 도모하는 것은 산적한 고민과 과제를 수반하고 있었다. 우선 주적인 미국과 협상을 통해 중국의 자주성과 국익을 확보하면서 관계 개선을 이루어 낼 수 있을 것인가 하는 협상 차원의 과제가 있었다. 동시에 중국 지도부는 잔존하고 있는 국내 문혁 세력과 국제사회, 특히 북한, 베트남 등 여전히 미국을 주적으로 상정하고 있는 사회주의의 특수 관계 국가들을 어떻게 설득하여 대미 관계 개선을 정당화시킬 것인가 하는 문제도 대두되었다. 따라서 마오쩌둥과 저우언라이는 미국에는 간접적 경로를 통해 관계 개선의 메시지를 전달하는 한편,

국내외의 잠재적 반대세력에게도 미국과의 관계 개선 필요성을 설득하기 위한 사전 정지(整地) 작업도 병행해야 했으며, 그 과정은 2년에 걸쳐 점진적으로 진행되었다. 즉 중국은 대미 관계 개선을 위해 미국, 중국 국내, 그리고 전통적 특수 관계에 있는 인접 국가들을 상대로 일종의 세 차원의 게임을 진행했다.

첫째, 당시 절대 권력을 장악하고 있던 마오쩌둥이 직접 추진하는 미국과의 데탕트에 공개적으로 저항하는 국내 정치세력이 있었다는 증거를 찾기는 어렵다. 그럼에도 마오쩌둥은 돌연한 정책 전환이 초래할 수 있는 국내 충격을 최소화하기 위해 미국과 협상을 앞두고 국내 분위기 조성을 위한 사전 정지 작업을 진행했다. 예컨대 마오쩌둥은 비록 모호하지만 중국과의 대화에 대한 기대를 담고 있는 1969년 1월 닉슨 대통령의 취임 연설 전문을 이례적으로 『인민일보』에 게재하게 했다. 이를 통해 마오쩌둥은 미국에는 관계 개선의 메시지를 전달하는 한편, 잔존하고 있는 문혁 세력을 비롯한 국내 정치세력과 국민에게도 미국과 관계 개선이라는 중대한 전략 조정이 진행되고 있음을 암시했다.

마오쩌둥은 저우언라이를 중심으로 하는 외교라인을 복원시킨 후, 미국과 관계 개선을 진행시켜 가기 위한 구체적인 준비작업의 착수를 지시했다. 우선 마오쩌둥은 중소 분쟁이 격화되고 있던 1969년 2월 저우언라이를 통해 천이(陳毅), 예젠잉(葉劍英), 쉬샹첸(徐向前), 녜룽전(聶榮臻) 4명의 장군에게 '국제형세좌담회'를 구성하여 세계정세 연구를 진행하도록 지시했다. 이들 4명의 장군이 공통적으로 문혁 피해자였던 점을 고려할 때 마오쩌둥과 저우언라이는 이들을 통해 문혁의 혁명지상주

의적 분위기에서 벗어나 새로운 정세 판단과 구상을 기대하고 있었음을
엿볼 수 있다.

　수개월에 걸친 연구, 토론의 결과는 "전쟁정세에 대한 초보적 평가
(對戰爭形勢的初步估計)"와 "현 정세에 대한 견해(對目前局勢的看法)"라는
두 편의 보고서를 통해 제출되었고, 그 주요 내용은 "가까운 미래에 미
제국주의와 소련 수정주의 세력이 단독 또는 연합해서 중국을 상대로
대규모 전쟁을 전개할 가능성은 높지 않다. 중소 간 갈등이 중미 간 갈
등보다 심각하고, 미소 간 갈등이 중소 간 갈등보다 크다. 즉, 소련 수
정주의가 중국의 주적이며, 소련이 미 제국주의보다 우리에게 더 큰 위
협이다. 소련 수정주의의 팽창이 미 제국주의의 기반을 압박하고 있다.
미소 간 투쟁이 상시적이고 첨예하다"는 것으로 요약되었다. 결국 이
연구보고는 당시 미소 초강대국으로부터 동시에 위협에 직면하고 있던
마오쩌둥이 미국과 관계 개선을 통해 이러한 난국을 돌파하고자 하는
이른바 '미국 카드'라는 전략적 선택을 하는 이론적, 논리적 근거를 제
시했다.

　당시 마오쩌둥은 직접 미국과의 관계 개선에 대한 의지를 피력하며
주도하고 있었기 때문에 공산당 내 누구도 이를 공개적으로 반대할 수
있는 상황은 아니었다. 다만 린뱌오(林彪)와 장칭(江靑) 등 문혁 세력은
여전히 "미제(美帝)에 머리를 숙이고" 관계 개선을 진행하는 것에 불만
을 가지고 있었고, 특히 정치적 라이벌이었던 저우언라이가 미국과 관
계 개선을 주도하면서 당내 입지가 강화될 수 있다는 점에 대해 우려를
갖고 있었다. 이러한 이유로 미국과 본격적인 협상을 진행하기 전에 국

내 분위기 조성을 위한 정지 작업을 진행하여 반발을 최소화하고자 한 것으로 보인다.

둘째, 중국은 미국과 관계 개선을 진행하는 과정에서 중국과 '특수 관계'에 있는 주변 국가들의 이탈을 우려했다. 중국이 대미 관계 개선을 추진한 최우선 동력이 소련으로부터 제기되는 안보위협에 대응하기 위한 것이었듯이, 중국과 인접한 북한과 베트남이 중미 관계 개선의 여파로 소련과 연대를 모색하게 되면, 이는 중국에 또 다른 안보위협을 자초하는 길이 될 수 있다는 우려를 갖고 있었다. 베트남에게 미국은 현재 전쟁을 수행 중인 적이고, 북한에게도 미국은 여전히 최대의 위협이며 적인 동시에 제국주의의 상징이기에 투쟁의 대상이었다. 북한은 1968년 124특수군의 청와대 기습, 미국 정보함 푸에블로호(USS Pueblo, AGER-2) 나포, 미국 정보정찰기 격추 사건, 그리고 베트남에 대한 군사 지원 등으로 한국 및 미국과 극도의 대치 상태에 있었다. 특히 북한은 문혁 시기 중국과 갈등이 고조되면서 소련에 경도되어 있었다. 따라서 중국은 미국과 관계 개선을 추진하는 과정에서 국내의 반대 못지않게 북한, 베트남에 대한 관리가 중요했다.

특히 저우언라이를 비롯한 중국 지도부는 북한의 이탈 가능성을 우려해 미국과 협상을 전후한 시점에서 중북 관계 회복을 위한 다양한 조치들을 진행했다. 우선 1967년 저우언라이는 북한을 방문하는 모리타니 공화국 다다흐 대통령을 통해 김일성에게 화해의 구두 메시지를 전달하면서 북한과 갈등 관계를 해소하려 시도했다. 그리고 1969년 10월 중국 건국 20주년 기념식에 북한이 요청한 대표단 파견을 전격적으로 수용했고, 마오쩌둥은 북한의 최용건과 회담을 가졌다. 이를 계기로 1970년 양국 대사가 재부임하고, 4월에는 저우언라이가 12년 만에 평양을 방문하는 등 적극적으로 북한과의 관계 개선을 추진했다.

그리고 1971년 7월 키신저의 베이징 비밀방문이 이루어지고 있는 시기에 북한은 조중조약 10주년을 기념하는 북한대표단을 중국에 파견하였고, 중국은 『인민일보』 등 관영매체를 통해 조중조약 10주년을 경축하였다. 이어서 미중 양국이 7월 16일 닉슨의 중국 방문을 동시 발표하기로 결정한 이후, 저우언라이는 7월 13-14일 하노이, 15일 평양을 연이어 방문하는 숨 가쁜 일정을 소화하면서 북한과 베트남 양국에 직접 설명하고 이해를 구했다.

1972년 2월 닉슨의 중국 방문 후에도 저우언라이는 3월 4일 하노이, 3월 7일 평양을 연이어 방문하여 양국에 마오쩌둥-닉슨 회담 상황을 전달하였다. 특히 북한에 대해서는 미국과 협상 과정에서 중국이 북한의 요구사항을 미국 측에 전달하고 북한의 이해관계를 적극적으로 고려하고 반영하려 한다는 인상을 주고자 했다. 그러한 이유에서인지 중국이 미국과 협상 과정을 통보했던 3개국, 즉 베트남, 북한, 알바니아 가운데 베트남과 알바니아는 반감을 표시한 반면, 북한은 상대적으로 수용적인 입장을 표명한 것으로 중국 측은 받아들였다.

셋째, 중국은 소련과 국경협상을 진행하면서, 이를 미중 관계 개선에 나서도록 미국을 자극하는 데 이용하고자 했다. 저우언라이는 1969년 10월 소련과 국경협상을 시작하면서 거의 매일 협상대표단 회의를 소집하고, 대표단 회의에서 가장 우선적으로 미국의 반응을 점검할 정도로 미국의 반응에 촉각을 곤두세웠다. 마오쩌둥은 1970년 10월 1일 국경일 기념행사에 미국 기자 에드거 스노(Edgar Snow) 부부를 외국인으로는 처음으로 마오쩌둥 주석 옆자리에 초청하였고, 그 장면을 찍은 사진을 "미국인을 포함하여 전 세계 인민은 모두 우리의 친구다"라는 마오쩌둥의 발언과 함께 『인민일보』를 비롯한 중국의 관영 언론을 통해 대대적으로 보도하도록 했다. 이를 통해 마오쩌둥은 미국 정부에 관계 개선의 메시지를 전달하는 동시에 여전히 문혁의 여파가 잔존하고 있는 국내에도 '제국주의 미국'과 관계 개선 분위기를 조성코자 하였다. 그리고 마오쩌둥은 저우언라이에게 지시하여 나고야에서 열린 제31회 세계탁구선수권대회에 중국대표팀을 참가하도록 했다. 대회 기간 마오쩌둥은 미국 대표단의 요청을 수용하여 미국 국가대표 탁구 선수단을 다른 5개국 선수단과 함께 초청했다. 중국이 이른바 '핑퐁외교'를 통해 미국과 관계 개선 의지를 표출한 것이었고, 미국도 미국 국민의 중국 여행 금지령을 폐지하는 결정을 통해 화답하였다.

3. 중국의 대미 데탕트 협상과 함의

중미 양국은 파키스탄 채널을 통해 여러 차례 비밀협상을 진행한 끝에 마침내 키신저가 1971년 7월 9일부터 11일까지 베이징을 비밀방문하기로 합의했다. 마오쩌둥은 키신저의 비밀 방중을 앞두고 저우언라이에게 정치국회의를 소집하여 협상 준비를 지시했다. 저우언라이는 1971년 5월 26일 정치국회의를 개최하여 8개 항의 협상 기본 방침을 논의한

'중미회담에 관한 중앙정치국보고(中央政治局關於中美會談的報告)'를 마련하고 마오쩌둥의 비준을 받았다. 8개 항 기본 협상 방침의 주 내용은 역시 대만 문제였다. 중국은 대만 문제가 대미 관계 개선 협상의 최대 이슈이며 전제 조건임을 강조하면서, 이 문제에 관한 한 쉽게 타협하지 않을 것임을 시사하였다. 그럼에도 중국은 이 방침이 기존 정책과 비교할 때 다음과 같은 3가지 측면에서 변화가 있다는 점을 강조하고 있다. 첫째, 대만과의 단교를 중미 간 교류의 선결조건으로 제기하고 있지 않다. 둘째, 대만 해방은 중국의 내정임을 강조한다. 그러나 대만 문제의 평화적 해결을 위해 노력한다는 의견을 함께 제시하고 있다. 셋째, 양국 수도에 연락사무소 설립을 위한 초보적 구상을 제시하고 있다.

그리고 주목되는 것은 제8항의 내용이다. 즉 미국의 군사력은 반드시 인도차이나 3국, 한국, 일본과 동남아 각국에서 철수해야 한다고 요구한다는 것이다. 이는 베트남, 북한 등 중국과 특수 관계에 있는 사회주의 국가들이 중국이 미국과 관계 개선을 추진하는 과정에서 자신들을 방기할 수 있다는 우려를 해소시키려는 의도에서 비롯된 것인데, 이는 이들 국가들이 중미 관계 개선에 자극을 받아 소련과 연대를 모색할 가능성에 대해 중국이 상당히 우려하고 있었음을 엿보게 한다.

중미 상하이공동성명의 합의는 명분과 실리를 절충한 결과였다. 결과적으로 중국의 제안에 따라 양국의 상이한 주장을 병기하는 '각설(各說)' 방식이 공동성명의 합의를 이끌어 내는 데 일조했다. 양국이 도저히 합의하기 어렵지만 그럼에도 명분을 지켜야 하는 부분은 각자 '각설'을 통해 입장을 견지하고, 합의가 필요한 내용은 상대가 양보할 수 있는 여지를 주면서 상호 실리를 확보하는 융통성을 발휘했다. 중국에 있어 "인민혁명"과 "대만은 중국의 하나의 성이다"는 표현은 양보할 수 없는 명분이자 원칙이었기에 중국 측 입장으로 명확히 주장한 반면, "미국은 대만에 있는 미군 및 군사시설들을 점진적으로 감축할 것"이고 대만 문제는 관계정상화 과정에서 궁극적으로 해결한다는 수준에서 정리한 것은 닉슨 행정부의 국내 정치 상황을 고려한 것이다.

중국은 미국과 협상 과정에서 베트남, 북한, 일본 등 다양한 지역문제를 제기하고 민족해방, 인민혁명, 패권주의와 강권정치 반대 등 이념적 원칙을 상대적으로 강조했다. 그럼에도 협상 결과를 놓고 볼 때, 중국의 최대 관심과 실리는 미국과의 관계 개선, 그리고 이를 통한 국제적 고립 탈피와 소련발 안보위협의 상쇄에 있었다. 중국이 다양한 지역문제를 제기하고 이념적 원칙을 고집했던 것은 '제국주의 미국'과 관계 개선의 명분과 정당성을 확보하는 동시에 국내외에 야기될 수 있는 충격을 최소화하고자 하는 전략적 고려 때문이었던 것으로 해석된다. 그러나 중국이 협상 과정에서 강력하게 주장했던 인도차이나와 남한에서의 미군 철수라는 요구는 공동성명에 포함시키지 않음으로써 중국이 미국과의 관계정상화 과정에서 동맹국에 대한 고려와 지지가 동맹국 관리를 위한 구두선(口頭禪)의 성격이 강했음을 시사하고 있다.

마오쩌둥은 미국과 관계 개선을 진행시켜 가는 과정에서 문혁 세력에 의해 파괴되었던 외교라인을 복원하고, 외교전문가인 저우언라이에게 협상과 실무 책임을 맡겨 국내적으로도 문혁 세력의 힘을 약화시키는 결과를 가져왔다. 이는 중국에 있어 대미 관계 개선이 소련으로부터 제기되는 안보위협을 상쇄하고 국제적 고립상태에서 탈피하는 것은 물론이고 국내에서 문혁의 혼란을 극복하는 과정이었음을 시사하고 있다.

아울러 중국은 미국과의 데탕트를 통해 일본, 유럽 등 여타 서방국가들과 관계 개선에 물꼬를 터 소련의 위협을 상쇄시키는 효과뿐만 아니라 냉전 기간 내내 지속된 피동적이고 제한적인 수준에 머물렀던 대외 관계의 한계를 돌파하고, 국제적 고립에서 벗어나는 전략적 목적 또한 실현한 것으로 평가하고 있다. 이는 저우언라이가 "중미 관계 개선의 중요한 수확은 세계의 많은 국가들이 중국과 교류하기를 희망하게 만든 것이다"라고 상하이공동성명 합의의 의미를 부여한 데서도 엿볼 수 있다. 반면에, 중국 학계는 1972년의 중미 협상을 당시 국내외적 환경을 고려할 때 성공적이었다고 평가하면서도 소련의 안보위협에 대한 과대평가로 인해 스스로 선택과 운신의 폭을 축소했다는 것을 교훈으로 지적하고 있다.

III. 탈고립의 대전환:
단계적·선택적인 국제체제 진입

1. 탈문혁과 개방 체제로의 전환

1960년대 초 이미 소련과 관계가 악화되고 있었음에도 불구하고 중국이 대미 관계 개선에 적극적으로 나설 수 없었던 주요한 이유 중에는 혼돈스러운 중국 국내 정치 상황도 있었다. 중국에서 문혁의 소용돌이가 몰아치면서 국내 정치는 물론이고 대외관계에서도 소위 '혁명외교(造反外交)'의 광풍이 불어 중국은 국제사회로부터 고립되는 길을 자초했다. 특히 1966-1967년 사이 저우언라이와 천이(陳毅) 외교부장이 주도하던 외교부는 문혁소조의 탈권 대상이 되어 사실상 업무가 마비되었고, 해외 주재 중국대사들은 국내로 소환되었으며, 중국 주재 해외공관들도 문혁 세력의 공격 대상이 되어 중국의 대외관계는 거의 파탄 상태에 이르렀다. 즉 문혁이 추진되는 과정에서 대외 노선에서도 국제 계급 투쟁의 중요성이 과도하게 강조되면서, '반제국주의'와 '반수정주의'가 양대 기치로 고양되었고, 그 결과 중소 관계는 물론 중미 관계도 적대적인 방향으로 전개될 수밖에 없었다.

마오쩌둥은 1969년 3월에 "우리는 현재 고립되었다. 누구도 우리를 상대하지 않는다"라며 외교적 고립 상황에 대한 우려를 표명한 바 있다. 1969년 5월 1일 노동절 행사 때는 마오쩌둥이 천안문에서 외교사절들을 직접 접견하고, 이들 국가들과의 관계 개선 의사를 표명하기도 했다. 이렇듯 중국 외교가 문혁기 혁명외교의 영향으로부터 점진적으로 벗어나면서 현실적 안보 논리를 우선적으로 고려하는 방향으로 선회할 수 있는 환경이 조성되었다.

중국은 1971년 유엔 회원국의 지위를 획득하면서 기존의 '죽(竹)의 장막'에서 벗어나 국제무대에 등장하기 시작했다. 그런데 중국은 여전히 기존 국제체제에의 참여를 주저하면서 국외자에 머물러 있었다. 중국은 제3세계의 일원으로서 패권국에 반대하는 기존의 기조를 견지하고 있었으며, 유엔 산하 각종 전문기구 참여도 유보하였다. 중국은 미국이 주도하는 국제기구와 제도에의 참여가 중국의 내정과 주권을 제약할 수 있다는 우려에서 탈피하지 못하고 있었다.

중국이 국제체제에 실질적인 참여를 하게 된 데에는 1970년대 말 개혁개방정책의 추진이 중요한 동력이 되었다. 중국은 미국과의 관계 개선과 국제적인 데탕트로 인해 안보 환경이 현저하게 개선되면서 경제발전에 집중할 수 있는 여건이 조성되어 갔다. 특히 문화대혁명 이후 덩샤오핑(鄧小平) 중심의 실용주의 정권이 집권하고 개혁·개방 정책을 추진하면서 경제발전이 외교정책의 목표로 대두되었다. 즉 중국 지도부가 기존의 안보 불안을 일정 정도 극복하고 경제발전을 최우선 목표로 설정하게 되면서 중국 외교정책의 우선순위도 안보에서 경제발전으로 이동하게 된 것이다. 실제로 중국 지도자들은 미국 등 서방국가들과의 관계 개선을 계기로 국제환경에 대해 상당히 긍정적인 평가를 하게 되었다.

2. 국제체제의 선별적·단계적 진입 확대

중국은 개혁·개방 정책을 추진하기 위해서는 국제협력과 지원이 절실했기 때문에 주로 주요 국제 경제기구와 제도를 중심으로 선별적으로 참여하기 시작했다. 예컨대 중국은 1980년대 초 세계은행, 국제통화기금(IMF), 그리고 1986년에는 아시아개발은행에 가입했고, 세계무역기구(WTO)의 전신인 '관세와 무역에 관한 일반 협정(GATT)'에 가입 신청을 하는 등 경제 실리 추구에 도움이 되는 국제기구에 선택적으로 참여했다. 이에 따라 중국은 개혁·개방 초기 비록 국제기구에 참여는 했지만, 여전히 국익을 최대화하면서, 그에 상응하는 책임과 의무는 최소화하는 '최대/최소원칙(a maxi/mini principle)'을 견지하는 소극적 참여국, 또는 무임승차국(free rider)이라는 비판을 받기도 했다.[1]

중국은 국제체제의 무임승차국이라는 비판 속에서도 유독 유엔에 대해서는 상대적으로 적극적이고 전면적으로 참여하는 태도를 보였다. 1980년에는 중국이 유엔에 전면적 참여로의 전환을 의미하는 상징적 사건이라 할 수 있는 평화유지활동(PKO) 참여를 결정하였다.[2] 이러한 중국의 유엔에 대한 인식의 변화는 1985년 유엔 창설 40주년을 즈음하여 뚜렷하게 나타났다. 즉 1985년 우쉐첸(吳學謙) 당시 외교부장은 유엔을 "평화를 유지하고 분쟁을 방지, 완화하고 탈식민지화를 촉진하고 국제협력을 증진하는 데 효과적인 노력을 해 왔다"고 확신한다며 이전과 다른 긍정적 평가를 하였다.[3]

그리고 중국은 다른 안보리 상임이사국과 비교하여 상대적으로 유엔 안보리에서 거부권 행사를 최소화하는 신중한 행보를 했다.[4] 1971년부터 2007년까지 27년간 미국 77회, 영국 24회, 프랑스 14회, 소련(러시아)

1 Samuel S. Kim, "China and the United Nations," Elizabeth Economy and Michael Oksenberg eds., *China Joins the World: Progress and Prospects* (New York: A Council on Foreign Relations Press, 1999), p. 66.

2 吳妙發, 「中國在聯合國的定位和聯合國改革」, 『思想理論敎育導刊』 第10期(2006).

3 Justin S. Hempson-Jones, "The Evolution of China's Engagement with International Governmental Organizations: Toward a Liberal Foreign Policy?" *Asian Survey*, Vol. 45, No. 5(2005), p. 712.

4 이동률, 「유엔에서의 중국 외교행태에 대한 실증 연구: 안보리 표결행태를 중심으로」, 『한국과 국제정치』 23권 3호(2007), 95-128쪽 참조.

14회 거부권을 행사했지만 중국은 5회에 그쳤다. 중국은 주로 대만 문제 등 자국의 주권이라고 주장하는 문제에 직결된 사안에 국한하여 거부권을 행사했다.

중국은 1992년 '남순강화(南巡講話)' 이후부터 1997년까지의 기간에는 먼저 천안문 사건 직후의 국제적 고립 탈피, 국가 이미지 개선, 그리고 개혁·개방의 적극적인 재추진을 위한 국제협력과 지원 획득 등이 중요해지면서 국제체제 참여를 확대해 나갔다. 기존의 경제 관련 국제기구와의 협력을 강화하는 한편, 그동안 참여를 유보해 왔던 인권 및 안보 관련 국제기구의 참여에도 긍정적인 태도를 보이기 시작했다. 예컨대 1994년 아세안지역포럼(ARF) 참여를 시작으로, 1996년에는 포괄적 핵실험금지조약(CTBT), 1997년에는 '경제적 사회적 및 문화적 권리에 관한 국제규약'에도 서명하였다. 중국이 기존에 참여를 꺼려 왔던 안보 및 인권 관련 국제기구에의 참여를 시작했고, 이를 통해 무임승차국이라는 이미지를 개선하고 책임 대국의 위상을 확보하고자 했다.

특히 냉전 종식 이후 중국 지도부는 유엔 정상회담에 적극적으로 참여하기 시작했다. 1992년에 리펑(李鵬) 총리가 처음으로 안보리 정상회담과 리우 지구정상회담에 참여했고, 1995년에는 장쩌민(江澤民) 주석이 유엔 창설 50주년 행사에 참석하였다. 중국은 유엔이 미국의 '일방주의'를 공식적으로 견제할 수 있는 제도로 인식하고 이를 적극적으로 활용하고자 한 것으로 보인다.[5]

---

5 Wang Jianwei, "China·s Multilateral Diplomacy in the New Millennium," Deng Yong and Fei-Ling Wang eds., *In the Eyes of Dragon: China Views the World*(New York:

표 1. 중국의 국제체제 참여 확대 추이

시기	1950-70년대	1980년대	1990년대
외교 담론의 진화	• 반패권주의(안보)	• 현대화외교(現代化外交) • 독립자주외교 (獨立自主外交, 1982)	• 다극화(多極化) • 동반자외교(夥伴外交) • 책임대국 (負責任的大國, 1997) • 냉전 종식(1991)
국제체제 참여 추이	저항국 • UN 가입(1971)	선택적 참여 • IMF, WB(1980) • ADB(1986) • GATT 가입 신청(1986)	전면적 참여 • ARF(1994) • CTBT(1996) • 사회적 규약(1997)
주요 역사 사건	• 중소 분쟁 • 대약진운동과 문혁 • 미중 데탕트	• 개혁·개방(1978) • 천안문 사건(1989)	• 남순강화(南巡講話, 1992) • 아시아금융위기(1997)

국제체제와 다자주의에 대한 중국의 태도 변화는 중국 정부의 공식문건에서도 확인된다. 중국 당국의 문건에서 다자외교를 공식적으로 제기한 것은 1986년 제6기 전국인민대표대회(전국인대) 4차 회의에서였다. 그리고 1989년 천안문 사건과 서방국가들의 경제제재로 위축되었다가 남순강화(南巡講話) 이후인 1993년에 다시 정부의 공식문건에 등장하였다. 1990년대 중반 이전까지는 다자외교와 관련하여 단지 "적극적인 참여(積極參加)"를 강조하였던 반면에 1998년 9기 전국인대 1차 회의 보고에서 처음으로 "건설적 역할의 발휘(發揮建設性作用)"라는 표현이 등장하여 그 이후부터 줄곧 사용되었다. 이어서 1997년의 15차와 2002년의

Rowman & Littlefield Publishers Inc., 1999), p. 164.

2000년대	시진핑 시기(2013년-현재)
• 평화굴기(和平崛起, 2003) • 평화발전(和平發展, 2004) • 조화세계(和諧世界, 2005)	• 중국 특색의 대국외교(中國特色的大國外交, 2014) • 두 개의 구축(兩個構建): 　－ 신형국제관계(新型國際關係, 2013) 　－ 인류운명공동체(人類運命同體, 2013) • 글로벌 거버넌스 체제개혁(全球治理體系變革, 2014)
주도적 참여 • 중-아프리카협력포럼(2000) • WTO, SCO, 보아오포럼(2001) • 북핵 6자회담(2003) • G20(2008)	'중국식 방안'의 제시 • 일대일로(一帶一路, 2013) • AIIB, NDB(2014)
• 9·11테러(2001) • 세계금융위기(2008) • 베이징올림픽(2008) • 상하이엑스포(2010)	• 트럼프 정부의 등장(2016) • 중국헌법 개정: 국가주석 3연임 제한 규정 삭제(2018) • 바이든 정부의 등장(2020)

16차 당대회에서는 "다자외교에 적극적으로 참여하며, 유엔과 기타 국제기구에서 충분한 역할을 발휘한다(充分發揮…作用)"라고 하여 수동적인 지지와 참여에서 능동적인 참여와 적극적인 역할 모색의 단계로 전환 의지를 피력했다.[6]

6　14차 당대회 보고 내용은 加快改革开放和现代化建设步伐夺取有中国特色社会主义事业的更大胜利-江泽民在中国共产党第十四次全国代表大会上的报告(1992年10月12日). http://www.china.com.cn/ch-80years/lici/14/14-0/8.htm(검색일: 2007. 4. 20); 15차 당대회 보고 내용은 高举邓小平理论伟大旗帜, 把建设有中国特色社会主义事业全面推向二十一世纪-江泽民在中国共产党第十五次全国代表大会上的报告(1997年9月12日). http://www.china.com.cn/ch-80years/lici/15/15-0/8.htm(검색일: 1997. 4. 20); 16차 당대회 보고 내용은 全面建设小康社会, 开创中国特色社会主义事业新局面—江泽民在中国共产党第十六次全国代表大会上的报告(2002年11月17日). http://www.china.com.cn/zhuanti2005/txt/2002-11/17/content_5233867.htm(검색일: 1997. 4. 20).

중국은 개혁·개방 40년 사이에 '죽의 장막'이라 일컫던 자기 폐쇄적 대국에서 '글로벌 거버넌스 체제개혁(全球治理體系變革)'을 주창하는 세계적 강국으로 변모하였다. 전후 국제체제의 저항국이었던 중국은 개혁개방기를 거치면서 국제체제 주도국의 위치에 올라섰고, 최근에는 기존 국제 규범과 질서의 변혁을 모색하는 초강대국의 문턱에 진입하였다. 중국은 국력의 비약적 증강과 국제적 위상의 변화에 따라 이에 상응하여 주요 외교 담론 또한 발전시켜 왔다. 건국 이후 줄곧 '반패권주의'를 기치로 제3세계의 리더로서 저항국가의 역할을 자임해 왔던 중국은 1980년대 '독립자주외교', 1990년대 '책임대국론', 그리고 21세기 '평화굴기'와 '평화발전론'을 거쳐, 시진핑 시기에 와서는 '중국 특색의 대국외교'를 제시하기에 이르렀다. 중국은 이러한 외교 담론의 변화에 조응하여 점진적이고 단계적으로 국제체제에서의 입지와 역할을 확대해 왔다. 건국 후 70여 년 역사에서 전반기 30년은 전면적 폐쇄와 고립, 또는 제한적 개방의 시기였다면, 후반기 40년은 지속해서 개방과 세계화 참여를 확대해 왔다. 현재 중국의 부상은 바로 지난 40년간 국제체제의 지속적인 참여 확대를 통해 실현되었다. 중국의 국제 제도와 기구에 대한 인식과 태도는 기존의 부정적 인식에서 소극적 참여, 적극적 참여, 그리고 주도적 참여의 방향으로 지속해서 일관되게 진화해 왔다.

IV. 주변외교의 강화와 한중 수교

1. 주변외교의 강화

현대화와 경제발전이라는 국가목표가 대외관계에서 더욱 중요한 요소로 등장하면서부터 중국은 인접 지역을 강대국 외교의 종속변수가 아닌 독립적인 객체로서 새롭게 인식하고 본격적으로 별도의 지역 정책과 주변외교의 필요성을 인식하게 되었다. 1982년 중국은 12차 당대회에서 사실상 덩샤오핑 체제가 안착되었음을 대내외에 공식화하면서 동시에 소위 '독립자주외교노선'을 발표하였다. 덩샤오핑은 "중국의 대외정책은 독립 자주적이며 비동맹정책이다. 중국은 미국 카드도, 소련 카드도 사용하지 않을 것이며 다른 나라가 중국 카드를 사용하는 것도 허용하지 않을 것이다"라고 하며 중국 외교의 독립 자주성을 강조하였다.[7] 이를 통해 중국은 기존의 미국 등 서방에 경사된 외교를 다변화하면서 외교 대상과 영역을 확장하여 적극적인 대외 개방에 수반되는 리스크를 관리하고자 했다. 이 무렵 소련 역시 브레즈네프가 타슈켄트 연설을 통해 중국과의 관계 개선 의사를 타진하고 있었던 만큼 중국은 이를 활용하여 대미 외교의 협상력을 강화하고자 하였고, 그 흐름에서 중국은 주변 국가와의 경제교류에 관심을 기울이기 시작했다.

특히 중국은 1989년 천안문 사건, 소련 및 동유럽 공산권의 몰락, 냉

---

7 中共中央文獻編輯委員會 編, 『鄧小平文選』 3卷(北京: 人民出版社, 1993), 57쪽.

전 종식, 그리고 이어진 미국 등 서방국가의 경제제재로 인해 60년대에 경험했던 내우외환의 체제 위기에 직면하게 되면서 주변 지역의 전략적 중요성을 재인식하게 되었다. 중국은 냉전 종식 이후 사실상 유일한 사회주의 국가로서 체제 안전을 확보하는 한편, 미국 등 서방국가들의 경제 봉쇄를 돌파하면서 '현대화 외교'를 지속해야 하는 이중고에 직면했다. 중국 지도부는 미국을 중심으로 한 서방국가들의 중국에 대한 경제 제재의 궁극적인 목표가 경제 의존 관계를 활용하여 중국의 체제 변화를 야기하려는 이른바 '평화연변(和平演變)' 전략이라고 경계하게 되었다.

따라서 중국은 미국 등 서방에 대한 경제 의존을 줄이기 위해 경협 대상의 다변화를 추진하게 되었다. 실제로 중국은 인접한 신흥공업국과 아세안의 경제성장에 주목하고, 이른바 '선린외교'를 표방하면서 인접 국가들과의 경제 협력을 추진하고 주변 지역의 안정을 도모하고자 했다. 그 결과 1992년의 한중 수교를 비롯하여 1990년부터 1993년 사이에 싱가포르(1990), 브루나이(1991), 카자흐스탄 등 주변 국가들을 중심으로 무려 28개 국가와 관계정상화를 이루는 전례 없는 외교 성과를 이루어 냈다. 이후 중국은 경제발전을 지속하기 위한 협력 대상을 다변화하는 한편 미국 등 서방으로부터의 체제 공세에 대응하는 두 마리의 토끼를 잡는 것이 중요한 외교 목표이자 과제가 되었다.

2. 한중 관계 개선

한중 관계는 1972년 닉슨의 중국 방문으로 시작된 미중 간 데탕트,

그리고 1970년대 말 중국에서 덩샤오핑(鄧小平) 중심의 실용적 개혁지도부가 등장하면서 추진한 개혁·개방 정책으로의 대전환이라는 외생변수의 영향이 사실상 한중 관계의 역사적 전환의 기본적인 변수로 작용하였다. 한국은 1973년 6·23평화통일외교정책선언을 통해 공식적으로 중국과의 관계 개선 의사를 표명한 이후, 19년이 지난 1992년에 마침내 중국과 수교했고 노태우 정부의 북방정책도 마무리하게 되었다. 한국의 중국에 대한 접근은 국제적 데탕트와 한반도의 냉전이라는 특이한 이중구조에서 사실상 '북한 요인'으로 인해 시작했으나, 오히려 '북한 요인'에 대한 부담을 안고 있었던 중국의 소극적 반응으로 인해 수교에 도달하는 데 시간이 필요했다. 반면에 중국의 한국과의 관계 개선의 주요 동인은 경제와 대만 요인이었다. 중국은 덩샤오핑이 집권하고 1978년 이후 개혁·개방 정책을 추진하면서 자연스럽게 경제교류의 대상으로서 인접한 신흥공업국인 한국에 대한 관심을 서서히 표출하기 시작했다. 실례로 1978년 11월부터 개최된 중국공산당 중앙공작회의에서 한국, 홍콩, 싱가포르, 대만 등 이른바 '아시아의 4마리 작은 용(四小龍)'이라고 불리는 국가들이 고도성장을 이룩한 이유에 대한 자료가 회의 참석자들에게 배포되었고 토론이 진행되었다.

그리고 중국의 개혁·개방 정책이 사실상 시작된 1979년부터 제3국을 통한 한중 양국 간 간접교역도 시작되었다. 한국은 1981년 11월 신병현 당시 부총리가 국회 답변을 통해서 양국 간 간접교역이 진행되고 있음을 간접적으로 확인해 주었다. 그리고 1980년 12월 후야오방 당시 총서기는 유고 기자와의 회견에서 "한국 등의 발전 경험을 연구하고 있다"고 밝힌 것으로 알려져 중국은 교역뿐만 아니라 다양한 분야에서의 한국과의 협력에도 관심이 있음을 시사했다. 그럼에도 중국 정부는 공식적으로는 한국과의 교역을 인정하지 않았다. 예컨대 1981년 3월 당시 희붕비(姬鵬飛) 부총리는 "중국은 이스라엘, 남조선, 남아프리카공화국과는 그 어떠한 관계를 가지고 있지 않다" 하여 한국과의 무역을 부인한 바 있다. 중국은 한국과의 비공식적 경제교류는 묵인하고 있었지만 공식적인 접촉은 여전히 북한을 의식하며 거부했다. 중국은 1981년과 1982년에 걸쳐 중국에서 개최한 유엔 관련 국제회의에 한국대표의 입국을 연이어 거부했다.

중국은 1982년 독립자주외교노선을 공식화한 이후 사실상 한국과의 관계 개선의 필요성을 인식하고, 북한을 의식하면서 단계적으로 조심스럽게 접촉과 교류의 수준을 확대해 왔다. 그 과정에서 1983년 중국 민항기 납치사건과 1985년 중국 어뢰정 사건 등의 예기치 않은 우발적 사건이 양국 정부 간 직접 교섭의 기회를 제공해 주었다. 특히 중국 민항기 사건 처리 과정에서 한국 정부의 외교적 노력으로 양국은 처음으로 상호 정식 국호를 사용한 양해각서를 교환하게 되었다.

그리고 이후 양국은 1986년 서울아시안게임, 1988년 서울올림픽, 그리고 1990년 베이징아시안게임이라는 정치적 제약을 우회할 수 있는 대규모 스포츠 행사를 통해 비정치적 분야에서부터 점진적으로 민간교류를 활성화하여 상호 간 적대감과 오랜 단절의 역사로 초래된 상호 이해 부족을 해소할 수 있는 기회로 적극 활용하였다. 중국은 1989년 1월, 국제무역촉진위원회(CCPIT) 명의로 대한무역공사에 서울과 베이징에 두 기관의 사무소를 상호 개설하자는 제의를 해 왔다. 무역대표부 개설은 중국의 천안문 사건으로 지체되었다가 1990년 베이징아시안게임 이후 협상이 재개되어 1991년 1월에 마침내 개설되었다.

1989년 이후 구소련을 비롯한 사회주의권 국가들이 연이어 한국과 수교했음에도 불구하고 중국은 유독 가장 뒤늦게 한국과 관계정상화를 했다. 중국은 국제사회에서 '대만의 고립'을 적극적으로 추진하고 있었던 만큼 한국과의 수교는 전략적으로 중요한 의미를 지니고 있었다.[8] 그런데도 중국이 한국과의 수교를 지연시켜 왔던 가장 중요한 이유 중의 하나는 '북한 요인' 때문이었다. 중국은 '북한발 안보 불안'에 대한 우려가 사실상 한국과의 수교에 가장 큰 걸림돌이었다. 중국이 한국과의 경제협력 수요가 커지고 있는 상황에서도 '정치적' 수교에 이르기 위한 중요한 전제 조건이 있었다. 즉 남북한 관계 개선, 그리고 나아가 남북한이 상호 정치 실체를 인정하고 국제사회로부터도 사실상 '투 코리아(Two Korea)'가 수용되어 중국의 '북한 부담'이 완화되는 것이었다. 특히 남북한 유엔동시가입은 '북한발 안보 불안' 완화 이상의 중요한 정치적 의미가 있었다. 중국의 한국과의 수교는 같은 분단국이라는 현실에서 자신은 '하나의 중국' 원칙을 고수하면서 한반도에서는 사실상 '투 코리아'를 받아들이게 하는 자기모순에 빠지게 되는 근원적 문제가 있었다. 결국, 남북한이 1991년 9월 유엔동시가입이 실현되면서 결과적

---

8 덩샤오핑은 1985년 4월 한국과의 관계에 상당한 관심을 표명한 것으로 알려졌다. 즉 "한중 관계 발전은 우리에게 필요하다. 첫째 경제적으로 필요하고, 둘째 한국과 대만과의 관계를 단절시킬 수 있다"라고 한 것으로 전해졌다(錢其琛, 『外交十記』(香港: 三聯, 2004), 151쪽).

으로 한국 스스로 한반도의 '투 코리아'를 수용한 결과가 됨으로써 중국은 이러한 자가당착의 딜레마에서 벗어날 수 있었다.

남북한의 유엔동시가입이 성사되고, 남북한 대화가 진전되면서 중국은 한국과의 수교 논의를 급진전시켰다. 유엔 가입 두 달 후인 1991년 11월 서울에서 개최된 APEC 회의에 중국 첸치천이 참석하여 노태우 대통령과 별도의 단독 면담을 가졌다. 그리고 1992년 4월 13일 베이징에서 개최된 아·태지역경제사회이사회(ESCAP) 제48차 연차총회에서 중국의 수교 협상 제의가 있었다. 수교 협상은 사실상 3회의 예비회담만으로 신속하게 마무리되었다. 한중 양국이 수교에 이르기까지 오랜 시간이 걸린 만큼 협상은 수교를 성사시키기 위한 조건을 확인하고 수렴해 가는 과정이었다.

3. 한중 수교와 북한 요인

한중 수교는 서로 상이한 전략적 목표와 기대를 내재한 채 양국 간 체제, 이념의 간극과 역사의 시련 등을 과감하게 돌파하고 이루어 낸 성과였다. 그럼에도 한중 관계에서 경제와 정치 안보 영역 사이의 불균형 발전은 지속되었다. 양국 관계의 불균형 발전은 사실상 양국이 수교 동기가 상이했던 데에서부터 기인하고 있다. 수교 직후 중국『인민일보』는 한중 수교로 양국 간 경제와 무역 관계가 더욱 발전할 것이라는 논평을 내놓았다. 반면에, 노태우 대통령은 특별성명을 통해서 한중 수교는 한반도의 평화통일을 촉진시킬 것이고 동북아 안보와 번영에 거대한 진전을 가져올 것이라는 기대를 표명했다. 이렇게 중국은 한국과의 수교에 경제적 의미를, 한국은 정치적 의미를 더 중요시했다.

한국 정부의 중국과 관계정상화 추진의 주요 동인은 데탕트라는 새로운 국제환경을 적극 활용하여 중국 등 공산권 국가와의 관계 개선을 통해 북한과의 체제경쟁에서 우위를 확보하는 동시에 북한 체제를 우회적으로 압박하고자 한 것이었다. 한국 정부의 중국과의 관계 개선 분위기는 1970년대 박정희 정부에서 시작하여 전두환 정부로 이어졌고, 마침내 1988년 노태우 정부의 북방정책을 통해 보다 명확해졌다. 즉 소련, 중국 등 사회주의 국가들과의 관계 개선을 통해 궁극적으로 북한을 압박하여 한반도 안정과 통일에 절대적 우위를 확보코자 한 것이었다. 이런 측면에서 한국의 대중 외교는 출발선에서부터 '북한 요인'이 중요한 위치를 차지하게 되었다. 반면에 중국은 오히려 '북한'의 전략적 가치에 대한 평가를 바탕으로 한국의 적극적인 접근에 대해 반응의 수위를 조절해 왔다.

중국은 1949년 건국 후 줄곧 '북한'의 지정학적 전략 가치를 중요하게 인식해 왔다. 즉 중국은 1950년대에는 미국이라는 최대 안보위협으로부터의 완충지역으로서 북한의 전략적 중요성을 인식해 왔고, 1960-1970년대에는 소련과의 분쟁이 격화되면서 북한을 사이에 두고 소련과 영향력 경쟁을 하게 되면서 북한의 전략적 가치는 소련 관계로까지 확장되어 갔다. 이에 따라 한국 정부가 북한을 고립·압박하려는 동기에서 중국과의 관계 개선을 추진한 것은 당시 북한의 전략적 가치를 중요시해 왔던 중국의 호응을 기대하기는 어려운 상황이었다.

이는 달리 말해 한국의 대중 외교가 초기부터 '북한 요인'에 인질이 되어 끌려다니면서 지속적인 중국에 대한 외교 공세에도 불구하고 수교를 달성하기까지 상당히 오랜 시간과 적지 않은 에너지의 낭비를 초래할 수밖에 없었던 것이다. 요컨대 한중 양국은 관계 개선의 출발선에서부터 서로 상이한 전략적 동기를 내재하고 관계 개선을 추진해 왔으며, 현재 한중 관계 발전의 '전략적 동상이몽' 상황은 이미 양국의 관계 개선 초기부터 잉태되어 축적되어 왔던 것이라 할 수 있다. 특히 한국은 북한에 대한 중국의 역할과 영향력에 대한 주관적 판단을 근거로 대중국 외교에서 북한 및 북핵 문제에 대한 비중을 확대시켜 왔다. 양국 관계의 이러한 '동상이몽'적 상황은 마침내 사드(고고도 미사일 방어체계 THAAD) 배치를 둘러싼 갈등을 통해 적나라하게 노출되었던 것이다.

V. 결론과 토론

중국은 1970년대부터 지난 20년간 안보위협, 이데올로기의 과잉, 고립과 폐쇄에서 탈피하는 대전환이 진행되었으며 그 과정에서 중국 외교 전략의 중요한 세 가지 특징이 부각되었다. 첫째, 중국 외교에서 소위 대국 외교와 주변국 외교 사이에 상호작용의 동학이 작동하게 되었다. 냉전기 중국 외교는 기본적으로 미국과 소련 두 강대국 관계를 기반으로 전개되었으며, 이에 따라 지역정책이 없는 지역대국이라는 평가를 받기도 했다. 그런데 1960년대 후반, 동맹인 소련과의 관계가 악화되었고, 이어서 1989년 천안문 사건과 냉전 종식 이후 미국과의 관계가 경색되면서 중국은 본격적으로 주변외교의 중요성을 각성하게 되었다. 이후 중국은 주변외교를 통해 주변 국제정세의 안정을 확보하는 한편, 경쟁 관계에 있는 미국 등 대국에 대한 외교적 레버리지로 활용하고자 했다. 다수의 국가와 접경하고 있는 중국의 지정학적 특성으로 인해 형성된 독특한 외교전략이다.

둘째, 중국은 내정과 외교 사이에 독특한 상호작용이 이루어지고 있다. 일반적으로는 내부의 위기와 불안정이 발생하면 외부의 위협이나 적을 만들어 돌파하고자 한다. 그런데 중국의 권력자들은 '내우외환(內憂外患)'론에 기반한 특유의 위기관리 전통이 있다. 내우에 외환이 중첩되면 권력 기반이 잠식되고 체제 위기가 도래할 수도 있다는 역사의 교훈을 새기고 있으며, 과거에도 이러한 교훈을 바탕으로 위기를 관리해 온 사례도 있다. 예컨대 1960년대 초 대약진운동의 실패와 미소 양 강대국 모두와 대립하면서 안보 위기에 직면했던 시기, 그리고 1990년대 초 천안문 사건과 세계적 차원에서의 사회주의의 몰락이라는 내우외환이 겹쳤던 시기에는 공통적으로 주변 정세를 안정화하는 노력에 집중했다. 즉 내우에 집중하기 위해서는 오히려 주변 국제정세를 안정적으로 관리하는 것이 중요하다는 중국 특유의 위기관리 인식이 자리하고 있다.

셋째, 자주와 개방의 상호작용이다. 중국은 1971년을 기점으로 지속적으로 일관되게 고립에서 탈피하고 개방을 확대해 왔다. 중국의 대외개방은 40년의 기간을 통해 단계적이고 선택적으로 진행되었다. 그 결과 한때 국제체제의 이단아, 저항국으로 불리던 중국은 무임승차국이라는 비난을 거쳐 이제는 글로벌 거버넌스 체제개혁을 주창하면서 수정주의 국가라는 비판을 받는 상황에 이르렀다. 그런데 중국은 1970년대 이후 지속적으로 개방과 국제체제에의 진입을 확대해 왔지만, 다른 한편으로는 그 과정에서 일관되게 내정간섭에 대한 경계를 늦추지 않았다. 중국이 지난 40여 년에 길쳐 점진적이고 선별적으로 국제체제에의 참여를 확대한 이면에는 중국의 자주성을 유지하려는 내적 동기가 자리하고 있었다. 그동안 중국은 대외 개방을 지속하는 가운데 1982년의 '독립자주외교노선'의 제시, 그리고 1990년대 초 평화연변에 대한 경계와 민족주의의 고양 등의 방식을 통해 자주성과 독립성을 견지하고 있음을 대내외에 전하려는 행보를 이어 갔다. 최근 미국이 주도하는 탈중국의 공세에 직면하면서 중국은 다시 이른바 쌍순환 전략을 제시하면서 대외 개방과 함께 내수 확대의 병행을 주장하고 있는 것도 그 연장선상에 있는 것이다.

　G2로 부상한 중국이 미국에 이른바 '신형대국관계'를 제의하며 새로운 데탕트를 주도하고 있다. 1972년과의 가장 현저한 차이는 중국의 국력과 국제적 위상, 그리고 안보 인식이다. 중국은 이제 더 이상 안보위협 때문에 적과의 데탕트라는 전략적 선택을 고민할 필요가 없을 정도로 강대국으로 부상했고, 비교적 안정적인 주변 환경을 확보했다. 미국과의 관계 개선으로 인해 베트남, 북한 등 인접한 특수 관계 국가들의 이탈을 우려해야 하는 상황도 아니다. 국내 반발을 의식해야 할 정도로 체제 내부에 균열이 있거나 이데올로기적 갈등이 있지도 않다. 1972년은 미국이 주도권을 쥐고 데탕트를 진행했다면 50여 년이 지난 현재의

중국은 더 이상 수세적 위치에만 있지 않다는 것도 주목할 만한 변화이다. 1972년 중국의 핵심 이익은 안보로 집약되고, 안보를 지키기 위해 군사력이 아닌 외교를 선택했지만, '신형대국관계'를 제시하고 있는 중국의 핵심 이익은 더 이상 안보에 국한되어 있지 않다. 국익의 범주가 주권과 발전이익으로 확장되고 있다. 중국은 1972년의 교훈을 바탕으로 미국에 신형대국관계를 제안하는 한편, 전략적 선택의 폭을 전방위적으로 확대시켜 나아가려는 노력도 병행하고 있다. 러시아·인도와 전략적 연대도 강화하고, 주변국을 대상으로 경제와 안보 등 다양한 영역에서 네트워크도 확장해 나가고 있다. 동시에 확대되고 있는 중국의 핵심 이익을 지키기 위해 군사력도 증강시켜 가면서 새롭게 공공외교를 통한 매력외교 공세에도 적극적이다.

데탕트, 신냉전, 탈냉전 시기
일본의 외교
(1972-1992)

조양현

국립외교원 인도태평양연구부 교수

I. 서론

이 글은 1970년대와 1980년대의 20년 동안 냉전체제의 변화에 일본 외교가 어떻게 대응하였는가를 살펴보는 것을 목적으로 한다. 국제정치사에서 '데탕트'와 '신냉전'의 시대로 알려진 1970년대와 1980년대는 냉전의 변용기에 해당한다. 제2차 세계대전 이후 유럽과 동아시아에서 시작된 미소 간의 대결은 글로벌 차원의 동서 진영 간 체제경쟁으로 고착되어 반세기 가까이 지속되었다. 냉전은 미소 간에 군사·경제·정치·외교 등 다양한 분야에서의 체제경쟁을 의미했지만, 냉전의 전개 양상은 미소의 상대적 힘의 균형과 시대적 상황에 따라 차이를 보였다. 베트남전쟁 등으로 상대적 국력이 쇠락한 미국은 1960년대 말부터 소련 및 중국과의 데탕트를 추구했고, 이는 양 진영 간의 국가 간 교류를 가능하게 했다는 점에서 새로운 변화였다. 1970년대 중반 이후 중동, 아프리카 등지에서 소련의 영향력 확장에 따른 미소 갈등을 배경으로 동서 진영 간의 대결과 진영 내의 결속이 강화된 것은 신냉전의 새로운 모습이었다.

냉전의 변용과 관련하여 글로벌 냉전과 동아시아 냉전은 상호 밀접히 연동되어 전개되었지만, 양자의 차이를 염두에 둘 필요가 있다. 제2차 세계대전 이후의 냉전체제는 글로벌 차원의 미소 간 진영 경쟁의 성격이 강했지만, 동아시아에서는 유럽과 달리 중국의 존재가 중요했다. 1970년대는 대륙 중국이 강대국 국제정치의 주된 행위자로 등장하면서 기존의 미소 양국 주도의 동아시아 질서가 미중소 3국 간의 전략 게임으로 전환되었던 시기이다. 냉전의 동아시아적 성격을 파악하기 위해서는 신냉전의 도래와 냉전의 해체로 이어지는 1980년대까지 미중소 3국 간의 전략적 관계에 주목할 필요가 있다.

동아시아 냉전의 또 다른 특징은 글로벌 냉전의 해체 이후에도 대만해협의 양안과 한반도에서 분단체제가 지속되고 있다는 점이다. 동구 공산권에서 시작된 글로벌 냉전의 종언은 소련의 해체로 이어졌지만, 동아시아에서는 중국이 시장경제원리를 적용한 개혁·개방에 성공하여 경제대국으로 부상했다. 한편 한국은 북방외교를 추진하여 동유럽, 소련 및 중국을 포함한 구 공산권 국가들과 국교를 수립하였지만, 북한은 미국, 일본과 관계정상화에 이르지 못했다. 동아시아 냉전의 특수성을 이해하기 위해서는 한반도에서의 남북한 관계가 미소 데탕트 및 신냉전과 어떤 관계에 있었는지를 살펴볼 필요가 있다.

일본은 냉전체제 하에서 국제환경의 변화에 어떻게 대응하였을까? 냉전기의 일본 외교정책에 관한 많은 연구가 일본을 소극적이고 수동적인 행위자로 묘사해 왔다. 예를 들어 '외압반응형 국가(reactive state)' 모델은 일본이 새로운 국제규범을 만들기 위해 적극적인 역할을 하기보다는 기존 규범에 순응하는 선택을 선호한다고 본다. 이러한 시각은 냉전 변용기의 일본 외교를 설명하는 데 얼마나 적절한 것일까? 냉전체제의 구조가 근본적으로 변화하는 상황에서도 일본은 수동적인 저자세 외교로 일관했던 것일까? 이러한 문제의식을 염두에 두면서 냉전 변용기를 데탕트 전기와 후기, 신냉전기와 냉전의 해체기라는 네 시기로 구분하여 냉전체제의 변화(글로벌 차원의 미중소 관계와 한반도 차원의 남북한 관계)와 일본 외교의 대응이라는 관점에서 주요 사건을 중심으로 살펴보도록 하자.

II. 데탕트 전기의 일본 외교:
사토, 다나카, 미키 내각(1969–1976)

1. 닉슨의 신아시아 정책과 일본의 협력

1969년에 미국에서 리처드 닉슨 정부가 출범하자 일본의 사토 에이사쿠(佐藤榮作) 내각은 냉전체제 하의 자유진영의 일원으로서 미국의 신아시아 정책에 협조하는 모습을 보였다. 1969년 7월, 닉슨 정부는 탈베트남 정책의 일환으로 '아시아 문제의 아시아화'(괌 독트린)를 발표하였고, 같은 해 11월의 미일(닉슨-사토) 정상회담에서 양국은 3년 이내의 오키나와 반환에 합의하였다. 사토 내각 시기에 미일 관계의 최대 현안은 오키나와 반환 문제였다. 1952년에 일본에 대한 연합국의 점령 통치가 종료된 이후에도 오키나와 등의 일부 도서는 미군의 시정권(施政權) 하에 놓여 있었는데, 그 반환에 대해 미일이 처음으로 명시적인 합의에 이르렀다. 아시아 정세와 관련하여 닉슨 대통령이 미국의 방위조약의 의무 수행 의지와 함께 역내 국가들의 자주적 노력을 강조하였다. 이에 대해 사토 총리는 아시아 안보에 대한 미국의 역할 및 미일 협력의 중요성을 환기하고, 오키나와 반환 이후에도 일본이 미일안보조약의 실시에 긴밀히 협력하겠다는 입장을 표명하였다.

상기 회담에서 닉슨 대통령은 중국(중화인민공화국)과의 관계 개선의 가능성에 대해서는 직접적인 언급을 피한 채, 대만(중화민국)의 안보와 관련한 미국의 조약상의 의무를 준수하겠다는 의지를 피력했다. 닉슨은 아시아에서 동서 진영 간의 화해에 앞서 '자유 아시아'의 강화가 필요하며, 이를 위해서 "미국의 최우선 과제는 미일 우호 관계의 강화에 있다"라는 취지로 발언하였다. 사토 총리는 극동지역의 안전이 일본의 중대 관심사라고 전제하고 "한국의 안전은 일본의 안전을 위해서 긴요하며(essential)"(이른바 한국 조항), "대만 지역에 있어서의 평화와 안전의 유지가 일본의 안전을 위해 극히 중요한 요소"(대만 조항)라고 발언하였는데, 이 문구가 회담 후에 발표된 공동성명에 포함되었다. 일본 정부가 대만과 한국 등 아시아 국가의 안보에 대해 명시적으로 관심을 표명한 것은 이례적인 사건이었다.

전후 일본의 역대 내각은 아시아 안보 문제에 대해서는 관여를 자제하는 신중한 입장을 견지해 왔다. 제2차 세계대전의 패전국인 일본은 미일안보조약과 평화헌법에 근거하여 엄밀한 의미에서의 군대를 보유하지 않은 채 자국의 안전보장을 미국에 의존해 왔다. 일본은 비록 자유진영의 일원이기는 하지만, 한국, 대만 및 월남 등과 같이 강력한 반공정책을 취하는 국가들과는 달리, 공산권 국가들을 적대시하지 않는 유연한 외교정책을 기조로 하면서 군사안보적인 연대에 가담하지 않는 전통을 유지해 왔다. 사토 내각이 극동의 안보와 일본의 안보가 불가분의 관계에 있음을 인정하고 닉슨 정권의 신아시아 정책에 적극적으로 협력하겠다는 의사를 밝힌 것은, 자발적 의사에 의한 것이라기보다, 오키나와 반환 교섭에서 미국의 양보를 얻어 내기 위한 고육책이었다고 할 수 있다.

닉슨 정부는 중국과의 관계 개선과 소련과의 데탕트를 추진하여 동아시아 국제관계의 게임의 룰을 재편하고자 했는데, 그 움직임은 1971년에 가시화되었다. 2월에 의회에 제출한 대통령의 외교정책보고서에 중국과의 관계 개선 방침이 포함되었고, 7월에는 이듬해에 예정된 닉슨 대통령의 중국 방문이 발표되었다. 10월에는 유엔에서 중국의 대표권이 중화민국에서 중화인민공화국으로 이행했다. 이는 1969년의 닉슨 독트린과 함께 기존 국제질서의 기본 틀을 바꾸는 획기적인 사건으로, 그동안 고립되어 있던 중국을 국제정치의 주체로 등장시켜 미소 냉전의 양극체제를 미중소 삼국체제로 전환시켰다.

대외관계에서 미일동맹을 금과옥조로 지켜 왔던 일본 정부에 닉슨의 방중 성명은 청천벽력과도 같았고, 전후 최장기에 걸쳐 안정 정권을 유지하였던 사토 내각의 정치 기반을 동요시켰다. 미국의 아시아 전략에서 자국이 핵심적인 역할을 수행하고 있다고 믿었던 일본은, 닉슨 정권이 일본과의 사전 협의 없이 중국과 대화를 시작했다는 사실에 큰 충격을 받았다. 일본 정부는 서둘러 중국과의 관계 개선을 시도했지만, 중국 정부의 반응은 냉담했다. 사토 내각은 오키나와 반환의 실현이라는 외교적 성과에도 불구하고, '닉슨 쇼크'를 극복하지 못하고 퇴진하였다.

2. 닉슨 쇼크 이후 일본 외교의 다변화

닉슨 쇼크 이후 일본 외교는 '대미 기축(基軸)외교'에서 벗어나 '자주 외교'의 성격이 농후해졌다. 사토 내각을 이어 1972년 7월에 발족한 다나카 가쿠에이(田中角榮) 내각은 외교관계의 다변화를 추진하여 중국과 국교를 정상화하였고, 공산권, 중동 및 아시아-태평양 지역 국가들과의 관계를 강화하였다. 일본은 1950년대부터 정경분리원칙에 따라 대륙 중국과의 민간 차원의 무역관계를 발전시켜 왔다. 닉슨 정권의 대중국 접근은 동아시아의 군사적 긴장을 완화할 수 있다는 점에서 일본의 대외정책과 부합하는 측면이 있었다. '닉슨 쇼크'는 일본 외교가 냉전체제의 속박을 벗어나 다변화할 수 있는 기회로 받아들여졌고, 공산권, 특히 중국, 북한, 소련 등과의 관계 개선의 움직임이 가시화하였다. 일본에서 중국과의 관계 개선을 요구하는 주장은 과거에는 사회당, 공산당 등의 야당과 일부 지식인들 사이에 국한되어 있었다. 닉슨 대통령의 방중 결정, 캐나다 등 서방국가들의 중국 승인, 중국의 유엔 가입 등 일련의 정세 변화는 일본 자민당 정권 내부에까지 '중국 붐'을 확산시켰다.

다나카 내각의 최우선 과제는 중일 국교정상화였다. 다나카 총리는 그해 9월에 중국을 방문하여 마오쩌둥 주석 및 저우언라이 총리와 회담을 갖고, '하나의 중국' 원칙에 대한 일본의 존중 및 중국의 대일 전쟁 배상청구 포기를 축으로 중일 관계의 정상화에 합의했다. 일본의 대중국 접근은 미국의 대중국 정책에 의해 촉발된 것이었지만, 중국과의 국교정상화에서는 일본이 미국보다 7년을 앞설 수 있었다.

다나카 내각은 소련과의 관계 개선 및 아세안(ASEAN) 가맹국 및 호주와의 관계 강화를 적극적으로 추진했다. 72년 10월과 이듬해 10월에 오히라 마사요시(大平正芳) 외상과 다나카 총리가 각각 소련을 방문하여 일소평화조약의 교섭 개시에 합의하였다. 다나카는 일본 총리로서 17년 만에 소련을 방문하여 브레즈네프 서기장과 북방영토 문제를 논의하고, 양국 간에 평화조약의 협상을 개시하기로 합의하였다. 베트남 평화교섭이 가시화하자, 일본 정부는 신속하게 북베트남과의 대화에 나서 1973년 9월에 관계정상화에 합의했다. 1974년에 다나카 총리에 의한 동남아시아 순방은 현지의 반일 데모로 그 성과가 반감되었지만, 일본의 동남아시아 외교를 재검토하는 계기가 되었다.

1973년 10월에 발생한 석유위기의 대응에서 다나카 내각은 친미 노선에서 벗어나 독자 노선을 걸었다. 아랍석유수출국기구(OAPEC)가 일본에 대해 석유 수출을 거부하자 일본 사회는 혼란에 빠졌고, 일본 정부는 친이스라엘에서 친아랍으로 외교적 스탠스를 전환하였다. 아시아 국가들의 경제발전과 무역관계 확대에 중점을 두었던 일본의 원조 정책은 석유위기를 계기로 글로벌 차원의 자원 확보라는 맥락에서 검토되기 시작하였다. 일본 정부는 미국에 대일 석유 공급을 보장해 달라고 요청하였지만 그것이 받아들여지지 않자, 독자적인 에너지 기반 확대와 다변화를 위해 움직였다. 다나카 총리는 세계 각국을 방문하면서 자원 외교를 활발하게 전개하였다.

3. 일본의 대한반도 정책 변화와 한일 관계의 긴장

전후 일본은 한반도 식민지 지배의 청산을 위해서는 한일 국교정상화와 함께 북일 국교정상화가 필요하다는 데 사회적인 공감대가 있었다. 일본은 '두 개의 코리아' 정책을 기본으로 하여 38선 이북의 북한과도 우호적인 관계를 유지하고자 하였다. 그렇지만 이러한 이상론을 실현하기에는 일본의 현실은 냉엄했다. 태평양전쟁의 패전국 일본이 샌프란시스코강화조약으로 주권을 회복하였지만, 같은 날 체결된 미일안보조약에 의해 일본은 자국의 안보를 미국에 일방적으로 의존하게 되었다. 미국의 냉전 전략에 편입된 일본의 대한반도 정책은 미국의 동맹국인 한국을 중시할 수밖에 없었다. 냉전체제의 긴장이 완화되지 않는 한, 북일 관계정상화라는 카드는 일본 정부가 택할 수 있는 수단에서 제외되었다. 그렇지만 일본 정부는 자국 내의 반발을 우려하여 반공을 국시로 하는 한국과의 군사안보적 연대에는 소극적으로 대응하였다. 일본은 1965년의 한일 국교정상화 이후에도 한국과의 안보협력보다는 경제협력을 우선하였다.

1968년의 한반도 위기를 계기로 일본 정부는 한국 안보에 대한 관여를 확대하였다. 그해 1월에 푸에블로호 납치, 청와대 습격 등 북한의 군사적 도발로 한반도에서 긴장이 고조되자, 미국은 일본 정부에 대해 북한의 무력 도발을 저지하기 위한 안보협력에 보다 적극적으로 나설 것을 요구하였다. 당시 박정희 정부도 한국 안보에 대해 일본이 명시적인 형태로 관여를 표명해 줄 것을 요청하였다. 사토 내각은 이를 수락하였고, 1968년 8월의 제2차 한일각료회의의 공동성명에는 "한국의 안전과 번영이 일본의 그것에 중대한 영향이 있다"는 구절이 포함되었다. 이 공동성명서는 한일 간의 안보 연대가 명시된 최초의 공식문서로서 전술한 닉슨-사토 정상회담에서 등장하는 '한국 조항'의 원형(原型)이 되었디.

그 후 데탕트의 도래와 함께 한일 간에 안보 연대감이 이완되고 한국의 안보에 대한 일본의 관심은 줄어들었다. 닉슨 정부가 주한미군의 감축을 추진하자, 박정희 정부는 자주국방에 필요한 중화학공업의 육성을 서두르고, 일본에 자본과 기술 지원을 요청하였다. 사토 내각은 이를 긍정적으로 검토하였지만, 다나카 내각에서는 그 논의가 중단되었다. 다나카 내각 시기에는 닉슨-사토 회담에서 합의했던 한국 조항이 자취를 감추었다. 1973년의 닉슨-다나카 회담이나 1974년의 포드-다나카 회담에서 한국 혹은 한반도 안보에 대한 구체적인 언급은 없었다. 1974년 8월에 기무라 도시오(木村俊夫) 외상은 참의원 외무위원회에서 한국의 안전과 일본의 안전을 직결시키는 인식은 냉전적 사고방식이며, 현시점에서 한국이 북한의 군사적 위협에 직면해 있다고는 보지 않는다고 답변했다. 이는 일본 정부가 한국의 안보에 대한 종래의 적극적인 관여로부터의 이탈을 시도한 것이라고 할 수 있다.

당시 한국의 정치 상황은 한일 관계의 긴장 요인으로 작용하였다. 한국은 대외적으로는 반공국가들의 외교적 입지가 좁아지고 있는 국제사회의 현실을 감안하여 북한과의 긴장완화를 모색하고, 대내적으로는 자주 국방력의 강화와 체제 결속을 통해 미국에 대한 안보 의존을 줄여

나가는 전략을 택했다. 박정희 정부는 1971년 12월에 국가비상사태를 선언하고, 이듬해 말 유신헌법을 선포하여 유신체제를 확립시켰다.

박 정부의 선택은 대외관계에서 한국의 고립을 심화시켰다. 일본에서는 잡지 『세카이(世界)』를 중심으로 한국에 대한 비판적 여론이 고조되었다. 1972년 9월에 한국 정부는 북한을 찬양하고 한국을 비방했다는 이유로 일본 요미우리신문 서울지국을 폐쇄하고 특파원을 추방했고, 다음 달에 예정된 박정희 대통령의 방일 계획을 취소했다. 1973년 8월과 이듬해 8월에 김대중 납치 사건과 문세광 사건이 각각 발생하여 한일 관계는 냉각되었다.

한편 일본 정부는 북한과의 교류를 확대해 나갔고, 북일 간에 관계 개선의 움직임이 활발해졌다. 1971년부터 일본 정부에 의한 재일교포 북송의 재개, 북일 간의 기자 교류, 일조의원연맹, 미노베(美濃部) 동경 도지사의 방북 등이 이어졌다. 1970년대에 들어 북일 간의 경제관계는 비약적으로 확대되었고, 1974년의 일본의 대북한 무역 규모는 1970년 대비 수출이 10배, 수입이 3배로 증가했다. 1972년에 사토 총리는 북일 관계 개선을 추진할 필요가 있다고 발언하였고, 후임 총리 다나카는 일본으로서 두 개의 한국을 균형 있게 다루는 외교정책을 취해야 한다고 주장하였다. 그러나 다나카 정부는 한국과의 관계가 악화된 상황에서 북한과의 관계정상화를 서두르지 않았다. 1973년 5월, 일본은 북한의 세계보건기구(WHO) 가입을 저지하는 안을 미국 등 서방국가들과 공동으로 제안하였다. 이에 북한은 '두 개의 조선 책동'이라며 반발하였고, 북일 관계 강화의 움직임은 동력을 상실하였다.

III. 데탕트 후기의 일본 외교:
후쿠다, 오히라 내각(1976-1980)

1. 데탕트의 퇴조와 일본의 전방위 평화외교

미소 간의 데탕트가 퇴조하는 1970년대 후반에 일본은 '전방위 평화외교'를 추구했다. 그 목표는 미일동맹의 강화와 중국 및 소련과의 관계 개선을 병행하는 것이었지만, 결과적으로 미일 간에 동맹 관계가 회복되고 중일 관계가 진전된 반면, 일소 관계는 정체되었다. 그 배경에는 미소 관계 및 중소 관계의 악화 외에 북방영토의 영유권을 둘러싼 일소 간의 갈등이 있었다. 일본은 미중소 3국이 벌이는 강대국 정치에 편입되었고, 미중일 3국의 밀월기가 시작되었다.

닉슨 쇼크 이후 균열을 보였던 미일 관계는 1974년 8월에 닉슨 대통령의 잔여 임기를 계승하여 취임한 제럴드 포드 정부의 동맹 관계 중시 노선과 1974년 12월의 미키 다케오(三木武夫) 내각의 출범에 힘입어 복원되었다. 이후 미일 간에는 소련 위협을 염두에 둔 방위협력이 진전되었다. 1970년대 중반부터 소련이 아프리카와 중동 등에서 영향력을 확대하고, 해군력과 핵전력을 강화하면서 미소 간의 데탕트에 그늘이 드리워지기 시작했다. 1975년 8월의 미일 국방(방위청)장관 회담에서 제임스 슐레진저(James Schlesinger) 장관은 해상교통로, 대잠능력, 방공임무를 중심으로 일본의 방위력 강화를 요구했다. 이를 계기로 일본 열도의 주변 해역에서 일본의 역할 확대에 관한 책임분담론이 미일 관계의 현안이 되었다. 1978년에 소련군의 일본 침공을 상정하여 미군과 자위대의 역할 분담을 명시한 미일방위협력지침(가이드라인)이 책정되었고, 미일 간에 공동작전계획의 연구와 공동훈련이 시작되었다. 일본 정부가 주일미군 경비의 일부를 지원하는 '오모이야리 예산'이 도입되었다.

한편 일소 관계는 북방영토를 둘러싼 입장 차이로 인해 평화조약의 체결이 난항하면서 긴장이 높아졌다. 1976년에 소련은 북방영토에 있는 일본인 묘지 참배를 엄격히 규제하기 시작하였고, 이듬해부터 북방영토에 군사기지를 건설하였다. 1977년에 소련이 200해리 어업수역을 설정하자 일본은 영토 문제와 분리하여 일소어업협정을 체결하였다. 이듬해 소련은 중일평화우호조약의 패권 조항에 반발하였고, 일소 간의 평화조약 협상은 중단되었다. 소련의 공세적 태도에 대한 일본 사회의 불안감이 커졌고, 일소 관계는 긴 냉각 국면으로 진입하였다.

1972년의 국교정상화 이후 중일 관계의 최대 현안은 평화우호조약의 체결 문제였는데, 중국 측이 요구한 '반패권' 조항이 장애로 남아 있었다. 중국은 소련을 패권주의로 비난하였지만, 일본 정부는 소련과의 관계를 고려해 중국의 요구에 반대했다. 1977년에 출범한 지미 카터 정부는 소련의 군사력 증강을 경계하여 미중일 3국 간의 협력관계를 희망했고, 중일 양국에 대해 동 조약의 조기 체결을 권고하였다. 한편 카터 정권은 1979년 1월에 중국과 국교를 정상화하였다. 1978년 8월에 후쿠다 다케오(福田赳夫) 내각은 반패권 조항을 받아들이는 대신 동 조약이 제3국과의 관계에 영향을 미치지 않는다는 조항을 추가하는 조건으로 중국과의 평화우호조약을 체결하였다.

2. 국제경제의 혼돈과 일본 경제의 세계화

1971년에 발표된 미국의 신경제정책과 1973년과 1979년에 발생한 두 차례의 석유위기로 국제경제는 심하게 동요했다. 1973년 이후 일본 경제는 고물가와 실업, 저성장의 위기에 빠졌고, 일본 정부는 자원 및 에너지 외교, 일본의 산업경쟁력, 주요선진국과의 정책공조 등을 강화하였다. 1970년대 후반 일본의 수출이 세계시장을 석권하여 선진국과 무역마찰이 구조화하자 일본은 수출의 자율적인 규제와 공적개발원조(ODA) 확대로 대응하였다. 이 시기에 추진된 일본 경제의 체질 개선은 1980년대에 일본이 경제대국으로 도약하는 발판이 되었다.

1973년의 석유위기는 일본 경제에 큰 타격을 줄 것으로 예상되었지만, 결과적으로 일본 경제의 세계화에 기여하였다. 일본은 노사 간에 파업과 임금 인상을 최소화하고, 에너지 절약 및 산업 생산성의 향상으로 대응하였다. 1976년에 일본의 국민총생산(GNP) 성장률은 6.3%를 기록하여 3년 만에 플러스 성장으로 전환되었는데, 선진국 중에서 일본 경제의 회복력이 단연 돋보였다. 정부의 주도하에 관민이 일체가 되어 특히 중동 국가들과 외교관계를 강화하여 안정적인 석유 공급을 확보하고 총수요 억제 정책으로 고물가를 진정시킨 것이 주효했다.

한편 미증유의 국제경제의 혼란은 국제적인 협조체제를 강화하는 계기가 되었다. 1973년에 개시된 '관세 및 무역에 관한 일반협정(GATT)'

의 통상교섭(도쿄라운드)은 농업과 서비스 무역, 분쟁 처리의 절차 문제를 남겨 둔 채 1979년에 타결되었다. 거시경제, 통화, 무역, 에너지 등을 협의하기 위해 1975년 11월에 개최된 선진 6개국 정상회의는 이후 주요선진국정상회의(G7)로 연례화되었다. 동 회의에서 일본은 석유 공급에 대한 특별한 배려를 약속받을 수 있었고, 서독과 함께 세계경제의 회복을 견인하기 위한 주도적인 역할을 요구받았다.

그러나 국제사회가 세계경제의 확대균형을 위해 요구했던 일본 경제의 회복은 무역마찰이라는 새로운 문제를 초래하였다. 1976년에 철강, 가전, 자동차 등 상품 수출의 비약적 성장으로 일본의 경상수지 흑자는 46억 달러에 달했고, 특히 미국의 대일 무역적자는 2~3년 만에 두 배의 속도로 불어났다. 일본의 수출이 '집중호우적'이라는 국제사회의 비난이 거세졌고, 미국의 철강회사들은 일본 기업을 덤핑 제소하기에 이르렀다. 일본은 미국과 '수출자율규제'라는 협정을 맺어 대응하였지만, 품목별 규제는 일본의 전체 수출량 증가를 막기에는 역부족이었다. 이후 만성적인 무역수지의 개선 문제가 미일 관계의 현안으로 구조화하였다.

1970년대 후반에 세계경제에서 차지하는 일본 경제의 비중이 증가하자 국제사회로부터 일본의 국제적인 책임에 대한 요구가 커졌다. 또한 이 시기에는 아시아 국가들에 대한 전후 배상의 대부분이 종료되었는데, 일본 기업의 계속적인 이윤 창출을 위해서 새로운 자금 환류의 수단이 필요하다는 일본 내부의 목소리도 늘어났다. 당시 후쿠다 내각은 일본의 국제적 역할과 관련하여 동남아시아 및 아세안 국가들과의 관계 강화를 중시하고 있었다. 이러한 상황을 감안하여 일본 정부는 1977

년에 ODA를 5년간 두 배로 늘린다는 ODA 배증 계획을 발표하였다. 이 계획은 5차례에 걸친 추가적인 증액 계획으로 이어지면서 'ODA대국'화의 시발점이 되었다.

3. 일본의 새로운 방위안보 개념과 지역질서 구축의 모색

1970년대에는 새로운 국제정치경제 상황을 반영하여 일본형 방위안보 개념으로 기반적방위력구상과 총합안전보장(總合安全保障)구상이 제시되었다. 일본 정부는 데탕트의 도래로 일본에 대한 외부로부터의 침략의 가능성이 현저히 줄어들었다는 판단하에 방위력 정비의 목표를 새롭게 정의하고, 1976년에 최초로 방위정책의 기본문서인 「방위계획대강」을 책정하였다. 이 문서에는 특정국의 임박한 침략의 위협에 대응하는 것(이른바 소요방위력)이 아니라, 일본에서 힘의 공백이 생겨서 침략을 초래하는 일이 없도록 전체적으로 균형이 잡힌 최저한의 저항력(기반적 방위력)을 정비하여 안보의 불확실성을 감소시킨다는 발상이 반영되었다. 그 결과, 재래식 무기에 의한 한정적이고 소규모의 직접 침략은 일본의 독자적인 상시 대응력을 갖추어 대응하되, 핵 위협과 대규모 침략 등과 같이 일본 자력으로 대응이 불가능한 위협에 대해서는 미국의 지원과 협력으로 대응한다는 원칙이 명문화되었다.

1970년대 후반에는 국가안보의 대상, 위협의 범위, 수단 등을 군사력에 한정하지 않고 종합적으로 접근하자는 논의가 '총합안전보장'으로 개념화되었다. 일본의 취약한 군사력을 비군사적 수단으로 보완한다는 포괄 안보의 개념은 일본 정부가 1957년에 채택한 「국방의 기본 방침」에서 시작되었다. 1973년의 석유위기를 계기로 자민당의 안전보장조사회와 정부계 싱크탱크를 중심으로 그 논의가 가속되었다. 이후 오히라 마사요시 총리가 조직한 총합안전보장연구그룹이 1980년에 보고서를 발표하면서 널리 알려지게 되었다. 그 핵심은 국가의 안전과 국민생활의 안정을 위해서는 국방력뿐만 아니라 평화외교, 국제협력, 자원·에너지와 식량의 확보 등의 경제정책과 해상교통로의 확보 등 종합적인 시책이 필요하다는 것이었다. 그해 12월에 안보의 관점에서 정부 대책의 종합성과 정합성을 확보하기 위해 내각에 총합안전보장관계각료회의가 설치되었다. 그러나 오히라의 사망과 신냉전의 도래로 인해 총합안전보장 개념이 일본 방위안보정책의 중심 개념으로 자리 잡지는 못했다.

한편 냉전형 대결 구도의 재연을 피하고 안정적인 지역질서를 구축하기 위한 일본 외교의 모색은 이른바 후쿠다 독트린과 환태평양연대구상으로 제시되었다. 일본은 미국의 탈베트남 이후의 동남아시아가 동서 진영 간의 대결이나 내전으로 혼란에 빠지는 것을 경계했다. 일본이 전후 배상과 원조를 통해 경제관계를 확대해 온 동남아시아에서 1970년대 들어 일본에 대한 경제적 종속을 비판하는 목소리가 커졌다. 전술했듯이 1974년의 다나카 총리의 동남아시아 순방 당시 태국과 인도네시아에서 대규모의 반일 데모가 발생하였고, 이것은 일본이 동남아시아 정책을 재검토하는 계기가 되었다. 그리고 1975년의 사이공 함락 이후 동남아시아가 ASEAN을 구성하는 비공산주의 세력과 인도차이나의 공산주의 세력으로 이분된 것도 정책 재검토의 배경이었다. 1977년 8월에 동남아시아를 순방한 후쿠다 총리는 최종 방문지인 마닐라에서 포스트 베트남 시대의 일본의 동남아시아 외교의 원칙을 제시했다. 그 핵심은 "첫째, 일본은 평화주의에 철저하고 군사대국화하지 않는다. 둘째, 진정한 파트너십의 확립을 위해 마음과 마음이 대화를 중시한다. 셋째, ASEAN 국가들과 긴밀한 관계를 촉진하는 한편, ASEAN 국가들과 인도차이나 국가들의 평화공존의 실현을 추구한다"는 것이었다. '후쿠다 독트린'으로 불리는 이 원칙은 동남아시아와의 관계를 기존의 경제외교를 넘어 문화교류 중심으로 접근하고, 일본의 원조 대상에 베트남을 포함시킨 것에서 알 수 있듯이 냉전형 이데올로기를 초월하여 동남아시아에서의 평화공존을 실현하기 위해 일본이 조정자 역할을 자임했다는 점에서 주목된다.

후쿠다 내각이 아시아에 관심이 있었다면, 후임 오히라 내각의 관심은 태평양을 공유하는 선진국과 ASEAN 국가였다. 1960년대 초부터 일본의 정치가나 민간 전문가, 그리고 경제인들에 의해 태평양 연안에 위치하는 일본·미국·캐나다·호주·뉴질랜드 5개국을 중심으로 하는 '환태평양협력'이 여러 차례 제안되었다. 1979년에 오히라 총리는 측근 그룹이 제창한 '환태평양연대구상'을 채택하고 그 좌장인 오키타 사부로(大來佐武郎)를 외상에 임명하여 동 구상을 일본 정부안으로 추진하였다. 이전의 논의가 태평양의 '가장자리'에 위치한 선진 5개국에 방점이 놓였다면, 오히라의 구상은 태평양이라는 '공간'을 공유하는 선진국 5개국 외에 ASEAN 국가를 대등한 협력 상대로 포함하고 있다는 점에서 차이가 있다. 1980년 1월, 오히라 총리는 호주를 방문하여 동 구상을 제안하고 존 프레이저 총리에게 협력을 요청했다. 당시 오히라는 호주와 뉴질랜드 방문의 귀로에 일본 총리로서는 처음으로 파푸아뉴기니를 방문하였는데, 이는 전후 태평양 도서국에 대한 일본 외교의 효시였다. 그러나 일본 정부의 구상은 호주 정부와 ASEAN 국가들로부터 적극적인 호응을 얻지 못한 채 오히라가 사망하면서 정부 간 논의는 중단되었다. 이후 동 구상은 민간 차원의 포럼의 형태로 계승되다가 1980년대 말에 아시아태평양경제협력체(APEC) 설립의 사상적 모태가 되었다.

4. 인도차이나 공산화와 일본의 대한반도 정책의 보수 회귀

1975년 4월의 사이공 함락을 계기로 한국 안보에 대한 일본 정부의 관심은 증가하였다. 일본은 인도차이나 공산화가 도미노처럼 아시아 각지의 공산화로 번지는 것은 아닌지, 특히 북한이 이에 고무되어 무력 도발을 하는 것은 아닌지, 미국은 한반도 안보에 끝까지 책임을 질 것인지를 우려하였다. 1970년대 후반에 한일 양국은 주한미군의 철수 문제가 한반도의 군사적 균형의 변동과 북한의 오판을 초래할 수 있다는 위기의식을 공유하면서 미국의 대한국 정책에서 협력을 이어 갔다. 미키 내각은 미군의 베트남 철수 이후 한국 안보와 관련한 한미일 협력의 중요성을 인식하고, 미국 및 한국과의 협의에 적극적으로 나섰다. 후쿠다 내각은 카터 미국 정부가 주한 미군의 철수 계획을 밝히자, 한국과 협의하에 미국에 대해 신중한 대응을 촉구하였다.

1974년 11월에 포드 대통령은 미국 대통령으로서는 처음으로 일본을 방문한 후, 연이어 한국을 방문했다. 발표된 한미공동성명에는 미국이 태평양 국가로서 아시아 지역의 평화와 안전을 보장하기 위해 최대한의 노력을 계속할 것이며, 미국 정부는 주한미군을 현재 수준에서 감축할 계획이 없음을 보장한다는 조항이 포함되었다. 이는 아시아에 대한 관여를 축소하기 위해 군사원조를 통한 한국군 현대화의 추진과 병행하여 주한미군의 감축을 추진하였던 닉슨 정부의 대한국 정책에 대한 수정을 의미하였다. 이듬해 4월에 남베트남의 사이공이 함락되자, 포드 정부는 아시아 정책의 전면 재검토에 착수했다.

이러한 상황에서 일본 정부는 한국의 안보와 관련한 한미일 3국 간의 협력을 강화하고자 했다. 미키 내각은 1975년 8월에 예정된 미일정상회담을 한 달 앞두고 미야자와 기이치(宮澤喜一) 외상을 한국에 파견하여 다나카 내각 이래 냉각되었던 한일 관계의 복원을 시도하였다. 미야자와 외상은 주한미군의 감축은 한국은 물론 일본에도 영향을 미치는 사안인바, 주한미군의 병력 유지는 일본에도 필요하며 일본 정부는 한국 조항을 중시할 것이라는 입장을 한국 측에 전달하였다. 그리하여 1974년에 열릴 예정이었지만 문세광 사건으로 무기한 연기되었던 제8차 한일각료회의가 1975년 9월에 서울에서 개최되었다.

8월의 미일(포드-미키) 정상회담에서 포드 대통령은 주한미군 병력 규모와 관련하여 '애치슨 라인'이 북한의 공격을 유도했음에 비추어 볼 때 만약 주한미군이 철수한다면 다시 복귀하는 것은 불가능한바, 현재로서는 주한미군을 닉슨 정부 시기의 철수에 이어 추가로 감축할 의사가 없다는 입장을 밝혔다. 동 회담의 공동성명에는 "한국의 안전이 한반도에 있어서의 평화유지에 긴요하며, 한반도의 평화유지는 일본을 포함한 동아시아에서의 평화와 안전에 필요하다"라는 문구가 포함되었다. 1975년 12월에 포드 대통령은 중국 방문을 마치고 귀국하는 길에 하와이에 들러 신태평양 독트린을 발표했다. 사이공 함락 이후 미국의 태평양 지역에 대한 안보 관여를 약속한 것으로, 특히 미일동맹이 미국의 아시아 전략의 핵심임을 강조했다. 그리고 한반도의 긴장완화를 위해 건설적인 방안을 검토할 용의가 있지만, 한국을 제외하려는 북한의 어떠한 조치도 반대한다는 입장을 밝혔다.

1977년에 인권 외교의 기치하에 주한 미 지상군의 완전 철수를 공약으로 내건 지미 카터 정부가 출범하자, 한일 양국은 다시 주한미군의 주둔 여부 및 병력 규모가 불투명해지는 상황에 놓이게 되었다. 같은 해 3월 미일정상회담에서 후쿠다 총리는 "한반도의 평화를 해치지 않도록"이라는 조건을 달아 카터 정부에 신중한 대응을 요청했고, 기타 다양한 루트를 통해 일본의 우려를 미국 측에 전달했다. 결과적으로 한일 양국의 반대 외에 미국 정보당국에 의한 북한 군사력에 대한 재평가에 근거하여 카터 대통령은 주한 미 지상군 철수의 무기한 연기를 결정하였다.

Ⅳ. 신냉전기의 일본 외교:
스즈키, 나카소네 내각(1981-1987)

1. 미소 신냉전과 미일동맹 강화

　1979년에 소련에 의한 아프가니스탄 침공 및 중거리핵미사일의 유럽 배치 등으로 미소 관계는 데탕트에서 대결 국면으로 전환되었고, 이른바 신냉전의 시대가 도래하였다. 아시아에서는 미중소 간의 관계가 복잡해졌다. 중소 갈등이 이어지는 가운데 인도차이나에서 중국-베트남 전쟁, 베트남의 캄보디아 침공과 함께 캄보디아 내전이 시작되었고, 1979년 1월에 미국은 중국과 국교를 수립하였다. 극동에서 소련은 북방영토에 군대를 진주시키고, 해군력과 공군력을 증강하기 시작하였다. 1979년부터 1989년까지 일본의 방위백서에 소련 위협론이 명시된 점에서 알 수 있듯이 1980년대에 일본 안보의 최대 위협은 소련이었고, 극동에서 소련의 군사력에 대한 억제력 강화가 미일동맹의 최우선 목표가 되었다.

　오히라 내각은 소련 위협론이 확산되는 상황에서 외교정책의 축을 이전 내각의 전방위 평화외교에서 대미 기축외교로 전환하였다. 미국의 카터 정부는 소련과의 대결에서 일본의 지지와 역할의 확대를 요구하였고, 일본 정부는 미국의 요구에 전향적으로 협력하였다. 오히라 내각은 1980년 2월에 미국이 주도하고 캐나다·호주·뉴질랜드 해군이 참가하는 환태평양합동연습, 이른바 림팩(RIMPAC, The Rim of the Pacific

Exercise)에 해상자위대의 호위함을 최초로 파견하였다. 그해 4월에 일본 정부는 모스크바올림픽에 불참하겠다는 결정을 발표하였다.

1981년에 출범한 로널드 레이건 정부는 소련을 '악의 제국'으로 규정하고 '힘에 의한 평화'를 기본 전략으로 대소 봉쇄정책을 강력하게 추진했다. 미국은 극동 안보에서 일본이 미국과 역할을 분담할 것을 요구했고, 특히 일본의 주변 해역과 1,000해리 해상교통로(Sea Lane) 방위를 위한 방공, 대잠능력의 향상, 방위비 증액을 중시했다. 그해 5월의 미일정상회담에서 레이건 대통령은 스즈키 젠코(鈴木善幸) 총리에게 일본의 방위 및 극동의 평화와 안정을 확보하기 위해 양국 간의 '적절한 역할 분담'을 요구하였다. 이에 스즈키 총리는 일본의 영역 및 주변 해역과 공역의 방위력을 개선하고, 주일미군의 재정 부담을 경감하기 위한 노력을 약속했다. 동 회담 후에 스즈키 총리의 '미일동맹 부인' 발언으로 미일 관계에 일시적인 불협화음이 있었지만, 역할 분담을 위한 미일 정부 간의 협의는 계속되었다.

1982년 11월에 출범한 나카소네 야스히로(中曽根康弘) 내각은 미국 정부가 요구하는 '서방의 일원으로서의 역할'을 확실하게 수행하여 미일동맹을 전후 최고의 수준으로 올려놓았다. 나카소네 총리는 이듬해 1월에 한국 방문을 마치고 바로 워싱턴을 방문하여 레이건 대통령과 정상회담을 가졌다. 나카소네는 동 회담을 앞두고 미국 측이 환영할 만한 선물을 준비했다. 1983년도의 일본 방위비를 전년도 대비 6.5% 증액하였고, 외국에 대한 무기기술의 제공을 금지하는 '무기수출 3원칙'의 적용에서 미국은 예외로 한다는 결정을 내렸다.

1983년 1월의 미일정상회담에서 레이건 대통령은 "미일동맹 관계는 세계 평화와 번영에 사활적으로 중요하다"고 평가한 데 대해, 나카소네 총리는 "미일 양국은 태평양을 사이에 둔 운명공동체"라고 회답하여 동맹의 결속을 강화하였다. 동 회담에서 일본 정부는 일본 열도의 북방 3 해협과 해상교통로의 방어, 방위비 증액, 미일 군사기술협력 등에서 적극 협력하는 자세를 보였다. 이 회담을 계기로 두 정상은 서로를 퍼스트 네임인 '론-야스'로 부르는 신뢰 관계를 구축하였다. 당시 나카소네 총리는 현지 언론인과의 조찬에서 "일본 열도를 소련의 백파이어 폭격기의 침입을 막는 거대한 방벽을 가지는 큰 배처럼 만들겠다"라고 발언했는데, 이것이 "일본은 불침항모(unsinkable aircraft carrier)"라고 보도되었다. 이 '불침항모' 발언은 이전의 스즈키 총리의 '미일동맹 부인' 발언과 대조되면서 그동안 쌓여 있던 미국의 불신을 해소시켰을 뿐만 아니라, 1980년대의 미일동맹을 상징하는 표현이 되었다.

나카소네 총리는 5년의 재임기간 중에 미국의 대소련 봉쇄 전략에 적극 협력하면서 일본의 방위력 증강을 도모하였다. 미군과 자위대의 공동연습이 확대되었고, 미국으로부터 첨단 무기를 대거 도입하였다. 대잠수함 초계기 P3C, 조기경보기(E2C), F-15 전투기의 증강, 패트리엇 미사일 등의 도입이 결정되었다. 1985년 4월에는 일본 미사와(三沢) 기지에 미 공군의 F-16 전투폭격기 2개 비행중대(48기)의 배치가 시작되었다. 일본 정부는 1986년 9월에 레이건 정부가 추진하는 전략방위구상(SDI) 연구에 참가하기로 결정하였고, 1987년에는 미키 내각 때 도입되었던 방위비의 'GNP 1% 이내'의 제약을 폐지하였다.

2. 일본 외교의 글로벌화

1980년대 일본이 미국에 이어 세계 제2위의 경제대국이 되면서 일본 외교 역시 국제사회에서 일본의 존재감을 늘려 나갔다. 경제대국으로서의 국제적 의무를 수행하고자 하는 일본의 노력은 미국 등 주요 선진국과의 적극적인 정책 공조, 대외 원조의 확대라는 형태로 나타났다. 나카소네 총리는 소수 파벌 출신으로 내각 출범 당시의 정권 기반은 취약했으나, 정상회의에서 퍼포먼스와 외교적 성과를 국민들에게 효과적으로 어필하여 5년간의 장기 집권에 성공하였다.

1975년에 주요 선진국 간에 세계 경제 문제에 대한 정책 공조를 목적으로 시작된 G7정상회의가 1980년대에는 '신냉전'을 배경으로 동서 문제와 국제정세까지 다루는 협의체로 발전하였고, 1986년에는 재정금융정책협조(G7 경제장관 및 중앙은행총재 회의)도 제도화되었다. 일본은 아시아의 유일한 참가국이라는 입장을 의식하면서 아시아의 목소리를 반영하고자 했다. 나카소네 내각은 레이건 정부의 세계 전략에 협력하는 자세를 선명히 하면서 정치안보 문제에도 적극적으로 관여하였다.

1983년 5월에 미국 윌리엄스부르크에서 개최된 G7회의에서 나카소네 총리는 소련의 SS20에 대응하는 중거리 핵미사일의 유럽 배치에 대해 서방국가들이 단결하도록 논의를 주도했다. 그리고 동서양이 상호 간에 동 미사일을 폐기할 경우 유럽뿐만 아니라 아시아를 포함한 글로벌 군축을 주장하여 동의를 얻었다. 1983년 9월에 뉴욕발 서울행 대한항공 KAL007편이 소련 영공을 침범했다는 이유로 소련 전투기에 격추되어 승객과 승무원 269명 전원이 사망하는 사건이 발생하였다. 소련이 침묵을 지키는 가운데 나카소네 총리는 자위대가 획득한 소련기의 교신기록을 공개하였고, 이 결정은 소련을 국제사회에서 고립시키고 서방 진영의 결속을 강화시키는 계기가 되었다.

국제적으로 민감한 정치안보 문제를 피하지 않고 적극적인 리더십을 발휘하는 나카소네 총리의 모습은 종래의 소극적인 일본 외교의 이미지를 벗어난 것이었다. 이를 두고 일본에서는 '레이건, 마거릿 대처, 나카소네의 시대'라는 말이 유행했다. 당시 국제정치경제의 대세는 '신보수주의'였다. 미국과 영국 정부를 중심으로 과도한 복지에 치우친 자본주의에서 자조와 민생에 기반한 건전한 자유주의 경제로의 전환이 주장되던 시기였다. 군사적으로는 레이건 정부가 '강한 미국'의 기치하에 소련에 대한 군사적 우위를 회복하기 위해 군비증강에 돌입했던 시대였다. 나카소네 총리는 이러한 국제환경에 순응했을 뿐만 아니라 경우에 따라서는 그 논의를 주도하였다.

대외 원조 분야에서도 경제대국 일본의 역할은 돋보였다. 1980년대에 일본은 세계 최대의 원조대국으로 부상하였다. 1970년대 중반에 약 10억 달러였던 일본의 대외 원조는 1980년대 말에는 90억 달러로 확대되었다. 1980년대에 일본의 ODA는 근린 국가와의 관계 강화에 우선적으로 지원되었다. 1979년의 평화우호조약 체결 이후 중국의 근대화(개혁·개방)에 총액 500억 엔의 차관 공여를 시작으로, 1984년에는 4,700억 엔의 제2차 차관, 1988년에는 8,100억 엔의 제3차 차관과 거액의 원조를 공여했다. 이때부터 일본으로부터 제공받는 ODA 자금 규모 면에서 중국은 인도네시아와 1, 2위를 다투게 되었다.

1980년대에 일본 정부가 자유진영 국가들에 대한 원조를 확대하면서 일본의 ODA는 미국의 세계 전략과 연동되는 이른바 '전략원조'의 성격을 띠게 되었다. 과거의 원조가 배상의 성격을 띠고 친일 우호적인 세력을 양성하거나 일본의 안정적인 자원 확보나 양자관계의 유지를 위한 것이었다면, 1980년대의 ODA는 넓은 의미의 안전보장의 수단으로서 인식되어 소위 '분쟁 주변국'에 대한 전략적인 성격을 띠기 시작했다. 레이건 정부는 공산주의 봉쇄 전략에서 중요한 지정학적 위치를 점하는 국가들에 경제 및 군사 원조를 제공한다는 의미에서 전략원조를 제시했다. 후술하듯이 1983년에 일본 정부는 한국에 총액 40억 달러의 차관을 공여하기로 결정했다. 일본은 공산세력과 대결하는 자유진영 국가들에 대한 집중적인 원조를 통해 '국제적인 역할 분담'을 수행했다는 점에서 미국 주도의 냉전체제의 일익을 담당했다고 할 수 있다.

3. 일본 경제대국화의 역설

일본의 국내총생산(GDP)이 1980년에 세계 전체의 10%, 1989년에 15%를 차지하게 되면서 일본 경제는 절정기에 이르렀다. 일본의 경제대국화는 일본 외교가 국제적인 영향력과 기여를 확대하기 위한 물질적 토대를 제공한 반면, 늘어나는 일본의 무역흑자는 미국 등 선진국과의 무역마찰을 초래하였다. 특히 미국 산업의 상징인 자동차 분야에서 작고 연비가 좋은 일본 차의 수요가 증가하여 미국에서 정치문제화되

제12장 데탕트, 신냉전, 탈냉전 시기 일본의 외교(1972-1992)
조양현 **115**

었다. 1970년대 후반에 시작된 미일 무역협상이 1981년에 일본 정부에 의한 수출자주규제로 타결되었다.

1980년대에 미일 간에 새로운 유형의 무역마찰이 부상했다. 미국 정부는 무역수지의 불균형을 해소하기 위해 일본의 시장 개방을 요구하였다. 미국은 일본의 '집중호우식' 수출 공세가 문제가 되는 전통적인 무역마찰 외에 미국의 대일 수출을 가로막는 일본 시장의 특수한 폐쇄성을 문제 삼기 시작하였다. 1980년대 중반이 되면 이 문제는 쇠고기와 감귤류 등 농산품뿐만 아니라 미국 기업의 전자제품이나 의료기기, 반도체 등으로 확대되었고, 일본 정부는 시장 개방을 추진할 수밖에 없었다. 나아가 거시적인 경제제도를 둘러싼 미일 간 마찰이 격화되었다. 1989년부터 미국은 일본 경제의 제도 자체가 무역장벽이나 시장의 폐쇄성의 원인이라고 지적하였고, 거시적인 제도개혁이 일미 경제협의의 의제에 포함되었다.

이 시기에 일본이 무역마찰 문제에 소극적 대응만으로 일관한 것은 아니었다. GATT체제에서 무역 자유화를 추진해 온 일본은 1980년대 중반에 자본 자유화에 본격적으로 임하기 시작하였다. 미국이 요구하는 경제구조의 개혁을 위해 국제협조를 위한 경제구조조정연구회를 발족시켜 1986년과 1987년에 두 차례의 보고서(이른바 마에카와 리포트와 신마에카와 리포트)를 제출했다. 그러나 일본의 자발적 시도는 국제사회의 요구를 만족시키지 못했고, 미국 등 많은 국가들의 비판을 받았다.

한편, 거시경제에 관한 국제적인 정책 협조도 모색되었다. 그 대표적인 사례가 1985년 9월의 플라자 합의이다. 레이건 정부는 재정적자와 무역적자(쌍둥이 적자)의 완화를 위해 G5 재무장관 회의에서 일본 엔화와 독일 마르크화의 평가절상을 유도하여 달러 강세 현상을 시정해 줄 것을 요구하였다. 이에 G5 재무장관들은 달러를 제외한 주요 통화의 대 달러 가치를 상승시키는 것에 합의하였다. 그 후 2년 동안 달러 가치는 30% 이상 급락하였고, 1990년대 들어 미국 경제는 회복세를 찾을 수 있었다. 플라자 합의에 의한 엔화 가치 절상의 영향은 두 가지로 나타났다. 하나는 국내 불황을 염려한 일본 정부가 도입한 저금리 정책의 효과로서, 이는 이른바 버블경제를 초래하는 단서가 되었다. 다른 하나는 일본 기업의 해외직접투자 증가에 따른 동아시아 지역에서의 경제적 상호의존 관계의 심화였다. 신흥공업경제국(NIES: 한국, 대만, 홍콩, 싱가포르)과 말레이시아, 태국 등이 아시아의 경제성장을 견인하면서 동아시아에서 역내 분업이 진행되었다. 일본의 해외투자 증가는 '동아시아의 기적'으로 불리는 경제성장의 촉매제가 되었다고 할 수 있다.

4. 한미일 연대의 강화

1980년대 일본의 대한반도 정책은 한국 중시로 선회하였다. 1960년대 한일 국교정상화 이후 미국을 매개로 한국의 발전과 안보를 위해 일본이 경제적으로 지원하는 한미일 연대가 복원되었다. 나카소네 내각이 전두환 정부에 지원한 40억 달러의 경제협력자금은 한국의 경제발전과 안보에 기여하였다.

전두환 정부가 출범할 당시 한국은 대내외적으로 위기 상황에 있었다. 전술한 대로 1975년의 인도차이나 공산화 이후 한일 양국은 공산주의 위협에 대한 인식을 공유하고 협력을 강화하지만, 1979년에 한국에서 박정희 대통령 시해 사건인 10·26사태 이후 한일 관계는 다시 소원해졌다. 전두환 정부는 쿠데타에 의한 집권이라는 정통성의 문제 외에, 제2차 석유위기의 충격 속에서 한국 경제는 고실업과 고물가, 그리고 저성장이라는 총체적인 위기 상황에 있었다.

당시 한일 간의 최대 현안은 이른바 안보경협 문제였다. 한국 정부가 1981년 4월에 일본에 거액의 안보경협을 공식적으로 요청한 이래 한일 간 외교 교섭은 난항을 겪었다. 1982년에 발생한 일본의 역사교과서 왜곡 사건은 '근린제국 조항'으로 봉합되었다. 1983년 1월에 나카소네 총리의 방한을 계기로 한일정상회담에서 40억 달러의 안보경협이 타결되면서 한일 관계는 협력 국면으로 전환되었고, 전두환-나카소네-레이건 정부 간에 긴밀한 안보 연대가 구축되었다.

당시의 40억 달러의 차관 제공은 일본 외교의 관행에서 벗어난 파격적인 결정이었다. 나카소네 총리는 동 한일정상회담에서 "한반도의 평화와 안정 유지가 일본을 포함한 동아시아 평화와 안정에 긴요"하다고 발언하여 한국 안보에 대한 지지를 표명했다. 한국 조항이 적극적인 형태로 부활한 것은 일본 정부가 한국의 전략적 가치를 높이 평가하였다는 것을 의미한다. 전술한 대로 일본 정부가 미국의 '역할 분담' 요청에 적극 호응하여 한국에 대한 전략원조를 통해 미국 주도의 동아시아 냉전 전략에 동조했다고 할 수 있다.

경협차관의 제공은 1970년대 초에 시도되었으나 실현되지 못했던 한국의 방위산업 육성에 대한 일본의 경제적 지원이 구현된 것으로 볼 수 있다. 일본의 경협차관은 그 명목을 한국 국방비의 분담이나 방위산업 육성이 아닌 사회발전과 민생안정을 위한 경제협력에 두었다. 그렇지만 일본의 경제 지원은 불안정하였던 한국 경제를 안정시키고 고도성장의 궤도에 재진입시킴으로써 1980년대 중반 이후 경제력에서 한국이 북한을 능가하는 구도를 정착시키는 토대가 되었다.

1980년대에 북일 관계는 정체기를 벗어나지 못했다. 이 시기에 일본의 대한반도 정책은 한일 협력을 우선하면서도 남북한 평화공존을 통한 한반도의 긴장완화를 추구하였으나, 이렇다 할 성과를 보지 못했다. 1983년 10월에 북한이 아웅산테러를 일으키고 11월에는 일본 화물선의 선장과 기관장을 구속하자 일본은 북한에 대한 제재를 발동하였다. 나카소네 내각은 북한을 고립시키기보다는 민간교류와 경제협력을 통해 북한과의 채널을 유지하고자 하였고, 한국 정부의 대북정책인 남북대화와 남북한의 유엔동시가입을 지지하고 미일중소 4개국에 의한 남북한 교차승인을 제안하였다. 1987년에 북한이 대한항공 여객기 폭파 사건을 일으키자 일본은 대북 경제제재를 발표하였고, 북일 관계는 개선의 실마리를 찾지 못했다.

V. 냉전 해체기의 일본 외교:
다케시타, 가이후, 미야자와 내각(1987-1993)

1. 일본의 새로운 국가전략 모색

1989년 11월 베를린 장벽 붕괴로 상징되는 냉전의 해체는 1991년 말 소련연방의 붕괴로 그 정점에 달하였고, 이는 일본 안보 환경의 근본적인 변화를 의미했다. 1980년대에 일본의 최대의 잠재적국은 소련이었고, 미일동맹과 연동된 일본의 기반적 방위력 정비는 기본적으로 소련으로부터의 군사적 침략을 전제로 한 것이었다. 소련의 붕괴와 미소 대결의 종식이라는 새로운 안보 환경은 기존 방위안보정책의 재검토를 요구하였다.

1991년 1월 걸프전쟁이라는 새로운 형태의 지역분쟁은 세계평화 및 안전보장 문제와 관련한 일본의 역할에 대해서 관심을 촉발시킨 직접적 계기가 되었다. 당시 일본 정부는 미국 등의 공헌 요구에 대해서 파병이 아닌 재정적 지원으로 일관한 결과, 130억 달러에 달하는 전비를 부담하였으면서도 국제사회로부터 일본의 협력은 '너무 작고도 너무 늦은' 대응이라는 비판이 쇄도하였다. 이는 탈냉전의 새로운 국제환경 속에서 일본이 추구해야 할 국가노선에 대한 국민적 논의를 촉발시켰고, 그 중심에는 '평화국가' 일본의 취약성이 있었다.

당시 일본 정부는 냉전 해체 후의 새로운 국제질서에 대한 전망과 대응 전략을 명확히 제시하지 못한 채 수동적인 태도로 일관하여 국제사회의 비판에 직면했던바, 이를 계기로 새로운 국가전략의 모색이 본격화하였다. 그 가운데서도 정계, 재계 및 언론계를 중심으로 경제력에 어울리는 적극적인 국제공헌을 요구하는 주장이 분출되었다. 이른바 '보통국가론'으로 알려진 이들의 주장은 유엔 중심의 집단안보에의 참가 혹은 미일 안보체제의 강화를 통한 일본의 적극적인 국제공헌, 그리고 이를 위해 필요하다면 자위대의 해외 파견과 헌법 개정을 고려해야 한다는 것으로, 1990년대 중반 이후 종래의 요시다 독트린을 대신하여 일본 국가전략의 기조로 자리 잡았다.

유엔을 중심으로 하는 국제적인 평화구축 활동에의 적극적인 참여라는 새로운 정책 방향과 관련하여 주목되는 것은 1992년 성립된 '국제평화협력법'(이른바 PKO협력법)이다. 유엔과 기타 국제기구가 실시하는 인도적인 국제지원활동에 대한 자위대의 참가를 가능하게 하는 이 법률을 근거로 일본은 유엔 캄보디아 잠정정부기구(UNTAC)에 참가하였다. 이후 동아시아 지역뿐만 아니라 1994년에 유엔 모잠비크 평화유지활동, 1996년에 유엔 골란고원 정전감시단, 1999년에는 유엔 동티모르 잠정통치기구에 자위대 및 일본인 요원을 파견하기에 이른다. 이로써 자위대의 해외 파병을 금기시하였던 냉전기의 전수방위원칙은 중대한 도전에 직면하게 되었다. 1992년의 PKO협력법과 1995년의 방위계획의 대강으로 가능해진 자위대의 해외 파견은, 그것이 유엔군의 일원이든 다국적군에 대한 지원이든 혹은 평화유지활동이든 그 임무가 무력행사를 수반하는 경우 집단적 자위권의 행사를 부정한 종래의 일본 정부의 헌법 해석에 위배될 소지가 다분했기 때문이다. 실제로 그 후 헌법 개정을 포함한 일본의 방위안보정책에 대한 논쟁은 가속화하였다.

2. 일본의 지역적 다자주의 관여

탈냉전을 전후하여 일본은 지역주의 전략에서 중요한 정책 전환을 한다. 전후 자유무역체제에서 경제적 성공을 향유했던 일본은 세계경제의 블록화에 반대한다는 입장에서 지역주의에 소극적이었다. 즉 일본은 전후 자유무역체제의 최대 수혜국이었고 태평양전쟁 당시의 대동아공영권이라는 어두운 기억이 남아 있어, 냉전기를 통해 일본 정부는 세계경제의 블록화에 반대의 입장을 유지했다.

전후 최초로 간행된 일본의 외교청서는 일본 외교가 추구해야 할 '3원칙'으로서 '국제연합(이하 유엔) 중심', '자유진영 국가들과의 협조' 및 '아시아의 일원으로서의 입장 견지'를 제시했다. 1956년의 유엔 가맹을 계기로 일본이 유엔을 통한 국제평화에의 기여를 약속한 이래 '유엔 중심'은 일본 외교의 이념축의 하나가 되었다. 또한 일본은 자국의 안전보장 및 세계평화의 확보·유지란 목적을 위해서 특히 미국과의 동맹관계를 구축하였다. 나아가 일본은 아시아의 일원으로서 이 지역 국가들의 당면 문제에 협력하고, 국제사회에서 아시아의 지위 향상에 기여하겠다는 입장을 표명해 왔다.

이러한 세 가지 원칙을 다자주의의 맥락에서 다시 정의하면, 각각 미일 관계를 기본으로 하는 양자주의, 유엔을 중심으로 하는 글로벌 차원의 다자주의, 그리고 아시아라는 지역을 매개로 한 다자주의를 구체화한 것이라고 할 수 있다. 전전의 '대동아공영권(大東亞共榮圈)'과 같은 제국(帝國)의 길을 포기한 전후 일본이 단독(행동)주의를 추구하는 것은 원천적으로 불가능하였다. 따라서 일본 외교의 선택지로 남겨진 것은, 미국을 비롯한 주요국과의 양자주의 외에, 유엔을 중심으로 하는 글로벌 차원의 다자주의와 아시아(구체적으로는 동아시아 내지는 아시아-태평양)라는 지역 차원의 다자주의였다. 냉전체제 하에서 경제 및 안보 면에서 미국에 절대적으로 의존하고 있던 일본은 위의 세 원칙을 균등하게 추구하기보다는 미국과의 긴밀한 양자관계, 즉 대미 기축외교를 유엔 외교나 아시아 외교보다 우선하였다.

그런데 냉전체제의 해체라는 국제환경의 구조적 변화는 일본 외교를 기존의 제약에서 해방시킴으로써 외교적 지평을 확대시키는 계기가 되었다. 종래에 대미 외교에 가려서 상대적으로 주목받지 못했던 다자주의가 일본 외교의 중요한 관심 분야로 등장하였다. 1980년대에 GATT의 우루과이라운드가 난항을 거듭하고 유럽과 아메리카에서 지역주의의 움직임이 활발해지자, 아시아에서도 지역적 경제통합에 대한 논의가 활발해졌다. 이에 일본은 무역자유화를 위해서라면 지역협력을 배제하지 않는다는 입장으로 전환하였다. 일본은 역외 국가들을 차별하지 않는다는 의미의 '열린 지역주의'를 표방하였는데, 이 원칙은 아시아태평양경제협력(APEC), 동남아국가연합(ASEAN)+3, 동아시아공동체 및 아시아유럽회의(ASEM) 등의 지역기구의 설립에 반영되었다. 일본의 적극적인 관여와 이니셔티브는 동아시아 경제통합의 중요한 원동력이 되었다.

일본은 1990년대 들어 안보 분야의 지역협력의 제도화에도 적극적인 자세를 보였는데, 이는 급변하는 안보환경에 대응하기 위한 것이었다. 소련의 붕괴는 일본의 기존 방위안보정책의 재검토를 요구하였다. 동아시아에서는 1990년대 들어 북한의 핵과 미사일 사태(북한 위협론), 그리고 대만 해협 위기(중국 위협론) 등으로 지역 안보환경의 불안정성이 커졌다. 이러한 안보환경의 변화에 대응하여 일본은 국제적인 역할을 확대하는 가운데 안정적인 지역질서의 구축을 위한 다자적 안보협력을 모색하였는데, 그 구체화된 사례가 1994년에 발족한 ASEAN지역포럼(ARF)이었다.

3. 한반도 긴장완화와 일본의 대북한 접근

글로벌 냉전의 종언으로 소련과 동구권이 붕괴되고 사회주의 국가의 개혁개방이 시작되면서 한일 간에 안보 연대의 필요성은 약화되었다. 한반도에서 한소 수교 및 한중 수교가 실현되고, 북일 수교의 움직임이 나타나는 등 이념과 체제를 뛰어넘어 교차승인의 움직임이 활발해졌다. 북핵 및 대만 해협 문제 등 지역안보의 유동화를 배경으로 미일 동맹이 재편되는 가운데, 한일 간에도 북한에 대한 억지력 차원의 안보 대화와 교류가 시도되었다. 그럼에도 불구하고 한국의 방위력과 경제력이 성장하여 북한과의 체제경쟁에서 절대적인 우위를 점하게 되면서 한일 간의 안보 연대감은 이완되었고, 1992년 한중 국교정상화 이후에는 중국의 부상으로 한국에서 일본의 상대적 위상이 축소되었다.

미소 냉전의 붕괴와 한국의 북방외교 추진은 냉전 시기 북일 관계를 규정하던 구조적 장애 요인의 해체를 의미했으며, 이는 일본 정부가 북한과의 관계 개선에 적극적으로 나서는 직접적 계기가 되었다. 1989년 8월 다케시타 노보루(竹下登) 수상은 북한과의 관계 개선을 제안했다. 이듬해 9월에는 자민당과 사회당 양당 대표단이 북한을 방문하여 '조선로동당'과의 사이에서 조속한 북일 국교정상화를 촉구하는 '3당 공동선언'을 발표했다. 동 선언에는 북한의 주장인 '전전 및 전후 45년간에 대한 배상'과 '하나의 조선'이라는 항목이 포함되어 있었다. 이는 일제 36년간의 식민 통치에 대한 배상은 물론 전후 45년 동안의 일본의 '대북 적대정책'에 대한 배상 및 한반도 통일 문제에 대한 북한의 주장을 인정한다는 것으로, 한국과 미국의 비판을 받았다. 그 결과 일본 정부는 대북 관계 개선에 있어서의 긴밀한 사전협의를 한·미 양국과 약속하는 한편, 북한에 대해서는 국교정상화 교섭에서 동 선언에 구애받지 않을 것임을 공식 표명하기에 이르렀다. 그리고 이를 바탕으로 전후 최초의 북일 국교정상화 회담이 시작되었다. 1991년 1월부터 다음 해 11월까지 총 8차에 걸쳐 개최된 동 회담의 의제는 첫째, 국교정상화에 관한 기본문제(관할권, 한일합병조약의 합법성 문제 등), 둘째, 국교정상화에 수반하는 경제적 문제(재산권 청구권, 전후 보상 등), 셋째, 국교정상화에 관련된 국제 문제(핵사찰, 남북한 관계), 넷째, 그 외에 쌍방이 관심을 갖는 문제(재일 조선인의 법적 지위 문제, 일본인 배우자 문제 등)였는데, 이에 대한 양국의 입장 차이는 컸다. 이 중에서 양측이 끝까지 대립한 것은 과거 보상 문제를 포함한 두 번째 의제와 북한의 국제원자력기구(IAEA)의 핵사찰 수용을 포함하는 세 번째 의제였다. 북한은 과거 청산 문제와 관련하여 일본이 식민 통치의 피해자인 북한에 사과를 하고 충분한 경제적 보상을 하여야 한다고 주장했다. 반면, 일본은 북한 핵 개발 의혹을 제기한 미국의 입장을 배려하여 북일 국교정상화를 북한의 군사적 위협을 제거하는 계기로 삼고자 하였다. 결국 1992년 11월 제8차 회담에서 북한 핵 문제와 함께 새롭게 제기된 '이은혜'라는 일본인 납치 문제를 둘러싸고 회담은 결렬되었고, 2000년 4월까지 약 7년 반 동안 국교정상화 교섭은 중단되었다.

VI. 결론

냉전 변용기의 일본 외교는 냉전체제(미중소 관계, 미국의 아시아 전략, 남북한 관계)와 밀접히 연동되어 전개되었다. 국제체제적인 요인(데탕트와 미소 무력충돌의 감소, 소련 위협의 증감과 미중일 밀월, 팍스 아메리카나의 쇠락, 한반도 정세)은 일본의 정치경제 및 정치 리더십 요인과 함께 일본 외교에 강력한 영향을 미쳤다. 일본 외교는 한편으로는 대미 기축외교를 조정하면서 다른 한편으로는 독자적인 외교적 지평을 확대하고자 노력했다. 사토 내각까지는 미일 협력을 강화하여 팍스 아메리카나의 혜택을 극대화하고자 했다면, 닉슨 쇼크 이후 다나카 내각부터 후쿠다 내각 시기에는 미국 일변도의 외교를 극복하고 독자적인 외교적 기반을 확보하려고 시도하였으나 그 성과에는 한계가 있었다. 오히라 내각은 데탕트

의 퇴조를 배경으로 미국을 도와 미·중·일의 밀월관계를 구축하려고
하였다. 나카소네 내각 시기에는 소련 견제를 위한 미국의 군사전략에
적극적으로 협력하면서 국제사회에서 일본 외교의 존재감을 확대하였
다. 글로벌 냉전의 해체를 전후하여 일본 외교는 새로운 국가전략을 모
색하여 보통국가로의 전환을 시도하였다.

　그 과정에서 일본 외교의 다양한 시도는 미국의 냉전 전략이나 국제
관계에 다소나마 영향을 미쳤다. 일본 경제의 성장으로 구조화된 무역
마찰과 일본의 대응은 국제 경제질서의 주요 변수가 되었다. 나카소네
내각의 대미 협조는 레이건 정부의 대소련 전략의 일익을 담당하여 서
방진영의 단결과 한미일 연대에 기여했다는 점에서 신냉전을 공고화한
측면이 있다. 후쿠다 내각은 카터 정부에 의한 주한미군 철수 계획의
재검토 과정에서 한국과 협력하여 미국의 결정에 일정 정도의 영향을
미쳤다. 일본 외교의 시도가 당시에는 좌절되었지만, 냉전체제의 해체
와 함께 그 의의가 계승된 사례도 있다. 후쿠다 독트린으로 알려진 포
스트 베트남을 염두에 둔 동남아시아 구상은 지역 정세의 악화로 그 실
현이 좌절되었지만, 역설적이게도 탈냉전 이후 그 의미가 부활했다. 오
히라 총리의 환태평양연대 구상은 제안 당시에는 환영받지 못했지만,
1980년대 후반 아시아-태평양 지역주의의 사상적 모태가 되었다. 총
합안전보장 개념은 탈냉전 이후의 비전통 안보 내지는 작금의 경제안보
와 일맥상통한다고 할 수 있다.

　'안보무임승차론'이나 '외압반응형 국가' 등으로 대표되는 일본 외교
에 대한 통설적 시각은 일본이 국제사회의 압력에 '반응'하여 '최소한의

역할'에 머무른다는 소극적인 이미지를 정착시켰다. 그렇지만 이 글에서 살펴본 일본 외교의 다양한 시도에는 이러한 이미지에 수렴되지 않는 적극성이 느껴진다. 일본의 시도가 실천과정에서 분명한 현실적 한계를 보였지만, 그 발상 자체에는 냉전의 시대성을 초월하는 국익 극대화를 위한 전략성이 담겨 있음을 부정하기 어렵다. 이러한 적극성과 전략성은 21세기에 들어 국제적인 역할의 확대를 시도하는 일본 외교에 투영되고 있다고 할 수 있다.

제 13 장

데탕트, 신냉전, 탈냉전 시기
한국의 외교
(1972-1992)

우승지

경희대 국제학부 교수

I. 서론:
한국 외교의 여정

이 글은 1972년부터 1992년까지 한국 외교는 무슨 사명을 갖고, 어떻게 전개되었는지를 고찰하고 있다. 이 기간은 데탕트, 신냉전, 탈냉전이라는 세 시기로 구분할 수 있는바, 이 글에서 1972년부터 1979년까지 데탕트와 한국 외교, 1980년부터 1987년까지 신냉전과 한국 외교, 그리고 1988년부터 1992년까지 탈냉전과 한국 외교의 전개와 특징을 살피고자 한다. 이 기간에 대한민국은 유신, 제5공화국, 민주화와 제6공화국이라는 파란만장한 세월을 거쳤다.

이 시기의 역사적 맥락을 이해하기 위해 〈표 1〉에서 19세기부터 지금까지 동아시아와 한반도의 역사를 일별하고 있다. 19세기 무렵, 오랫동안 지속되었던 동아시아의 전통적인 질서는 유럽 제국주의의 팽창으로 강력한 도전을 받게 된다. 서양 문물의 확산에 대응하는 과정에서 이곳에 새로운 질서가 점차 형성되었고, 한반도의 역사 또한 근대화 작업의 지난한 여정을 드러내고 있다. 아편전쟁 이후 동아시아 역사는 제국의 시대, 내란과 국가건설의 시대, 개발의 시대, 다원주의 시대 순으로 전개된다. 서양과 동양을 아우르는 다수의 제국에 대항하는 노력이 나라마다 크게 두 갈래, 또는 그 이상의 여러 타래로 전개되면서 제국이 물러나고 난 뒤, 어느 주체가 나라 세우기 책무를 담당할지를 놓고 다툼이 벌어지곤 했다. 내란을 겪은 후 국가건설을 시작한 나라도 있고, 국가건설의 첫 삽을 뜬 후에 내란이 벌어진 경우도 있었다. 동아시아의 여러 나라는 내란의 내홍을 겪으면서 근대국가를 건설하는 이중의 과업을 수행했다. 내란의 승패는 엇갈려서 때로 공산주의가 승리하기도 하고, 공화주의가 승리하기도 하고, 무승부로 판가름이 난 곳도 있었다.

건국 이후 과제는 개발과 성장이었다. 각국은 계획경제, 수출대체, 수출지향 등 저마다의 방법으로 개발의 목표를 이루려고 했다. 미국과 소련 등 초강대국들은 자기 진영 국가들의 국가건설과 경제성장을 돕기도 하고, 자국 이익에 맞게 이들 국가들을 활용하기도 했다. 경제성장의 성적표는 나라마다 많은 차이를 보였다. 아시아에서 가장 먼저, 가장 성공적으로 근대화를 이룬 일본은 20세기 전반 제국의 반열에 올랐다가 태평양전쟁에서 패하면서 침몰한다. 일본은 전후 미국의 보호 아래 다시 경제 선진국으로 성장하였다. 일본의 뒤를 이어 한국, 대만, 홍콩, 싱가포르 등이 눈부신 경제성장을 이루었다. 이후 중국과 동남아시아 국가들 또한 경제발전의 대열에 합류한다.

경제성장은 중산층을 낳았고, 중산층은 자유와 민주를 갈구했다. 개발의 시대 이후, 동아시아 지역에 민주국가가 늘어났으나, 민주 전파가 더디게 진행되어 민주의 시대로 칭하기에는 다소 어색한 형국이 되어 아쉽지만, 정치적 다원주의 시대로 명명하기로 한다. 필리핀은 1986년에, 대만과 한국은 1987년에 민주주의의 첫발을 디뎠다. 개발 연대에 축적된 물적, 인적 역량을 바탕으로 민주화 과실을 맺었다. 필리핀, 대만, 한국 모두 한때 미국과 동맹을 맺었거나, 지금도 동맹을 맺고 있는 나라들이기 때문에 미국과의 관계도 이들 나라의 민주화에 일정 정도

표 1. 동아시아 · 남북관계사 시대구분과 시대별 한국 외교의 성격

시기	19세기-20세기 중반	1945-1960년
동아시아 질서	제국의 시대	내란과 국가건설의 시대
한반도 질서	• 구한말+일제강점기	• 1948체제: 권위주의적 공화주의 대 소비에트 체제의 대결 • 정점: 한국전쟁
남북 숙적관계	—	숙적의 형성 시기
한국 외교의 성격	• 쇄국정책 • 근대화 수용 노력 • 독립운동	• 국제사회의 승인 추구 • 국가의 존립과 안전보장 확보 노력

영향을 주었으리라고 추정해 볼 수 있다.

조선 왕조와 대한제국이 근대화 과업을 성공적으로 수행하지 못한 가운데 일본제국의 한반도·대륙 진출 야망으로 우리는 주권을 잃고 식민지로 전락하고 말았다. 일제강점기 35년 동안 한국인은 대내외에서 다양한 방법으로 독립을 위해 노력했다. 식민지 시대는 일본이 미국과의 태평양전쟁에서 패하면서 끝이 났다. 해방과 더불어 소련군과 미군이 38선을 기점으로 각기 북한과 남한에 진주, 군정을 실시했다.

1948년 8월에 대한민국이, 9월에 조선민주주의인민공화국이 출범했다. 대한민국은 윌슨주의를 바탕으로 자유민주주의, 자본주의, 공화주의 체제를 선택했고, 조선민주주의인민공화국은 레닌주의를 기반으로 공산주의, 계획경제, 일당독재 체제를 추진했다. 1950년 6월 발생, 3년여 동안 지속된 한국전쟁이 1948질서의 정점이었다. 한국전쟁은 상반된 이념, 체제, 세력, 지역 사이 이분법적 대립을 이 땅에서 확대재

1960-1986년	1987년-최근
개발의 시대	정치적 다원주의 시대 (민주주의 확산)
• 1961체제: 유신 대 유일의 대결 (신화의 시대) • 정점: 1972년	• 1987체제: 민주 대 선군의 대결 • 정점: 1998년
숙적의 공고화 시기	숙적의 변환 시기
• 체제 대결 • 경제성장	• 북한과 화해협력 추구 • 북한 비핵화 노력 • 국제사회에서 위신과 연성권력 확대 • 자유, 민주의 가치연대 추구

생산했다. 전후에도 남과 북은 상대 존재를 부정하며 대립과 대결의 역
사를 써 내려갔다. 제2차 세계대전 이후 형성된 지구 차원의 냉전은 한
반도로 이식되었고, 한반도의 냉전 또한 국제정치에 적지 않은 파장을
미쳤다.

1961년 5·16쿠데타는 1948체제의 종언과 1961체제의 서막을 알렸
다. 쿠데타로 군부가 정권을 잡으면서 점차 한국정치는 민주주의의 형
식 및 내용과 거리가 멀어졌다. 박정희는 3선개헌 이후 총통제 성격을
가진 유신체제를 밀어붙였다. 남한에서 군부가 정권을 잡자, 북한은 이
를 김일성 일인지배를 강화하는 불쏘시개로 활용하였다. 소련공산당과
중국공산당 사이 갈등도 북한 노동당이 독자 노선을 추구하는 동력이
되었다. 연이은 숙청으로 북한에는 김일성 가문과 만주 빨치산 계열로
만 구성된 단일대오의 지배연합이 탄생하였다. 다른 공산주의 국가에서
도 보기 드문 전체주의 성향의 강고한 일인독재, 일당독재가 세워졌다.

남과 북의 독재집단은 각각 '한강의 기적'이라는 신화와 백두산을 배경으로 하는 '항일유격대 신화'를 창조하여 지배를 합리화했다. 1961체제의 정점은 남과 북이 각각 '유신헌법'과 '유일헌법'을 통과시킨 1972년이었다. 박정희 사후에도 신군부의 등장으로 독재의 명맥이 이어졌다. 1970년대, 1980년대 한국경제는 외채 증가, 빈부 격차 등 여러 문제에도 불구하고 성장세를 이어 간 반면, 북한경제는 활기를 잃고 정체와 후진의 늪에 빠졌다. 평양 당국은 외자를 유치하고, 합영법을 실시하는 등 부분적인 개선 노력을 벌였으나 기본적으로 계획경제의 한계로 경제를 회복시키지 못했다.

고도성장의 그늘에서 성장한 남녘의 중산층은 꾸준히 민주와 자유를 갈구했다. 학생, 종교인, 중산층의 열과 성으로 1987년 대한민국은 다시 민주의 길로 들어선다. 남쪽의 1987체제는 1961체제의 성취에 힘입는 한편 그것의 모순을 극복하는 수순이었다. 북한의 1987체제는 그 이전 시대 계획경제와 일당독재의 문제점이 극명하게 겉으로 표출되는 국면이었다. 국제사회주의질서가 무너지면서 북한은 고립되었고, 북한경제 또한 붕괴되었다. 국가가 주민의 기본적 의식주를 해결하지 못하는 무정부상태가 전개되면서 북한식 유일체제는 절체절명의 위기에 봉착했다.

1987체제의 정점은 1998년이었다. 남한은 대통령 직접선거가 다시 실시된 이후 1998년 처음 집권당이 패배하고 야당이 권력을 잡았다. 이후 남한에서는 북한을 위협의 대상으로 보는 연합과 포용의 대상으로 보는 연합이 번갈아 가며 정권을 차지한다. 북한을 포용하려는 진영과 북한을 위협으로 보고 대응하려는 진영 대결은 2023년 현재진행형이다. 1994년 김일성 사후 은인자중하던 김정일이 1998년 헌법을 개정하여 위상이 높아진 국방위원회 위원장에 다시 등극하면서 국정 운영의 전면에 나선다. 1980년대 이후 김일성과 김정일은 북한을 공동통치하고 있었다. 북한의 선군 노선 채택은 평양이 체제 유지를 위해 개혁과 개방 대신 핵무장과 미사일 프로그램 강화의 길을 선택했음을 의미한다. 한반도에는 1987체제 아래 민주와 선군의 대결이 펼쳐지고 있다.

남북 관계는 동일민족 사이의 상호작용이기도 하면서 동시에 서로 상대를 무너뜨리고자 하는 경쟁과 적대의 관계이기도 하다. 남과 북 사이에는 공감과 적대의 감정과 의식이 병행한다. 남한과 북한을 숙적(rival)으로 보고 남북한 관계를 숙적관계(rivalry)로 보았을 때 1948체제는 숙적의 형성(rivalry formation)기에 해당한다. 이 시기 남한과 북한은 각기 독자적인 나라를 세우고 국가건설에 매진했다. 공산주의를 표방한 조선민주주의인민공화국과 민주주의를 표방한 대한민국은 서로를 적으로 간주하고 체제 대결의 대장정에 돌입했다. 1950년 6월 말 발발한 한국전쟁은 숙적의 골을 깊이 팠다. 6·25전쟁의 폭력으로 남과 북은 돌아올 수 없는 다리를 건넜다. 북한은 재빠르게 무력을 증강하여 전쟁에서 준비가 안 된 남한을 압도했다. 전후 재건 시기에도 평양은 노동력을 효과적으로 동원하여 경제 재건에 앞서갔다. 이 시기 군사력, 경제력 면에서 평양은 서울에 다소 우위를 점하고 있었다.

1961체제는 숙적이 공고(rivalry consolidation)해지는 시기에 해당한다. 군부독재와 유일독재가 상대를 악마화하면서 남북 숙적 간 대결이 최고조에 올랐다. 박정희 정권은 북한의 수령체제 존재와 공산화 위협을 이유로 민주주의를 유보시켰다. 김일성 정권 또한 자본주의 폐해에서 남쪽 인민을 해방시키고 북녘에 '인민의 지상낙원'을 건설해야 한다며 주민을 세뇌·동원했다. 상대 존재 자체가 자신의 권력 독점을 합리화하는 수단으로 활용된 것이다. 북한의 전체주의에 비해서 남한의 개발독재는 보다 생산적이었다. 숙적이 공고화되는 기간은 남북한 간에 세력전이(power transition)가 일어난 시기이기도 했다. 남한의 경제력과 군사력이 북한의 경제력과 군사력을 뛰어넘는 국력의 역전 현상이 이즈음 발생했다.

1987체제는 숙적의 변환(rivalry transformation)기에 해당한다. 유신과 유일 대결 구도가 남한이 민주화되고 북한이 핵무장하면서 과거와 다른 모습을 띠게 되었다. 남북 관계가 요동치는 격변의 시대가 출현한 것이다. 대결의 파고도 높고, 대화의 길도 열려 있다. 서울올림픽 개최는 대한민국이 경제성장과 민주화라는 두 마리 토끼를 모두 잡았다는 것과 남북 체제 대결에서 서울이 평양에 승리했음을 세상에 알리는 신호탄이었다. 이 구간에 남한과 북한 국력 차이는 더 벌어졌다. 경제력에서 한참 뒤처진 평양은 핵무기로 대응하는 답을 내놓았다. 북한의 핵무장을 대하는 한국 정부와 한미동맹의 속내는 한층 복잡해졌다.

남북 숙적관계가 생로병사의 단일 순환(cycle) 또는 주기를 보인다면, 숙적의 탄생, 공고화, 변환을 거쳐 다음 단계는 필시 숙적의 쇠퇴기(rivalry termination) 또는 소멸기가 될 것이다. 한반도의 숙적에 사망선고는 언제 내려질 것인가? 지금 단계는 숙적의 쇠퇴라기보다 숙적의 변환 후반부쯤 머물러 있는 것으로 추정된다. 숙적이 생로병사의 단일 주기를 보이라는 보장 또한 없으므로 향후 남북 숙적의 추이가 보다 변화무쌍한 곡예를 부리고, 복잡한 곡선을 그릴 가능성도 또한 존재한다.

각 시기별 대한민국 외교의 목표는 무엇이었을까? 제국의 시대 우리는 나라의 문을 걸어 잠그는 쇄국정책과 앞선 서구 선진문물을 받아들이려는 근대화 수용 노력을 병행했다. 20세기 초반 일본에 국권을 빼앗긴 이후에는 독립을 쟁취하기 위해 노력했다. 해방과 군정 이후 대한민국 외교 목표는 국제사회의 승인을 받고 나라의 안보를 확립하는 것이었다. 개발의 시대 박정희 정부는 반공과 경제개발을 국가목표로 삼았다. 1987체제 아래 역대 정부는 북한의 비핵화를 위해 외교 노력을 경주했고, 다른 한편 평양과 화해협력의 시대를 열기 위해 노력했다. 진보 진영은 북한과 교류협력 확대를 중시했고, 보수 진영은 북한에서 눈을 돌려 국제사회에서 위신과 연성권력을 확대하는 데 보다 주력했다.

II. 데탕트 시기 한국 외교(1970년대)

1960년대 후반 들어서면서 제2차 세계대전 이후 형성되었던 세계질서에 금이 가기 시작했다. 전쟁의 폐허를 딛고 많은 국가들이 경제 재건에 나서 크고 작은 성공을 거두었다. 여러 국가의 국력이 회복되면서 미국이 압도적으로 우월한 국력을 점하던 시기 또한 끝이 났다. 자연스럽게 전후 막강했던 미국의 지도력도 예전 같지 않게 되었다. 핵무력에서 전략적 균형이 이루어져 미국과 소련 누구도 정면대결에서 승부를 점칠 수 없는 상황이 되자, 워싱턴과 모스크바는 데탕트를 선택하게 된다. 베트남전쟁의 명예로운 종결을 원하는 워싱턴은 베이징의 문을 두드렸다. 문화혁명의 광풍이 가라앉고, 소련과 대결이 격화되자 모택동 또한 닉슨과 마주 앉는 선택을 했다.

데탕트 시기 세계 정치와 경제의 조류 변화로 한국 외교는 커다란 도전에 직면하게 된다. 진영 대결에 익숙해 있던 서울은 '평화공존'이라는 새로운 문법을 습득해야 했다. 1972년에서 1979년에 걸친 기간을 다시 전기와 후기로 나눌 수 있다. 전기는 미소 데탕트의 공간에서 남한과 북한이 남북대화라는 과감한 실험을 진행하던 기간이다. 그러나 서울과 평양 사이 평화 무드는 길게 가지 않았다. 남북대화가 중단된 후기 공간에서 한반도 안보 상황은 다시 악화되었다. 인도차이나 공산화로 동아시아 지역질서 또한 냉각되고, 한반도에도 다시 한파가 밀려왔다.

한국 정부는 데탕트라는 새로운 환경에서 국익 수호를 위해 동분서주했다. 미국 중심 진영과 소련 중심 진영 사이에서 중립과 자주를 지키려는 움직임도 자라났다. 비동맹운동이 성장하면서 비동맹외교와 유엔 외교의 중요성이 커졌다. 1970년대 서울과 평양은 비동맹국가를 상대로 총성 없는 외교전쟁을 벌였다. 1975년 여름, 북한이 페루 리마 비동맹 외상회의에서 회원국으로 정식 가입하게 된다. 평양은 각종 비동맹 회의를 무대로 주한미군 철수, 평화협정 체결, 고려연방제를 선전하고 다녔다.

닉슨 대통령은 괌 연설에서 아시아에 대한 미국의 관여를 축소시키려는 의지를 드러냈다. 여기에 닉슨 행정부가 주한미군 감축마저 단행하자, 박정희 정부의 안보 불안감은 높아만 갔다. 닉슨 독트린, 주한미군 철수, 미중 화해의 공간에서 박정희 대통령은 우리의 길을 자주적으로 모색해야 한다며 자주국방, 자주외교를 모색했다. 1960년대 박정희 노선이 동맹국 미국과 밀착하는 방향이었다면 1970년대 박정희 노선은 데탕트 환경에서 한국이 자율적 공간 확대를 추구하는 방향이어서 양자 사이 차이가 발생했다. 흥미롭게도 2000년대 초반 노무현 대통령도 자주국방, 자주외교라는 용어를 즐겨 사용했다. 1970년대 박정희 노선과 2000년대 노무현 노선이 자주국방, 자주외교라는 외형적 유사성을 보이는 것이다. 박정희 출발점은 미국의 고립정책 또는 탈(脫)아시아정책에 대한 반작용이었고, 노무현 출발점은 미국의 과도한 영향력에서 탈출하고 싶은 자각이었다. 노무현은 한국이 동북아 지형에서 하나의 축으로 작용해야 한다고 생각했다.

미국의 안보 공약에 대한 신뢰가 떨어지면서 안보 불안감이 높아졌다. 1970년대 초반 박정희 정권은 중화학공업과 방위산업을 동시에 육성한다는 방침을 세웠다. 이를 배경으로 핵무기와 유도탄을 개발한다는 계획도 수립되었다. 박정희 정부의 자주국방은 북한이 단독으로 남침할 경우, 국군 스스로 이를 저지하고 분쇄한다는 의미를 갖고 있었다. 1978년 9월 국방과학연구소 종합시험장에서 백곰 미사일 시험발사가 성공리에 완수되었다. 한국도 미사일을 개발하는 국가 대열에 합류했다.

박정희 정부는 북한과 공개회담과 비밀회담을 전개했다. 남한과 북한은 대화의 손을 맞잡으며 서로의 동태를 살폈다. 서울에 온 북한 대표단은 수령과 주체의 나라를 선전하고 다녔다. 평양에 간 서울 대표단은 긴장완화의 필요성을 역설했다. 냉전기 우리는 일상에서, 언론에서, 공문서에서 북한을 '북괴'로 호칭했다. 7·4남북공동성명을 전후해서 잠시 동안 북괴가 슬며시 사라지고 '북한'이 등장한다. 1980년대에는 '북한'과 '북괴'를 같이 사용했다. 1987년 6·29선언 이후에 '북괴'라는 표현이 거의 사라졌다.

남북 간 비밀회담은 7·4남북공동성명으로 이어졌다. 1972년 5월과 6월 이후락 중앙정보부장과 박성철 제2부수상(김영주 조직지도부장을 대신하여)이 각각 평양과 서울을 은밀하게 방문한 후, 남과 북은 공동성명을 발표한다. 7·4공동성명 제1조는 자주적이고 평화적으로 통일을 실현하며, 사상과 이념을 초월하여 민족 대단결을 도모할 것을 규정하고 있다. 2조와 3조는 긴장완화와 교류협력 문제를 언급하고 있다.

> 2. 쌍방은 북과 남 사이의 긴장상태를 완화하고 신뢰의 분위기를 조성하기 위하여 서로 상대방을 중상 비방하지 않으며 크고 작은 것을 막론하고 무장도발을 하지 않으며 불의의 군사적 충돌사건을 방지하기 위한 적극적인 조치를 취하기로 합의하였다.

> 3. 쌍방은 끊어졌던 민족적 연계를 회복하며 서로의 이해를 증진시키고 자주적 평화통일을 촉진시키기 위하여 남북 사이에 다방면적인 제반 교류를 실시하기로 합의하였다.[1]

남과 북은 아울러 남북적십자회담 성공을 위해 노력하고, 서울과 평양 사이 상설 직통전화를 설치하며, 통일문제를 해결할 목적으로 남북조절위원회를 구성하기로 합의했다. 남과 북은 판문점, 서울, 평양에서 남북적십자 예비회담과 본회담, 남북조절위원회 공동위원장회의와 본회의를 잇달아 개최한다. 남한은 인도주의 현안 등 비정치·비군사적인 문제부터 단계적으로 풀어 가자는 점진주의적인 입장을 견지했고, 북한은 정치협상, 통일협상, 군축협상 등 민감한 주제를 앞세워 과감한 대화를 주문했다. 양측이 주장하는 바가 서로 상이해 쉽사리 합의를 내지 못하고 평행선을 달리다가 북한 김영주 조직지도부장이 김대중 납치와 6·23선언을 빌미로 남북대화 중단을 선언하고 나서 본격적인 대화는 사실상 종결된다.

남북대화에 세간의 이목이 집중된 가운데 박정희 대통령은 유신체제를 출범시켰다. 박 대통령은 남북대화와 체제경쟁이 동시에 벌어지고 있는 막중한 시기에 잠시 민주주의를 유보하고 체제를 정비할 필요가 있다고 강변했다. 박정희에 의하면 국내정치는 '무질서'와 '비능률'이 넘치고 있었다.

지금, 우리의 주변에서는 아직도 무질서와 비능률이 활개를 치고 있으며, 정계는 파쟁과 정략의 갈등에서 좀처럼 헤어나지를 못하고 있습니다. 그뿐 아니라, 이 같은 민족적 대과업마저도 하나의 정략적인 시빗거

---

1 「7·4남북공동성명」, 1972년 7월 4일.

리로 삼으려는 경향마저 없지 않습니다.

이처럼 민족적 사명감을 저버린 무책임한 정당과 그 정략의 희생물이 되어 온 대의기구에 대해 과연 그 누가 민족의 염원인 평화통일의 성취를 기대할 수 있겠으며, 남북대화를 진정으로 뒷받침할 것이라고 믿겠습니까?

우리는 지금 국제정세의 거센 도전을 이겨 내면서, 또한 남북대화를 더욱 적극적으로 과감하게 추진해 나가야 할 중대한 시점에 처해 있습니다.[2]

박 대통령은 1972년 10월 17일 특별선언을 통해 여러 차례 남북대화를 언급하면서 '유신적 개혁'이 필요함을 역설했다. 남북대화가 유신이 필요하다는 '구실'을 만들어 준 것이다. 박정희는 기존 헌법과 법령을 구시대의 유물로 규정했다. 이 선언은 국회를 해산하고, 정당 활동을 중지하며, 비상국무회의가 헌법 개정안을 공고할 것임을 밝히고 있다.

1973년 박정희 대통령은 6·23선언을 발표한다. 비동맹운동 강화, 중국의 유엔 가입, 북한의 유엔외교 강화 등 국제정세 변화에 능동적으로 대처하자는 취지였다. 6·23선언은 첫째, 남북 간 상호 내정불간섭과 상호 불가침, 둘째, 북한의 국제기구 참여 반대 철회, 셋째, 남북한 동시 유엔 가입, 넷째, 호혜평등의 원칙 아래 모든 국가에 문호개방이라는 내용을 담고 있다.[3] 김일성 또한 같은 날 체코슬로바키아 대표단

---

2 「10·17 대통령 특별선언」, 1972년 10월 17일.
3 「평화통일 외교정책에 관한 특별성명」, 1973년 6월 23일.

환영 연설에서 첫째, 대민족회의 소집, 둘째, 고려연방공화국 명칭 남북연방제 실시, 셋째, 단일 유엔 가입을 주창하였다. 데탕트 초기 북한이 국제사회에서 약진하는 모습을 보이자 박정희 정부는 당황했다. 평양의 외교 공세에 나름 주도적으로 대응하려는 노력이 6·23선언으로 표출되었다. 북한의 국제기구 참여를 찬성한다는 표현이 아니라 굳이 반대하지 않겠다는 우회적 논조를 담았지만, 그래도 이는 대한민국 외교 방향을 크게 선회하는 결정이었다. 통일에 장애가 되지 않는다면 유엔에 함께 가입할 수 있다는 의사를 비쳤다. 당국은 이러한 조치가 북한의 실체를 공식적으로 인정하는 것을 의미하지는 않는다는 점을 분명히 했다. 공산권 수교와 유엔 가입이라는 한국 외교 목표는 냉전 시기에는 달성되지 못하다가 탈냉전기인 1990년대 초반 성사된다.

김영주가 대화 중단을 선언한 이후, 평양은 남북대화에 대한 관심을 버리고 미국과 직접 대화하기 위한 노력을 시작한다. 1973년 1월, 미국과 북베트남이 파리평화조약을 체결하여 베트남에서 미군이 철수한 것도 한 동인이 되었다. 1974년 3월, 북한 허담 외상은 남북평화협정 대신 북미평화협정을 제시하고 나섰다. 키신저가 1975년 가을 남한·북한·미국·중국 4자가 참여하는 4자회담 개최 및 교차승인을 제안했지만 평양은 북미 양자회담을 고집하며 이 제안을 거절했다.

1970년대 중반 이후 인도차이나 공산화로 동아시아 안보 상황이 전반적으로 악화되었다. 1974년 광복절 기념식에서 대통령 암살 기도가 있었고, 1974년 11월 비무장지대에서 땅굴이 발견되었다. 1976년 8월 18일 판문점에서 두 명의 미군 장교가 북한 경비병에게 살해되는 사건으로 한반도 상황이 경색되었다. 1970년대 후반, 지미 카터 정부는 주한미군 철수를 추진했다. 도덕외교를 강조한 미국은 또한 한국의 인권 문제를 강하게 비판했다. 유신정권의 반(反)인권 이미지에 더하여 미국 의회를 상대로 한 불법 로비사건마저 터지자, 한미 관계는 한껏 긴장되었다. 워싱턴은 1980년대 초까지 모든 지상군 병력을 철수하고 대신 공군·해군·정보·통신 병력을 유지하는 방안을 마련했다. 그러나 소련의 극동함대 증강, 북한의 군사력 증강 정보가 공개되면서 카터의 철군 계획은 벽에 부딪히게 된다. 1978년 11월 한미연합사령부(ROK-US Combined Forces Command)가 창설되어 한국군 작전통제권이 유엔군사령부에서 한미연합사령부로 이전되었다. 카터 시기 서울과 워싱턴은 불편한 동거를 지속했다.

III. 신냉전과 한국 외교(1980년대)

1980년대 대한민국 외교는 신냉전의 배경 아래 진행되었다. 5공화국 후반기에 이미 탈냉전의 서막이 올랐기 때문에 더 정확하게 이야기하자면 전두환 정권에는 신냉전과 탈냉전 양자의 영향력이 모두 존재했다. 신냉전의 흐름 아래 5공화국은 미국·일본과 협력의 기반을 다졌다. 1980년대 중반부터 소련 내부 변화가 시작되었고, 외부세계도 이에 반응하고 있었다. 1980년대 전반부에 한국 외교는 일본과 갈등, 북한과 대결이 첨예하게 증폭되는 경험을 한 반면, 후기에는 대일 관계 및 대북 관계가 대화 모드로 이행하는 양상을 보여 주었다.

　1970년대 후반 데탕트의 봄바람은 잦아들고, 매서운 삭풍이 휘몰아쳤다. 노회한 소련 제국은 1979년 아프가니스탄을 침공하였고, 이듬해인 1980년 폴란드 사태에 무력 개입했다. 냉전의 한기가 느껴지자, 보수적인 미국 대통령 로널드 레이건은 대소 강경정책으로 맞섰다. 미국 자본주의의 저력을 바탕으로 레이건은 소련에 대해 군사적인 우위를 추구하는 힘 대 힘의 대결정책을 펼쳤다. 워싱턴은 계획경제의 폐해로 경제 침체의 늪에 빠진 모스크바를 막강한 국력으로 압도할 설계를 하고 있었다. 레이건 대통령은 1983년 소련을 지칭하는 '악의 제국' 연설을 했고, 적의 미사일을 공중에서 요격하는 SDI(Strategic Defense Initiative) 계획 또한 발표했다. 1983년 KAL기 격추 사건과 아웅산테러 사건이 연달아 발생하면서 한반도에는 위기감이 고조되었다. '1983년의 위기'라는 표현에서 나타나듯이 이 시기는 '쿠바 미사일 위기' 이후 다시금 미국과 소련 두 초강대국 사이 대결이 격화되는 시기였다. 한반도 차원, 그리고 지구 차원의 위기에 대한 한국 외교의 반응은 미국·일본에 근접하는 것이었다.

　공산주의 위협에 맞서는 한국·미국·일본으로 구성되는 3각 보수연합이 형성되었다. 1970년대 유신정권 때 한국과 미국이 여러 방면에서 갈등을 겪었는데 1980년대 들어서면서 한국 정권의 성격은 별로 변하지 않았으나 미국의 인식이 변하면서 한미 갈등이 한미 밀월로 탈바꿈하였다. 전두환, 로널드 레이건, 나카소네 야스히로 세 보수 성향의 정치인은 신냉전의 공간에서 서로를 필요로 했다. 이 시기는 한미 밀월과 한미일 협력의 성격을 갖고 있었다. 1980년대 초기 한일 관계는 교과서 분쟁으로 암초를 만났으나, 1983년 1월 나카소네 야스히로 총리가 한국을 방문하고 이듬해 9월 전두환이 일본을 국빈방문하면서 관계를 개선했다.

5공회국은 1980년대 초반부터 적극적인 대북 정책을 펼쳤다. 1981년 6월, 남한 당국은 남북한 당국 최고책임자 간의 직접회담을 제의하였다. 그러나 1983년 10월 버마 랑군에서 일어난 폭탄테러 사건으로 한반도에 갈등과 긴장이 고조되었다. 1980년대 중후반에는 아시안게임과 서울올림픽을 앞두고 남북한 사이 여러 대화가 다시 기지개를 폈다. 차관급 남북경제회담, 남북국회회담을 위한 예비 접촉, 올림픽 단일팀 구성 논의를 위한 남북체육회담이 잇달아 열렸다. 1985년 9월 남북이 산가족 고향방문 및 예술공연단의 동시 교환 방문이 실현되었다. 고향방문단 교환으로 분단 이후 처음 이산가족 상봉이 이루어졌다.

전두환 정권은 스포츠, 영화, 방송, 언론을 정치 도구로 적극적으로 활용하였다. 정권 정당성 확보 일환으로 집권 초기부터 올림픽 유치에 매진했다. 경제적 부담을 이유로 일각에서 유치를 반대하는 의견도 있었으나 당국은 1986년 아시안게임과 1988년 올림픽 개최에 강한 집념을 보였다. 북한은 집요하게 올림픽의 서울 유치를 방해하는 공작을 벌이다가 서울 개최가 확정된 이후에는 '공동 개최론'을 주장하며 거듭 스포츠 외교전에 나섰다. 서울올림픽 참가를 거부한 북한은 이듬해 세계청년학생축전을 개최하며 맞불을 놓았다. 축전 준비로 북한 재정에 부담이 컸던 것으로 알려지고 있다.

Ⅳ. 탈냉전과 한국 외교(1990년대 초반)

탈냉전의 단초는 고르바초프의 신사고로부터 왔다. 고르바초프 서기장은 소련 국내개혁을 위해서 미국 등 서방과 평화로운 관계를 갖기를 희망했다. 이어 소련과 미국의 관계 개선, 소련과 동유럽 여러 국가의 개혁·개방이 이어졌다. 소련의 페레스트로이카와 글라스노스트는 제2차 세계대전 이후 지속된 냉전체제의 해체를 가져왔다. 탈냉전 공간에서 소련은 러시아연방과 여타 독립국으로 해체되었고, 동유럽의 많은 공산주의 체제가 무너졌다. 미국과 서유럽의 자본주의, 민주주의가 계획경제, 일당독재, 공산주의에 승리하는 순간이었다. 한 평론가는 '역사의 종언'을 외쳤다.

세계사회주의질서가 무너지고, 중국과 베트남 또한 개혁·개방의 길을 걸으면서 주체의 노선을 추구하는 북한은 고립되었다. 수출 주도 경제개발정책으로 남한의 경제가 크게 성장한 반면, 소련의 지원이 끊긴 북한의 경제는 침몰 직전 상태까지 추락하고 만다. 국가 통제력이 부분적으로 무너지고, 주민 집단아사까지 벌어지는 상황에서 김일성과 김정일은 핵무장의 카드를 꺼내 들었다. 지금껏 지속되고 있는 북핵 문제의 서막이 열린 것이다.

노태우 대통령은 1988년 대통령 특별선언(7·7선언)을 발표하며 남북관계 개선의 드라이브를 걸었다. 7·7선언은 조국의 평화적 통일을 앞당기기 위해서 남북 상호 간 교류와 협력을 강화하는 내용을 담고 있다. 특히 "남북동포 간의 상호교류를 적극 추진하며 해외동포들이 자유

로이 남북을 왕래하도록 문호를 개방"하고, "남북 간 교역의 문호를 개
방하고 남북 간 교역을 민족내부교역으로 간주"하는 한편 "한반도의 평
화를 정착시킬 여건을 조성하기 위하여 북한이 미국·일본 등 우리 우방
과의 관계를 개선하는 데 협조할 용의가 있으며, 또한 우리는 소련·중
국을 비롯한 사회주의 국가들과의 관계 개선을 추구"할 것이라는 구체
적 강령을 제시했다.[4] 남한과 북한은 1991년에 유엔에 동시 가입하는
한편 남북기본합의서와 한반도 비핵화 공동선언을 만들어 냈다. 남북
기본합의서 전문은 아래와 같다.

남과 북은 분단된 조국의 평화적 통일을 염원하는 온 겨레의 뜻에 따라
7·4 남북공동성명에서 천명된 조국통일 3대 원칙을 재확인하고, 정치군
사적 대결상태를 해소하여 민족적 화해를 이룩하고, 무력에 의한 침략과
충돌을 막고 긴장완화와 평화를 보장하며, 다각적인 교류협력을 실현하
여 민족공동의 이익과 번영을 도모하며, 쌍방 사이의 관계가 나라와 나
라 사이의 관계가 아닌 통일을 지향하는 과정에서 잠정적으로 형성되는
특수 관계라는 것을 인정하고 평화통일을 성취하기 위한 공동의 노력을
경주할 것을 다짐하면서 다음과 같이 합의하였다.[5]

남북기본합의서는 제1장에서 남과 북이 서로 상대방의 체제를 인정

---

4 「민족자존과 통일번영을 위한 대통령 특별선언(7·7선언)」, 1988년 7월 7일.
5 「남북 사이의 화해와 불가침 및 교류협력에 관한 합의서(남북기본합의서)」, 1991년 12월 13
일.

하고 존중하며, 현 군사정전협정을 준수하고, 판문점에 남북연락사무소를 운영한다고 규정하고 있다. 제2장에서 남과 북은 상대방을 무력으로 침략하지 아니한다고 약속했다. 제3장은 남과 북이 민족경제의 통일적이며 균형적인 발전을 위하여 경제교류와 협력을 실시하며, 끊어진 철도와 도로를 연결하고 해로와 항로를 개설할 것을 다짐하고 있다.

　대한민국 정부는 탈냉전의 분위기에 맞추어 공산권 국가와 관계 개선을 시도했다. 당국은 경제력을 지렛대로 써서 적극적인 북방외교를 펼쳤다. 특히 소련과는 1990년에, 중국과는 1992년에 수교가 이루어졌다. 소련의 페레스트로이카와 북방외교, 중국의 개혁·개방과 북방외교의 만남이 있어 가능한 일이었다. 중국의 경우, 베이징은 대만을 고립시키고, 천안문 사태 이후 국제사회 고립에서 벗어나길 고대하고 있었다. 속칭 '북방'이라고 일컬어지는 대륙세력과 교류가 트이면서 기존 해양세력과의 협력에 더하여 한국 외교의 지평이 넓어졌다.

　5공화국 외교와 6공화국 외교 사이에는 차별성뿐만 아니라 유사성 또한 존재한다. 6공화국 업적의 많은 부분이 사실 5공화국에 기원을 두고 있다는 점을 지적하는 이가 많다. 올림픽 유치 외교가 5공화국에서 전개되었고, 북방외교 또한 그 시기에 단초를 두고 있다. 북한과 관계 개선 노력도 1980년대 중반부터 진행되었다. 흔히 북방외교는 한국 외교의 자주성을 드러낸 기획으로 인구에 회자된다. 탈냉전 기류에 우리가 주체적으로 대응한 노력이고 산물이었다는 것이다. 1960년대, 1970년대, 1980년대에 이룩한 국력의 상승이 외교력의 상승으로 이어진 측면이 있다. 동구 여러 나라들과 수교하는 과정에서 우리 경제력이 든든

한 배경이 되었음은 물론이다.

　유신 이래 처음으로 국민에 의한 직접선거로 노태우 정부가 출범했다. 당시 장기 군부독재가 끝나면서 자유와 민주를 갈구하는 시민들의 목소리가 여러 갈래로 분출하고 있었다. 남북대화와 남북화합을 요구하는 진보적인 성향의 요구도 분출하기 시작했다. 노태우 대통령은 민주정부의 출범이라는 정당성을 보유하고 있었지만 동시에 자신의 권력기반이 군부에 있다는 약점 또한 갖고 있었다. 대선 이후 치러진 총선에서 여권이 소수이고 야권이 더 많은 의석을 차지한 '여소야대' 상황이 벌어지자 노태우 정부는 정국의 주도권을 쥐기 위해 과감한 외교정책에 더 많은 신경을 쏟았다.

　북방외교는 북한의 고립을 추구했나, 아니면 북한과 공존을 모색했는가? 북방외교의 목표와 관련한 쟁점이다. 북방외교가 북한을 대화의 장으로 나오게 하는 유도 정책이었다는 주장이 있다. 이와 대조적으로 북방외교가 북한을 고립시켜 붕괴의 길로 몰아가는 고립화 정책이었다는 주장도 있다. 애초 노태우 정부는 한국이 중국·소련과 수교하고, 북한이 미국·일본과 수교하는 교차승인에 대해 열린 자세를 취하는 듯했으나, 실제 북한이 일본·미국과 빠른 속도로 관계를 개선하는 데 거부감을 가진 것으로 보인다. 교차승인을 통해 교류협력과 평화공존을 추구하고 궁극적으로 통합과 통일로 가는 시나리오는 하나의 이상적인 설계도로 존재한 듯하다.

　북방외교는 일반적으로 성공한 외교정책으로 평가받고 있다. 미지의 세계였던 공산권 국가들과 잇달아 수교하는 성과를 도출해 냈다. 북한과도 여러 차례 의미 있는 회합을 가졌다. 그러나 남한과 북한 당국이 합의한 사항들이 성실하게 지켜졌는지 의문이 든다. 북한과 평화공존의 틀을 만들지도 못했고, 교류협력의 심화를 이루지도 못했다. 북방외교의 성공 '신화'는 평양의 관문 앞에서 멈추고 말았다.

〈표 2〉는 남북관계의 역사에서 출현한 남북화해 또는 남북대화의 대강을 정리하고 있다. 1980년대 중반의 남북대화는 주요 합의가 도출되지 않아서 그 경우를 제외하고 2023년까지 모두 네 차례 화해 시기가 있었다. 남북화해 첫 시기는 1971년 8월에서 1973년 8월까지 2년, 두 번째 시기는 1988년 7월에서 1993년 1월까지 4년 반, 세 번째 시기는 2000년 1월에서 2008년 7월까지의 8년 반, 가장 최근 시기는 2018년 1월에서 2020년 6월까지 2년 5개월이다.

남북화해 1기 때는 외부 충격이 주요 촉매로 작용했다. 남북화해 2기와 3기 경우, 외부 충격과 국내정치의 상호작용이 주요했다고 할 수 있다. 남북화해 4기 때는 별다른 외부 충격 없이 국내 리더십이 주동한 결과였다. 국제정치학에서 통상 세력전이는 갈등 또는 전쟁을 유발하는 것으로 간주된다. 그러나 한반도의 상황은 전이와 갈등의 등식에 반하는 현상을 드러내고 있다. 흥미롭게도 남북 사이 화해는 세력전이의 공간에서 발생했다. 남북화해 1기의 경우 경제적인 차원의 세력전이(economic power transition)가, 남북화해 4기의 경우 군사적인 세력전이(military power transition)가 발생했다. 남북화해 2기 때는 군사적인 차원의 세력전이와 연성권력의 전이(soft power transition)가, 남북화해 3기때는 연성권력의 전이가 작용했다. 1970년대 남한의 경제력

표 2. 남북 화해/대화의 기원

기간	1971년 8월-1973년 8월	1988년 7월-1993년 1월
충격	• 닉슨 독트린 • 미중 화해 • 주한미군 감축	• 공산주의 체제 쇠퇴
정권 교체	—	노태우 정부 등장

위협 인식	• 포기의 두려움 증가
	• 상호 위협 상존
		• 남: 민주 성취와 경제성장으로
		  자신감 증가
		• 북: 흡수통일 염려,
		  포위의식 증가

전략 계산	• 남: 통일 카드로 정권 안정,
	  경제와 군사력 키우기 위한
	  시간 벌기
	• 북: 주한미군 철수 유도,
	  친북 분위기 조성
		• 남: 정권 정통성 확보,
		  교류협력을 통한 통합 노력
		• 북: 생존을 위한 시간 벌기

출처: Seongji Woo, "The Rise and Fall of Inter-Korean Rapprochement: Shock, Leadership Change, Threat Perception and Strategic Calculation", *unpublished manuscript*, December 7, 2022, 〈Table 1〉 참조.

이 북한의 경제력을 압도하게 되고, 1990년대 남한은 군사력에서도 북한에 우위를 점하게 된다. 소프트 권력 경쟁에서도 민주와 자유의 가치가 주체와 공산당독재보다 더 매력을 발하는 상황이 1990년대와 2000년대 발생했다. 2020년대 북한은 핵과 미사일 전력 강화로 남북한 군사 대결에서 우위를 점하고 있다고 확신하고 남한과 대화에 나선다.

한반도 남북 분단사에 진정한 평화와 화해가 존재했는가에 의문을 표하기도 한다. 이 주장에 의하면 남과 북 사이 대화는 있었을지언정 화해는 한 번도 없었다. 혹자는 유신 시대 남북화해를 인정하지 않고, 화해 2, 화해 3, 화해 4만 인정하기도 한다. 진보 논객 중에는 1970년대 초반과 1990년대 초반 남북화해를 인정하지 않고, 화해 3과 화해 4만

2000년 1월-2008년 7월	2018년 1월-2020년 6월
• 북한 대기근 • 남한 금융위기	—
김대중 정부와 김정일 정권 등장	문재인 정부 등장
• 남: 북핵을 협상용으로 파악 • 북: 경제위기로 불안감 상승	• 남: 북핵 위협을 과소평가 • 북: 핵무력으로 자신감 상승

• 남: 대북 포용의 시작
• 북: 경제원조의 필요성,
  핵 개발을 위한 시간 벌기
	• 남: 북한과 평화체제 수립과
	  경제협력 희망
	• 북: 남한과 경제협력 기대,
	  남북화해를 북미대화 지렛대로 이용

진성 남북화해 사례로 간주하는 인사도 있다. 필자는 남북 사이 고위급 회담, 합의문 또는 협정, 상호왕래, 물자교류, 경제협력, 인도적 지원 유무를 기준으로 상기한 네 개의 사례를 남북화해의 경우로 인정한다. 외형적 화해를 넘어 실질적 화해를 만드는 책무는 앞으로 우리 모두에게 주어진 숙제다.

V. 결론

한미일중 100년의 역사를 살펴볼 때, 1972-1992년 시기 한국 외교는 그 어느 시기보다 역동적인 모습을 보여 주고 있다. 냉전의 절정과 데탕트, 신냉전과 탈냉전의 공간을 포함하고 있다. 냉전 시기 한국은 반공 전선의 첨병 역할을 자처했다. 데탕트 공간에서 첫 남북대화가 실현되었고, 신냉전 시기 한국·미국·일본 사이 3각 협력구도가 형성되었다. 탈냉전으로 우리나라는 서방과 더불어 북방과 관계를 개선해 나가게 되었다. 1970년대, 1980년대, 1990년대 한국은 경제성장과 민주주의를 쟁취했고, 이를 바탕으로 우리는 국익 신장을 위해 다각도·다변화 외교를 펼쳤다.

2020년대 공간에서 북한·미국·일본·중국과 어떤 관계를 맺느냐가 주로 한국 외교의 성격을 결정한다고 볼 수 있다. 북한을 포용할 것인가, 압박할 것인가? 한미동맹의 우산 아래 우리는 미국과 무엇을 주고받을 것인가? 일본과 관계에서 과거사 정리가 더 중요한가, 미래 설계가 더 중요한가? 중국과 거리두기를 얼마만큼 감내할까? 북한과 화해를 강조하는 그룹은 중국과도 가까워지기를 희망하며, 미국과 연대를 강조하는 그룹은 또한 일본과 화해를 희망하는 경향이 있다. 한국 외교의 나침반은 지금도 쉬지 않고 움직이고 있다.

토 론

지정토론: 김승영, 이원덕, 이희옥
자유토론: 김용호, 박인국, 박태균, 송민순,
　　　　　신각수, 안호영, 이재승

토론의 주요 주제

냉전 변동기 미국의 한반도 외교: 민주주의와 안보

냉전 변동기 일본 외교에 대한 평가

냉전 변동기 중국 외교에 대한 평가

냉전 변동기 한국 외교에 대한 평가

냉전 변동기 미국의 한반도 외교: 민주주의와 안보

김승영: 미국의 민주주의 확산과 안보 외교

먼저 1970년대–1980년대에 미국의 대한반도 정책을 분석할 때는 한국의 국내체제 문제로 초래된 한미 간의 마찰도 고려해야 합니다. 냉전 이후 미국외교사학회에서는 미국의 대외정책을 결정하는 요인으로 세력균형을 유지하기 위한 안보 외교도 중요하지만, 민주주의 정치체제나 미국적인 가치를 확산시키려는 미국 특유의 희망과 노력도 계속 작용해 왔다고 지적해 왔습니다.[1] 1970년대–1980년대에 한국의 권위주의 독재체제와 관련하여 미국의 한국 내 인권 상황 개선을 위한 노력과 그 영향에 대해서도 관심을 가지고 보아야 할 것 같습니다. 하나의 예로 1977년 출범한 카터 정부의 경우는 출범 이후 상당히 좋은 의도를 가지고 한국 내 민주화를 위해서 노력했지만, 주한미군 철수부터 앞세우면서 한국 정권에 대한 영향력에 한계를 노출했습니다. 그러다가 1979년 10·26사태 이후 전두환 그룹이 12·12쿠데타와 광주민주화운동 탄압 등을 통해 자신들의 권력 장악을 기정사실화해 나가자, 그 과정을 마지못해 용인하는 결과를 맞게 됐습니다. 1979년 12월 소련의 아프간 침공 이후 신냉전의 상황과 북한의 위협 속에서, 한국에서 내전 상황을 막기 위한 미국의 정책적 선택으로 분석되고 있습니다.[2]

---

1 Tony Smith, *America's Mission: The United States and the Worldwide Struggle for Democracy in the Twentieth Century*(Princeton, NJ: Princeton University Press, 1994).

2 Seung-young Kim, "Balancing Security Interest and the 'Mission' to Promote Democracy: American diplomacy toward South Korea since 1969," Robert Wampler ed., *Trilat-*

그러나 1981년 초에 출범한 레이건 행정부는 처음에는 상당히 전두환 정부를 수용하는 관대한 정책을 펼치며 포용하다가 1987년 봄 민주화운동이 봇물처럼 일어나고 결정적인 전환기가 도래했을 때는 카터 정권 때와는 사뭇 다른 적극적인 방식으로 민주화가 실현될 수 있도록 노력했습니다. 무엇보다 김경원 주미대사의 귀띔을 수용해 동년 6월 레이건 대통령이 친서를 서울로 보냈습니다. 당시 제임스 릴리 대사는 6월 19일 전 대통령을 직접 만나 레이건 친서를 전달했습니다. 친서 내용은 "이전에 전 대통령 자신이 누차 밝혔던 평화적인 정권이양에 대한 약속을 이행하길 바란다"는 당부였는데, 30년간 중앙정보국(CIA) 아시아 전문가로 일했던 릴리 대사는 그날 아침 청와대 면담 이전에 이미 계엄령 준비태세를 갖추라는 지시가 한국군에 내려졌음을 알고 있었습니다. 청와대 면담에서 릴리 대사는 '민주화 시위를 무력으로 진압하지 말라'는 의견을 분명히 하면서 기지를 발휘해 윌리엄 리브시(William Livsey) 주한미군 사령관도 대사 자신과 같은 의견이라고 강조했습니다. 당시 싱가포르를 방문 중이던 개스턴 시거(Gaston Sigur) 국무부 아태담당 차관보도 릴리 대사의 부탁을 받고 급히 방한하여, 노태우 민정당 대표와 전두환 대통령, 그리고 가택연금 중이던 김대중 씨까지 연달아 만나서 무력 진압에 대한 반대와 민주화를 지지한다는 미국의 입장을 명확히 전달했습니다. 이 같은 일련의 과정은 냉전 이후 워싱턴의 사료 공개전문 연구소인 NSA(National Security Archives)가 추진해 공개된

eralism and Beyond: Great Power Politics and the Korean Security Dilemma During and After the Cold War (Kent, Ohio: Kent State University Press, 2012), pp. 57-65.

김승영, 이원덕, 이희옥, 김용호, 박인국, 박태균, 송민순, 신각수, 안호영, 이재승

미국정부문서들에 상세하게 나타나 있습니다.

레이건 행정부가 이처럼 적극적인 노력을 기울인 데는 1979년 12·12 쿠데타 이후 카터 행정부가 전두환 그룹의 기정사실화 전략에 대책 없이 밀려다녔다는 반성과 함께 1986년 필리핀 민주화를 지원했던 경험 등이 긍정적인 배경으로 작용했던 것으로 보입니다. 동시에 1980년대 중반 한국 내 반미주의가 미국의 안보 이익까지 해치게 됐다는 국내적인 인식과 냉전 해소기를 맞아 미국이 민주화를 지원하기에 훨씬 수월한 여건이 형성됐기 때문에 가능했던 것으로 보입니다. 이 같은 여러 가지 여건들이 민주화를 열망하는 일반시민과 대학생들이 벌였던 전국적인 시위운동과 맞물려서 결국은 전두환 정권이 6·29선언을 통해 민주화를 수용하는 쪽으로 방향을 틀게 만든 것으로 보입니다.[3] 이처럼 미국의 동아시아 정책을 분석할 때는 민주주의 확산을 위한 미국의 외교적 노력도 살펴볼 필요가 있다고 생각합니다.

마상윤: 한국의 민주화에 대한 미국의 적극성 변화

미국이 한국에서 민주주의를 확산하기 위한 노력을 계속 기울였다는 점에 대해서 동의합니다. 다만 카터 시기 이전, 닉슨-포드 시기에 있어서는 한국의 민주주의 문제가 미국 대외정책에 있어서 상대적으로 중요도가 약화되는 측면이 분명히 있었습니다. 키신저 시기 리얼폴리틱 (Real Politics)의 한계로 지적되는 부분이고요. 이어서 카터 행정부 정

---

3 Seung-young Kim, *Ibid.*, pp. 65-74.

책에서는 도덕·인권적 가치가 강조되었던 시기가 있는데요, 오히려 그러한 강조가 지정학적인 필요에 상충이 되는 것으로 인식되어서 외교적인 마찰이 빚어진 측면도 분명히 있다는 점을 지적하고 싶습니다.

레이건 시기에는 상당히 힘의 우위에 입각한 외교를 추진하여 초기에는 굉장히 보수적이고 강경한 외교를 펼치는 것으로 보였습니다. 그런데 이후 인권과 민주주의를 굉장히 강조하는 방향으로 미국 레이건 행정부의 외교가 변화해 갔습니다. 그런 가운데 1987년에 간접적으로 미국이 한국의 민주화를 상당히 지원했다고 볼 수 있습니다.

안호영: 동맹 강화를 위한 신뢰의 중요성

지금까지 우리가 다룬 긴 세월 동안 미국의 대한 정책은 사실 크게 바뀐 게 없이 한반도에 영향력을 유지하는 수준에서 일관된 모습을 보인다는 홍용표 교수의 말씀이 개인적으로는 제일 인상적이었습니다. 이러한 논의 속에서 무엇이 동맹을 강화시키는지, 그렇다면 우리가 뭘 해야 하는지에 대해 생각하게 되었습니다. 무엇이 동맹을 강화시키는가에 대해서는 지정학적 요인, 국제정치 구조, 지역적 요인, 양국의 서로에 대한 입장 등 여러 가지 이야기를 할 수 있겠죠. 마상윤 교수께서 말씀하신 브레진스키가 쓴 『거대한 체스판(*The Grand Chessboard*, 1997)』은 아마 지정학을 제일 이해하기 쉬운 책 중의 하나가 아닌가 싶은 생각이 듭니다. 제가 워싱턴에 있을 때 몇몇 대사들하고 브레진스키와 함께 아침을 먹은 적이 있습니다. 그 자리에서 브레진스키는 미국의 기본적인 외교정책은 '오프쇼어 전략(offshore strategy)'이지만, 한국

김승영, 이원덕, 이희옥, 김용호, 박인국, 박태균, 송민순, 신각수, 안호영, 이재승

은 하나의 예외였다고 이야기합니다. 이렇게 예외를 만들 정도로 한국이 나름대로 지정학적인 중요성을 지니고 있다는 이야기였던 것 같습니다. 『거대한 체스판』에도 한국의 지정학적 중요성에 관한 이야기가 나옵니다.

이와 더불어 더욱 중요한 것은 어떻게 하면 한미동맹을 강화할 수 있을지에 대한 논의일 것입니다. 2022년 북한의 미사일 실험, 핵실험 위협을 보면서 미국의 확장억제(extended deterrence)에 대한 신뢰도 문제가 제기됩니다. 그러면 그럴수록 사실은 우리가 이제 그 동맹의 위험에 대해서 얘기를 하는데, 결국은 방기(abandonment)의 위험이 그만큼 커지게 되고, 상관관계가 있는 연루(entrapment)도 뒤따르게 되어, 우리가 나름대로 할 수 있는 일에 대해서 생각해 보아야 합니다. 저는 우선 동맹국 상호 간에 깊은 신뢰를 주는 것이 필요하고, 신정부에서도 이 점에 방점을 두고 있다고 생각합니다.

마상윤: 키신저 외교는 동맹의 신뢰를 훼손

키신저는 중국과의 데탕트를 진행하면서 한반도에서도 자연스럽게 남북 간의 데탕트가 진행될 것이라고 생각했던 것 같습니다. 여기에서 우리가 주목할 점은 강대국이 아닌 나라들이 각각의 사정들로 인해 미국이 의도했던 바를 이루지 못하게 되었다는 점입니다. 중국과 미국, 즉 지정학적으로 강한 국가들이 길을 만들어 놓는다 하더라도 다른 국가들이 꼭 일관되게 거기에 맞춰서 움직이는 것은 아니었던 것이 역사적으로 증명되었다는 생각이 듭니다.

안호영 대사께서 동맹 강화와 관련해서 신뢰에 대한 중요성을 강조해 주셨는데요, 닉슨·키신저 외교의 맹점 중의 하나가 동맹에 있어서 신뢰를 의심하게 만든 점이었던 것 같습니다. 박정희 정부가 핵 개발에 나서게 되었고, 또 그 핵 개발은 미국에 있어서 한국에 대한 신뢰를 의심하게 하는 악순환의 고리가 만들어졌고요. 닉슨이 사임한 이후 포드는 신뢰를 다시 다지기 위해서 약 2년가량의 시간을 투자해야 했습니다.

김용호: 미국 국력의 회복 가능성

1970년대에 미국의 국력이 상대적으로 크게 하락을 했다가 1980년대 레이건 정권에서 상당히 회복을 함으로써 글로벌 리더십을 회복하게 됩니다. 이러한 회복을 추동한 가장 큰 요인이 무엇이라고 생각하시나요? 그리고 2008년 미국발 금융위기 이후 미국의 국력이 상대적으로 하락하고 있다고 생각합니다. 최근 들어서는 미국 자본주의뿐만 아니라 미국 민주주의에 대한 다른 나라의 신뢰가 크게 저하되고 있는데요. 과연 1980년대에 그랬던 것처럼 미국이 이러한 위기에서 벗어나 국력을 회복할 수 있을까요? 그에 따라서 우리의 외교정책도 굉장히 달라질 수밖에 없다고 생각합니다.

마상윤: 레이건 이후 미국의 국력 회복

닉슨 이후, 미국의 외교는 힘의 상대적인 쇠퇴에 어떻게 하면 적응할 것이냐는 차원에서 추진이 됐습니다. 그러다 보니 중국과의 수교와 관계 개선을 통해서 소련을 어떻게 다룰 것이냐는 관점에 초점이 맞추어져 있었습니다. 반면 레이건 이후에는 오히려 미국 스스로의 힘을 강화시키겠다는 그런 의식적인 노력이 있었고, 이는 군사력 확대로 나타났습니다. 그리고 중국과 아시아 국가들과의 관계를 경제적인 측면에서 굉장히 강조했습니다. 적어도 레이건 시기를 보게 되면 미국의 경제가 회복됨에 있어서 아시아 국가들과의 경제교류 확대가 굉장히 큰 요인이 되었다고 볼 수 있습니다. 클린턴 행정부로 가면서는 첨단기술, 특히 실리콘밸리를 중심으로 기술 산업의 육성을 통해서 미국이 다시 한 번 경제적인 전성기를 구가하게 되었다고 생각됩니다.

이재승: 서방과 공산권은 1970년대 헬싱키 프로세스 등을 통해 공존 모색

냉전 이완기를 논의함에 있어서 러시아를 다루어야 한다고 생각합니다. 물론 미중 간에 데탕트가 냉전의 이완기에 있어서 국제정세에 큰 영향을 주었지만, 동시에 1973년부터 1975년까지 진행됐던 헬싱키 프로세스에서 미국과 당시 소련, 그리고 유럽 국가들 간의 관계를 살펴볼 필요가 있습니다. 특히 닉슨과 브레즈네프 간의 관계에 주목할 필요가 있죠. 결국 소련의 입장 변화, 그리고 공산권과 소위 서방과의 공존을 모색하는 과정이 1975년 이후에도 지속되어 왔고, 실제로 그러한 관계가 붕괴된 것은 2022년 우크라이나 침공에 의해서 가시화되었다고 생각합니다. 즉, 냉전 시기의 키플레이어였던 미국과 러시아의 관계를 중심으로, 더욱 광범위한 차원에서 냉전의 이완기를 바라보는 것이 필요하다고 생각합니다. 다시 말해, 동북아시아에서의 세력균형 재편, 데탕트 내지는 냉전의 이완이라는 관점에서 한반도를 둘러싼 변화는 무엇

이었는지를 살펴볼 필요가 있는 것이지요. 이와 더불어 큰 역사적 맥락 속에서 동북아시아의 변수가 가지는 한계는 어떤 것들이 있었는지, 현재의 관점에서 과연 우리는 무엇을 할 수 있을 것인지 등에 대해서 종합적으로 생각해 볼 필요가 있을 것 같습니다.

마상윤: 동아시아 중심의 냉전 연구가 갖는 가치

냉전사, 특히 해체기에 있어서의 유럽과 러시아의 중요성을 말씀해 주신 부분에 대해 공감합니다. 그런데 사실 서양에서도 그렇고, 우리나라에서 더욱 그렇습니다마는 냉전 해체기의 역사가 기본적으로 유럽 중심으로 집중되어서 연구되어 왔다는 생각이 듭니다. 그런 측면에서, 동아시아에서 냉전의 이완기부터 해체기까지의 역사를 동아시아에 포커스를 두면서 정리하는 것이 어떻게 보면 연구의 공백을 채우는 시도라고 생각됩니다. 그런 면에서 우리의 논의가 상당한 의미를 가진다고 생각됩니다.

냉전 변동기 일본 외교에 대한 평가

이원덕: 일본의 국력 변동과 외교

당시의 국제정세를 제대로 파악하려면 각국의 외교전략, 외교정책, 외교정책 목표가 무엇인가에 관한 내용과 더불어 외교정책을 수행하는 수단이라고 할 수 있는 국력을 입체적으로 고려해야 합니다. 1972년 당시 미국은 세계 국내총생산(GDP)의 31%, 중국은 2.6%, 일본은 6.2%, 한국은 0.2%를 차지하고 있었고, 이러한 국력 차이를 고려하여 외교전략을 수행했습니다. 1992년의 경우 미국과 중국이 각각 26%, 1.7%로 줄었고, 일본은 놀랍게도 13%로 약진했습니다. 한국의 경우에도 1.3%로 상승하였지요. 즉, 미국은 상대적으로 국력이 저하되는 상황에 직면하고 있었고, 1970-1980년대를 거치면서 상대적으로 국력이 약해졌던 일본은 1990년대 초 경제대국으로 부상하며 전성기를 맞이합니다. 그런데 최근 30년간 일본의 경제는 거의 제자리걸음이고, 세계 GDP의 3.4% 수준으로 떨어졌습니다.

한편, 일본 외교와 관련해서는 닉슨 쇼크 이후 일본의 다변화 외교, 전방위 외교에 대해서 살펴봐야 합니다. 기반적 방위력이라고 하는 개념은 일본 방위정책의 가장 골간이라고 할 수 있죠. 총합안전보장은 오늘날 경제안보의 시초라고 할 수 있는 개념입니다. 일본은 1970년대에 이러한 독특한 외교안보전략 개념을 만들어 낸 것입니다. 또 일본과 관련하여, 미일 경제 마찰을 다룰 필요가 있습니다. 일본이 1980년대 후반까지 경제대국으로 부상하면서 도전을 받았던 국가는 미국입니다. 미일 관계에 있어서 무역마찰이 생겼고, 여러 경제협정을 맺게 되었으며, 급기야는 플라자 합의를 거치며 일본의 상승무드는 꺾이고 맙니다. 즉, 1990년대부터 30년간은 일본의 쇠퇴기였으며, 그런 의미에서 1980년대 후반의 미일 관계, 특히 경제 통상에 있어서 미국의 압력에 대한 일본의 대응은 굉장히 눈여겨봐야 할 점이라 생각합니다.

신각수: 일본 외교의 전략적 자율성이 주는 교훈

일본의 경제력과 군사력의 불균형에서 오는 내재적인 제약이 냉전이 끝난 지금까지도 여전히 일본 외교를 지배하고 있다고 생각합니다. 또한 미국 외교의 상당한 영향 속에 있으면서 간헐적으로 전략적 자율성을 추구했고, 그 전략적 자율성 추구가 상당 부분 미국에 의해서 좌절되는 일련의 과정에 대해서 연구해 볼 필요가 있다는 생각을 하게 됩니다. 우리도 사실 북한 핵 딜레마, 대미 외교의 틈새 속에서 얼마만큼 전략적 자율성을 확보할 것인가를 연구해 보아야 하는데요, 이러한 측면에서 일본이 밟아 온 궤적을 연구해 보는 것이 굉장히 의미가 있을 것 같습니다.

조양현: 냉전 상황과 자율성의 상관관계

일본 외교의 전략적 자율성 문제는 냉전체제에 대한 자율성이란 차원일 수도 있고, 당시 미국에 대한 자율성이란 의미도 가지고 있습니다. 1980년대 미일 관계를 논의할 때 전반기에는 안보협력의 비중이 높았고, 후반기로 갈수록 경제마찰이 커졌습니다. 외부 환경에서 냉전체제적인 요소가 강하게 작동을 하면 협력으로, 냉전체제적 요소가 이완되면 자율성을 추구하는 방향으로 움직였던 것 같습니다.

지금의 관점에서 보면, 미국과 중국 사이에 흔히들 이야기하는 신냉전이라고 하는 상황이 강해지면 강해질수록 한국이나 일본의 위치 선정은 그만큼 제약을 받지 않을까 생각합니다. 그래서 그 자율성을 확보하고자 하는 노력 자체가 줄어들 가능성이 높은데요, 그만큼 대안을 모색하기가 어려워질 것이라 생각합니다.

김승영: 현재진행형인 1970년대 일본의 대한반도 정책

1969년 11월 일본이 미국과의 오키나와 반환 합의 때 채택됐던 한국조항의 해석에 대해 일본이 취해 온 미묘한 변화를 조양현 교수가 잘 지적해 주셨습니다. 특히 주목해야 할 부분은 자민당 진보파에 속했던 미키 다케오 총리가 1974년 말 취임한 후 다음 해 여름 미일정상회담이 열리기 직전에 측근이었던 우쓰노미야 도쿠마 의원을 평양에 보내 김일성과 만나게 하고, 이에 기초해서 미북 간의 정상회담 추진을 주선하려고 했던 사실입니다. 하지만 1975년 4월 월남 패망 이후 한반도 상황의 안정화를 우선시했던 포드 정권은 미키 총리의 이니셔티브에 호응하기보다는 한반도 문제와 관련한 일본의 중재 외교를 사실상 저지했습니다.

이런 상황을 배경으로 포드 대통령과의 미일정상회담 직후 미키 총리는 신한국조항을 통해 "한국의 안전보장은 한반도의 평화유지를 위해 긴요한데, 그러한 한반도의 평화유지는 일본을 포함한 동아시아의 평화 및 안전 유지에 필요하다"고 밝힙니다. 이는 일본이 한반도 문제

에 대해 북한과의 관계 개선을 통해 미북 관계 개선에서도 중재자 역할을 하는 등의 방식으로 일본의 정치적인 입지를 확보해 가겠다는 의사를 반영한 것으로 분석됩니다. 이러한 일본의 적극 외교는 진보적이었던 미키 수상 개인의 의지를 반영한 것이기도 했지만, 1972년 닉슨 쇼크 이후 출범했던 다나카 내각 때부터 일본 외무성이 상당히 일관성 있게 추진했던 독자적인 아시아 외교전략을 반영한 측면도 있다고 생각됩니다.[4] 그 후로 신냉전 기류가 도래하고 카터 정권이 주한미군 철수를 추진하면서 이러한 방향성은 한동안 잠잠해졌지만, 냉전 해소가 시작되던 1980년대 중반부터는 나카소네 총리의 대북 접근 시도나, 1990년 9월 전격 실현된 자민당 전 부총재 가네마루 신의 북한 방문, 그리고 2002년과 2004년 두 차례에 걸친 고이즈미 준이치로 총리의 북한 방문 등을 통해 다시 나타났습니다.[5]

따라서 1970년대 중반 입안된 일본의 대한반도 정책은 아직도 일본의 한반도 정책의 중요한 기반이 되고 있는 것이 아닌가 생각됩니다.[6] 물론 김대중 정부부터 일북의 관계 개선을 반대하지 않는다는 한국 측의 정책 전환이 있었던 한편, 북한의 핵무기 개발과 일본인 납치 문제

4 Seung-young Kim, "Miki Takeo's Initiative on the Korean Question and U.S.-Japanese Diplomacy, 1974-1976," *Journal of American-East Asian Relations* 20-4, Vol. 20, No. 1(December 2013), pp. 377-405.

5 Hong N. Kim, "Japanese-Korean Relations in the 1980s," *Asian Survey* 27-5(May 1987), pp. 510-513.

6 Seung-young Kim, "Japanese Diplomacy Towards Korea in Multypolarity: History and Trend," *Cambridge Review of International Affairs*, Vol. 20, No. 1(March, 2007), pp. 159-178.

등이 걸림돌로 작용해서 최근에는 일북 관계 개선이 지연되고 있는 것이 현실입니다. 하지만, 1970년대 긴장완화기에 지정학적인 현실을 반영해 입안된 현실주의적인 일본의 대한반도 정책에는 근본적인 변화가 없다고도 분석해 볼 수 있을 것 같습니다.

조양현: 일본의 한반도에 대한 지정학적 인식의 연속성

　냉전기와 탈냉전기를 불문하고 일본의 한반도에 대한 지정학적 인식의 연속성이 명확하다고 생각합니다.

　미키 수상 때의 구상이라고 하는 것은 데탕트가 도래했기 때문에 가능했던 것이고요. 탈냉전 이후 일본이 추진한 북한과의 수교도 같은 맥락에서 이루어졌다고 봅니다. 아베 내각 이후 북한에 대한 대화보다는 압력이 커지면서 한국 정부와의 입장도 좀 달라졌고, 한국과의 관계 역시 한미동맹과 북한과의 관계에 대한 입장 차이가 커지면서 최근에는 좀 소원했었죠. 정리하자면 시대적으로 구체적인 정책상의 차이는 있지만, 일본에 있어서 한반도에 대한 관여를 바탕으로 한반도에 우호적인 세력이 등장하도록, 그리고 한반도가 적대적인 세력에게 가지 않도록 해야 한다는 것에 대해서는 지정학적으로 일관된 정책을 추진했다고 생각합니다.

냉전 변동기 중국 외교에 대한 평가

이희옥: 마오쩌둥, 덩샤오핑, 시진핑이 다른 방식으로 부국강병 외교

중국 외교사와 관련해 이 시기를 볼 때는 1949년 중화인민공화국 건국까지 거슬러 올라갈 필요가 있습니다. 중국은 1949년 10월 1일, 천안문에서 중화인민공화국 건국을 선포했지만, 엄밀한 의미에서 이는 사회주의 체제가 아니라 계급연합의 성격을 지닌 신민주주의 체제를 건설한 것입니다. 사회주의 소유제 대신 소농경제체제가 수립되었고, 소자산계급에 대해서도 유연한 조치를 취했습니다. 실제로 건국 후 5년이 지난 1954년 9월에 이르러 우리의 국회와 유사한 제1차 전국인민대표대회에서 헌법을 제정했지요. 이것이 가능했던 이유는 중국공산당이 혁명을 통해 국가를 세우는 과정에서 역사적 정통성의 논란에서 해방되었기 때문에 급진적인 정책보다는 현실을 택했기 때문입니다. 그러나 마오쩌둥 정부는 정통성의 위기에서는 상대적으로 자유로웠지만, 국민들에게 새 정부가 탄생했다는 '획득감'을 주기 위해서는 여전히 경제적 업적 정당화(performance legitimacy)가 필요했습니다. 이런 점에서 마오쩌둥 시기도 우리가 익숙하게 알고 있는 '오직 정치, 오직 계급' 중심 노선과는 달리 부국강병이라는 꿈, 다시 말해 일종의 근대를 추구한 측면도 있습니다. 중국의 철학자이자 사상가인 청화대학의 왕후이(汪暉) 교수의 표현을 빌리면, 마오 시기는 '반근대적 근대(Anti-modernist modernism)', 즉 사회주의적 근대를 추구했습니다. 이렇게 보면 덩샤오핑 시기의 개혁개방은 계몽주의 세례 속에서 일종의 자본주의 요소도

수용하는 '근대적 근대(Modernist modernism)'를 표방했다고 볼 수 있는 것입니다. 마오쩌둥 시기나 덩샤오핑 시기 모두 근대를 추구하는 방식과 노선은 달랐지만, 부국강병의 근대라는 틀에서는 일정한 연속성이 있었습니다.

그런데 2012년 11월 중국공산당 제18차 전국대표대회 이후 시작된 시진핑의 '신시대'는 중화민족의 위대한 부흥을 목표로 삼았고, 2022년 10월 개최된 중국공산당 제20차 전국대표대회에서 강조한 '중국식 현대화'의 핵심도 '복수의 근대'가 존재할 수 있다는 대내외적 메시지라고 볼 수 있습니다.[7] 최근 중국 역사학계에서 1921년 중국공산당의 역사를 부정하지는 않지만, 1930년대의 난징정부를 적극적으로 재해석하는 흐름이 있습니다. 이것은 혁명사를 상대화하고 국가주의와 성장주의를 결합한 부국강병의 역사를 강조하는 흐름으로 읽을 수 있습니다. 특히 이것은 일국사회주의의 틀에서 '중국 경험(Chinese experience)'의 예외성을 강조하는 흐름으로 발전하고 있지요. 시진핑 체제가 서구로부터의 굴욕, 샌프란시스코 체제 이후 동아시아로부터의 굴욕을 극복하기 위한 역사적 소명을 스스로 부여하고 부국강병 정책을 임기 연장의 논리로 활용하는 이유도 여기에 있습니다.

이러한 근대에 대한 중국의 인식구조는 오늘 논의하고 있는 '키신저 질서(Kissinger's order)'를 설명하는 데도 유용합니다. 1971년 7월 헨리 키신저 미국 국가안보보좌관이 비밀리에 중국을 방문하고 1972년 2

---

[7] 이희옥·조영남 편, 『중국식 현대화와 시진핑 리더십: 중국공산당 제20차 전국대표대회 분석』(책과함께, 2023).

월 리처드 닉슨 대통령이 미수교 국가인 중국을 방문해 상하이 코뮤니케를 발표할 당시 중국 상황을 살펴볼 필요가 있습니다. 일반적으로 투쟁사나 혁명사는 승자를 중심으로 역사를 기록하거나 재해석합니다. 마오쩌둥 사후 개혁·개방을 '제2차 혁명'이라고 선언하고 집권한 덩샤오핑 시기도 1966년에서 1976년까지 전개된 문화대혁명을 '동란(動亂)의 10년'으로 규정했습니다. 다시 말해 문화대혁명 시기를 '대혼란', '대파괴', '대역류'로 해석권을 독점하면서 개혁·개방 정책 도입의 필요성을 정당화하는 논리로 삼았습니다.[8]

문화대혁명을 통해 다시 권력을 차지한 마오쩌둥은 원래 추구했던 '근대 회복'을 다시 추동하고자 했습니다. 다만 마오쩌둥은 소련과 미국의 위협으로부터 '피포위 의식(siege mentality)'이 있었습니다. 그래서 1964년 핵실험, 1967년에 수소폭탄 실험, 1971년 인공위성을 실험하는 이른바 양탄 일성(兩彈一星)을 전개했습니다. 이러한 비대칭 전력을 확보한 상태에서 마오쩌둥은 자유주의 국가와 수교를 포함한 새로운 교류 방식을 모색했습니다. 특히 1972년 2월 닉슨 대통령의 중국 방문 이후 일본, 영국, 독일 등 서방국가와 수교가 이루어졌습니다. 이런 점에서 중국 외교의 마지막 퍼즐은 미중 수교에 있었습니다. 말하자면 1979년 미중 수교는 국제환경의 압력, 군사력의 비대칭성, 경제성장의 동력 확보 등을 고려한 새로운 외교전략이었지요. 이러한 전략적 고민은 실제로는 마오쩌둥 시기부터 전개되었다는 점에서 개혁·개방 정책

---

8 이희옥·백승욱 편, 『중국공산당 100년의 변천: 혁명에서 신시대로』(책과함께, 2021).

김승영, 이원덕, 이희옥, 김용호, 박인국, 박태균, 송민순, 신각수, 안호영, 이재승

을 본격적으로 추진한 덩샤오핑 노선과 연속적이라는 특징도 있다는 점을 함께 주목할 필요가 있습니다.

미중 수교 직전 상황을 복기해 보면 미국이 중화민국에 정확한 수교 일자를 통보한 것은 1978년 12월 16일이었습니다. 이는 12월 13일 중앙공작회의 폐막일에 덩샤오핑이 "사상해방, 실사구시, 일치단결을 통해 앞으로 나아가자"는 역사적 연설을 한 직후였습니다. 이 연설은 후야오방(胡耀邦)이 제기한 "실천만이 진리를 검증하는 유일한 기준"이라는 이론에 대한 지지를 선언하면서 화궈펑의 마오쩌둥 유훈 통치론을 무력화시키는 측면이 있었지만, 동시에 미중 수교라는 역사적 전환이 이루어질 것을 예고하고 사상해방을 준비한 측면이 있었습니다. 미중 수교 일자는 극비에 부쳐졌고 덩샤오핑을 비롯한 일부 핵심인사들만 알고 있는 상황에서 '사상해방'을 유독 강조한 것은 중국이 과거와는 다른 생각과 철학이 필요하다는 점을 선제적으로 제시한 것으로 볼 수 있습니다. 그리고 이것은 1978년 12월 18일부터 시작된 중국공산당 제11기 3차 중앙위원회 전체회의를 통해 사실상 개혁·개방을 선언하는 것과도 연계되었지요. 당시 중국은 어떻게 발전할 것인가 하는 방법론의 논의가 있었는데요, 그 핵심은 중국의 당면한 주요 모순은 계급모순이 아니라 '낙후된 생산력과 인민수요 사이'의 생산력 모순에 두었고, 중국과 같은 지대물박(地大物博)한 국가는 외부로부터 차관을 빌리는 발전전략이 아니라, 해외직접투자(FDI)와 경제특구방식을 통해 외자를 유입하는 정책이 필요하다고 보았습니다. 이런 점에서 문호를 개방해 대외환경을 안정화하고 외자를 적극적으로 유치하는 것은 불가피했습니다.

1972년부터 시작해 1979년 1월 미중 수교에 이르는 과정을 볼 때, 마오 시기와 덩샤오핑 시기의 연속과 단절이 교차하는 측면을 동시에 주목할 필요가 있습니다. 이러한 역사적 궤적이 1992년 한중 수교까지 줄곧 이어져 왔던 것이죠. 1992년 8월 수교 당시 한중 관계는 일종의 '이익의 균형(balance of interest)'을 달성했던 시기였습니다. 그러나 현재의 한중 관계는 종합국력의 차이 때문에 비대칭성이 확대되면서 이익의 균형이 크게 약화되었습니다. 과거에는 "우리에게 중국은 무엇인가"라고 물었다면, 지금은 "중국은 우리에게 무엇이어야 하는가"라고 묻고 있습니다. 한국의 중국연구 학계에서는 일부 친중, 반중과 같은 극단적 편향이 있지만, 중국에 대한 비판적 인식과 위협인식은 대체로 공감대가 있고, 한국이 중국 중심 질서에 올라타야 한다는 주장을 하는 것은 매우 예외적입니다.

　　다만 한국의 대중국 인식에 영향을 미치는 한국의 대미 인식과 관련해서는 다양한 주장과 평가가 있습니다. 실제로 트럼프 정부나 바이든 정부 모두 '자유주의'라고 쓰고 '중상주의'로 읽고 있고, '가치외교'라고 쓰고 '진영외교', '이념외교'로 읽고 있으며, 인권 등 보편적 규범을 강조하고 있으나 자국중심주의에 매몰되어 규범 밖에서 행동하는 일이 잦아지고 있습니다. 이러한 미국의 이중성을 어떻게 볼 것인가 하는 점에서는 중국 학계와 한국 학계 사이에 인식의 차이가 있습니다. 다시 말해 중국과 미국을 대립항으로 설정해 놓고 선택의 딜레마에 빠진 것이 아니라, 미국과 중국 자체에 대한 인식에 있어서 차이를 보이는 것입니다.

김승영, 이원덕, 이희옥, 김용호, 박인국, 박태균, 송민순, 신각수, 안호영, 이재승

이동률: 중국 외교에서 피포위에 대한 두려움 강해

이희옥 교수가 말씀하신 '피포위'에 대한 두려움이 20년의 중국 외교에서 굉장히 중요한 문제였던 것 같습니다. 강대국과 주변국 외교의 상호작용을 세력균형 측면에서 접근하여, 중국이 반패권주의를 기치로 소련 수정주의와 미국 제국주의 모두에 반대한다는 위험한 도박성의 외교전략을 내세운 것은 의도했던 것이 아닙니다. 그 결과를 상쇄하기 위해 북한, 베트남을 비롯한 주변 나라들과의 관계를 안정화시킬 노력도 전개하였고요.

1989년에서 1992년 사이도 마찬가지입니다. 냉전 해체는 중국 입장에서 사회주의 몰락으로 받아들일 수밖에 없었고, 결국 내우외환의 시기를 맞아 그 과정 속에서 중국은 한국을 비롯해서 거의 스물여덟 개 주변 나라들과 수교를 확대합니다. 우리 입장에서는 중국과의 수교가 북방정책의 성공이라고 해석될 수 있지만, 중국 입장에서는 그런 내우외환의 위기를 돌파하기 위해 주변외교의 과정 속에서 이루어진 것입니다. 특히 한국만 놓고 보면 한국이 중국에 관계 개선을 제안한 건 6·23 선언, 1973년부터니까 19년이 걸린 셈인데요, 결정적으로 중국이 움직이기 시작한 이유는 중국이 '투 코리아(Two Korea)' 정책을 관철시킬 수 있는 환경이 조성되었기 때문이라 볼 수 있습니다. 결국 1991년 남북한의 유엔동시가입, 그리고 남북한기본합의서 채택이 이루어진 과정 속에서 중국은 공식적으로 투 코리아 정치를 할 수 있겠다는 판단을 했다고 볼 수 있습니다.

한편, 중국이 미국 및 한국과 수교에 있어서 실제로 얼마나 동맹국에

대한 진정성 있는 배려가 있었는지는 사실 굉장히 의심이 됩니다. 한중 수교 과정에서도, 그리고 한국의 유엔동시가입을 설득하는 과정에서도 중국의 자료들을 보면 교차승인을 가지고 설득했다고 합니다. 그런데 실제로 교차승인 과정에서 중국은 역할을 하지 않아요. 또 덩샤오핑이 한국과 수교를 이야기할 때 처음에는 대만 문제를 얘기했지만 1988년에 가면 대만 문제 외에도 다른 여러 가지 이야기를 합니다. 그중 하나가 경제협력이었고, 또 하나는 중국이 대미·대일·대아세안 외교를 하는 데에 있어서 한국과의 수교를 굉장히 중요한 전략적 카드로 쓸 수 있다는 표현을 사용합니다. 그 가운데 또 하나의 중요한 전제는 북한의 이해를 얻어 내야 한다는 점이었습니다. 즉, 한중 수교 과정에서 한국이 어떠한 전략적 고민을 했는지는 정확하게 모르지만 중국이 굉장히 복잡한 전략적 고민을 한 것은 분명해 보입니다.

북핵 문제와 관련하여 중국이 수행하는 역할에 대해서는 몇 가지 특징을 꼽을 수 있습니다. 2003년에는 6자회담을 견인해 냈고, 2017년에는 강한 대북 제재에 동참하는 선택을 했는데요, 두 사건의 공통점은 미국이 물리적 공격이 우려될 정도로 한반도의 불안 위기가 고조되어 있던 시점이었다는 점입니다. 1994년과 2018년의 경우에는 '차이나 패싱(China Passing)'에 대한 두려움이 있을 때였습니다. 1994년에 제네바합의가 중국이 빠진 상태로 진행된 직후 1년 사이에 중국 권력 서열 1, 2, 3위가 한국을 방문합니다. 2018년에는 북미정상회담과 남북정상회담이 이루어지자, 약 6년간 중단되었던 북중정상회담이 1년 사이에 4번 연달아 개최됩니다. 그러니까 중국이 한반도에서 소외되지 않아야 하고, 한반도가 외세에 의해서 불안정해지는 것은 막아야 한다는 기조를 가지고, 중국이 한반도를 바라보고 있다는 점을 알 수 있습니다. 즉, 중국의 주변외교에 있어서의 핵심은 항상 안정적인 현상 유지이고, 큰 틀에서 그 기조는 변화가 없다고 생각합니다.

냉전 변동기 한국 외교에 대한 평가

이원덕: 국력의 변화와 남북 관계

국력의 변화 측면에서 남북한 관계를 보면 1972년에 들어서서 비로소 한국이 북한보다 경제 규모에서 우세하게 되었습니다. 그러니까 남북한의 소위 역전 현상이 1972년을 기점으로 해서 벌어졌고, 오늘날에 이르러서는 거의 50배의 경제력 차이를 보입니다. 이러한 국력의 증감에 대한 이해를 바탕으로 각국의 외교를 살펴봐야 합니다. 또 한국과 관련하여 데탕트 초기에 7·4공동성명에서 6·23선언으로 이어지는 남북대화 시도에 대한 평가가 필요합니다. 이 시기의 박정희 정부는 주로 내부체제 단속을 통해서 권위주의 체제를 공고히 했고, 한편으로는 자주국방, 핵 개발을 시도했지요. 이러한 노력이 실패로 끝나자 일본과 더불어 대미 안보 공약을 끌어내기 위한 노력을 진행하는 점이 굉장히 중요하다고 봅니다. 즉 데탕트 시기로 접어들 때 한국의 안보적 노력이 어떤 식으로 전개되는지를 살펴보는 것이 필요한 것이죠. 이와 더불어 북방외교에 대해서도 주목할 필요가 있습니다. 7·7선언 이후 1990년대 초부터 북방외교가 봇물 터지듯이 이뤄졌고, 한소 및 한중 수교가 이어졌습니다. 남북한 관계에서는 기본합의서가 채택되었고 남북한 유엔동시가입도 이루어졌죠. 그런 의미에서 1990년대의 시대적 전환에 한국이 주도적이고 능동적으로 대응했던 측면이 북방외교였다고 생각합니다.

김승영, 이원덕, 이희옥, 김용호, 박인국, 박태균, 송민순, 신각수, 안호영, 이재승

마상윤: 데탕트 시기를 위기로 인식한 한국 외교

　데탕트 시기의 한국 외교에 대해서 지적해 주셨는데요, 박정희 정권이 당시에 데탕트를 기회보다는 위기로 인식했다고 생각합니다. 그 위기에 대응하기 위해 우선 정부의 통제를 강화하는 차원에서 유신이 시작이 됐고요, 또 자주국방과 남북대화가 추진되었습니다. 남북대화를 추진했던 배경에는 적어도 북한과 대화를 하는 동안에는 우리가 북한 도발 가능성을 감지할 수 있을 것이고, 또 대화를 하는 동안 시간을 벌어서 남북 간 경쟁에서 우리의 힘을 기르겠다는 계산이 있었습니다. 또 북한은 나름대로의 계산이 있었겠지요. 남북대화를 통해서 남한과 또 다른 세계, 특히 미국에 대해 남조선혁명의 정당성을 선전하는 평화공세의 의도가 분명히 있었던 것으로 보입니다.

김승영: 북한에 대한 압박으로서의 북방외교

　냉전 해소기에 추진됐던 북방외교는 결국은 북한에 대한 외교적 압박에 초점을 맞춘 것이라는 생각이 듭니다. 물론 1988년도에 노태우 대통령의 7·7선언이 발표되긴 했지만, 최근 구술외교사 작업에 참석하셨던 당시 외교관들도 회고하는 것처럼, 그것은 헝가리 등 공산국가들과 국교를 수립하는 과정에서 동구권 나라들이 북한과의 국교 관계를 그대로 유지할 수 있도록 부담을 덜어 준다는 실용적 차원에서 선택한 측면이 있었고, 실제로 미국이나 일본이 북한과 국교 수립까지 가는 것을 허용하지는 않겠다는 입장이었던 것으로 보입니다.[9] 당시 현직기자로 외교·통일 분야를 담당했던 저도 1990년대 초 국내 여론이 미국과 일본의 대

북 수교까지 수용할 분위기가 아니었던 것으로 기억합니다. 그런 면에서 본다면 노태우 정부가 추진했던 북방외교의 실질적인 목표는 우선 북한에 대한 외교적인 승리에 초점을 둔 것이었고, 그런 면에서 1973년 박정희 정권 당시 발표됐던 6·23평화통일외교정책선언과 맥락을 같이 하는 것으로 볼 수 있습니다.

1970년대 중반에는 미군의 베트남 철수에 이어 주한미군의 추가 철수 가능성이 남아 있었고, 비동맹권과 유엔을 무대로 남북 간 외교전에서 나타난 북한 외교의 약진, 그리고 미일 두 나라에 대한 북한의 수교 노력 등으로 한국 외교가 상당히 수세적인 입장에 처해 있었습니다. 이를 타개하는 방안으로 당시 소련 및 중국 등 공산권 국가들에 대해 관계 개선 의사를 표시하면서 남북한 유엔동시가입 의지를 천명한 것이 6·23선언이었습니다. 하지만 이는 중소 양국으로부터 별 호응을 받지 못했고, 1970년대 막바지부터는 신냉전 기류가 도래하면서 거의 잊혀져 가고 있었습니다. 그러다가 1980년대 후반 고르바초프가 주도한 신사고 외교로 전 세계적으로 긴장완화의 시대가 도래하자, 노태우 정권이 기회를 포착해 먼저 중소 양국을 비롯한 공산권 국가와 국교를 수립한 후 평양 측을 대화로 이끌겠다는 목표를 추진한 것으로 보입니다.

우승지: 북방외교는 이상과 현실 사이의 진자(振子) 운동

원론적인 차원에서 외교는 이상과 현실, 명분과 실리라는 두 개의 날

---

9 국립외교원 외교사연구센터, 『북방정책과 7·7선언』(선인, 2020), 152~155쪽, 194~195쪽.

김승영, 이원덕, 이희옥, 김용호, 박인국, 박태균, 송민순, 신각수, 안호영, 이재승

개로 날며, 그 사이에서 진자운동을 하는 것으로 볼 수 있습니다. 북방외교와 관련해서도 첫째로는 북한에다가 압력을 가해서 무릎을 꿇게 하려고 했던 것, 둘째로는 경제교류와 교차승인을 통해서 개혁·개방을 도우려고 했던 것의 두 가지 극과 극의 성격이 있었습니다. 실제로 외교관들의 구술 자료를 보면 7·7선언의 내용과는 달리 한국은 교차승인 관련하여 소극적으로 임했던 것 같습니다. 북한에 대한 압력과 개혁개방으로 유도하는 두 원칙 사이에서 대내외 여건, 상대방의 대응 양식, 우리 지도자의 의지와 선호도에 따라 한국 외교의 방향이 정해졌다고 봅니다.

신각수: 자주외교는 우리가 늘 해 온 것

우승지 교수의 발표와 관련하여, 자주외교에 대해서 우리가 좀 더 생각해 봐야 한다고 생각합니다. 저는 대한민국이 스스로 선택한 외교가 바로 자주외교라고 생각합니다. 물론 미일, 한미 동맹에서 많은 영향을 받았지만, 외교적인 선택은 우리가 내렸다고 보아야 하고, 냉전 기간 동안 선택하지 못하다가 여건이 무르익자 북방외교를 통해 온전한 외교로 전환된 것이죠. 즉, 자주외교라는 것은 새로운 것이 아니라 우리가 늘 해온 것이기 때문에 굳이 자주외교라는 말을 쓸 필요는 없다고 생각합니다.

우승지: 자율성을 높이기 위한 노력 필요

자주외교라는 용어는 당대 및 역대 행정부가 썼던 것을 인용한 것입니다. 지금까지도 우리나라는 중견국이고, 또 과거에는 약소국이었기 때문에 강대국들이 그리는 틀 속에서 자율성을 증가시켜야 한다는 그런 욕망이나 희망은 자연스럽게 생기는 것 같습니다. 그러면 자주외교라는 용어가 불편하다면 자율성의 증가라는 차원에서 문제를 바라볼 수 있습니다. 현재 국제질서의 구조 속에서 대한민국 외교의 자율성을 증가시켜야 한다는 명제에 대해 반대할 이유는 없을 것 같습니다. 일반적으로 그 방안으로 논의되는 것이 동조화(synchronization)와 다원화입니다. 어떻게 미국에 우리가 매력적일 수 있는가를 생각했을 때 동조화의 측면에서는 민주주의나 가치외교를 내세울 수 있습니다. 또한 주어진 조건 속에서 우리의 자율성을 증가시키기 위해서는 미국도 우리한테 얻을 것이 있어야 하고 우리가 미국에 줄 것이 있어야 합니다. 일반 사석에서 미군들이 이스라엘의 군 체계나 무기를 존경한다는 표현을 많이 쓰고 굉장히 부러워한다고 합니다. 그렇다면 주한미군은 대한민국 국군을 얼마나 존경할까요? 미래에 우리의 자율성을 높이기 위해서는 미국의 한국에 대한 존경심을 높이는 것도 필요합니다. 그러려면 스스로의 힘을 키우려는 자강 노력이 병행되어야 한다고 생각합니다.

송민순: 한반도의 현상 유지를 위한 미국과 중국의 정책

가정적인 상황이지만 냉전 이후 첫 번째 시기에서 교차 수교가 이루어졌다면 상황은 굉장히 달라졌을 것이라는 생각을 합니다. 그렇다면 왜 그때는 교차 수교를 하지 못하였을까요? 여러분들이 말씀하셨지만, 우선 북한이 교차 수교를 했을 때 북한 내부적으로 정권 유지에 많은 어

려움이 있었기 때문에 자꾸 미루었던 측면이 있었고, 한국도 유보적 입장을 취한 부분이 있었습니다. 또한 미국에 있어서 소위 북한이 갖고 있는 호전적 자세, 인권 문제와 관련된 조건들이 해결되지 않은 상태에서 수교하기란 어려웠고요. 추가로 한중 수교 이야기를 하셨는데, 북미 수교가 되기 전에는 한중 수교를 안 했으면 좋겠다는 것이 북한의 입장이었습니다. 그런데 중국은 그 당시 탈냉전 시기 대만의 외교망이 넓어지는 것을 경계하고 대만을 고립시키기 위해 상징적으로 한중 수교를 추진하고자 했던 측면이 있습니다. 이러한 상황들이 종합적으로 작용하여 한반도에서의 교차 수교를 통한 지속적인 평화 유지를 위한 기회는 잃게 됩니다. 그 뒤에 북한 핵 문제가 등장하면서 상황은 더욱 복잡해졌지요. 이러한 상황에서 과연 중국과 미국이 현재의 한반도의 현상을 안정적으로 유지하면서 동북아의 상황을 관리해 가는 정책적인 옵션이 존재하는가에 대해서 궁금합니다.

박인국: 남북한 교차승인에 관한 북한의 속셈

남북이 분단된 지 70여 년이 지났습니다. 지금 남북한 관계, 남한의 대북한 정책, 통일정책에 대한 관심이 젊은층에게 있어서는 먼 이야기일 수 있습니다. 이러한 점에서 남북한 관계를 다루는 것이 어떠한 학문적 가치를 갖는지에 대한 비전을 듣고 싶습니다. 왜 이런 이야기를 하냐하면, 개인적으로 남북한 상호 교차승인 논의에서 북한의 의도가 매우 중요한 것 같아서입니다. 1994년 제네바 핵합의 이후 평양과 워싱턴 간에 연락사무소를 두기로 거의 합의가 되는 듯하였으나, 북한이 이를 거부합니다. 당시 북한은 북미 수교에 대해서 별 관심이 없던 것으로 판단됩니다. 왜냐하면 이미 뉴욕에 평양의 주유엔 대표부가 만들어지면서부터 굳이 주미 대사관을 만들 필요가 없어졌기 때문이죠. 이미 거기서 3분의 1은 유엔 대표부의 역할을 하고 3분의 1은 뉴욕 총영사관 역할을 하고, 3분의 1은 주미 대사관 역할을 실질적으로 하고 있기 때문이죠. 그런데 아직도 우리는 마치 미북 국교정상화라든지 대사관 설치가 중국과 북한에 어마어마한 혜택이라고 생각하는 경향이 있습니다.

우승지: 통일의 중요성과 새로운 남북 관계 정립

한반도에는 분단의 역사가 진행이 되고 있지만, 세상일은 모두 시작하는 것이 있으면 끝이 나기 때문에 분단의 역사도 언젠가는 끝이 나고 통일이 돼야 한다고 생각합니다. 젊은 분들의 관심이 적고 많음을 떠나서 우리나라가 중견국에서 한 단계 도약하여 선도국가가 되기 위해서는 통일이 필요하다고 생각합니다. 그러기 위해서는 남북한 정치·경제적인 질서 변화를 통해 양쪽이 수렴이 되어서 평화를 이루는 것이 가장 좋지 않을까 생각합니다. 선군 수령 하에서는 이것이 불가능하고, 리버럴(liberal) 수령의 등장 또한 불가능해 보이지만, 계몽 수령(enlightened despot)은 나올 가능성이 있습니다. 비록 현재로서는 그럴 기미가 보이지 않지만요. 만약 이런 계몽 수령의 출현으로 북한이 현재의 중국이나 베트남 정도의 수준으로 변한다면 새로운 시대와 새로운 남북 관계를 정립해 볼 수 있지 않을까 생각합니다.

박태균: 민주화가 한국 외교에 미친 영향

　발표를 들으면서 한국 외교의 차원에서 민주화 이전과 이후의 차이에 대해서 이야기할 수 있을 것 같다는 생각을 했습니다. 외교정책이라는 것이 공론화되면서 진행되느냐 그렇지 않느냐에 따라 일정한 차이가 존재할 수 있다고 생각합니다. 행정부의 정책 변화도 중요하지만 닉슨 행정부 이후 미국 정부의 외교에서 중요한 것이 의회가 어떻게 작동되느냐였습니다. 마찬가지로, 민주화 이전에 있어서는 한국 국회의 역할이 거의 없었는데 민주화 이후에는 국회의 역할이 상당히 커졌습니다. 예컨대 1988년에 진행되었던 광주 청문회의 경우, 미국에 답변을 요구하는 상황까지 전개되었거든요. 그런 부분에서 한국 외교정책 틀의 민주화라는 점을 살펴볼 필요가 있습니다. 또한 저는 개인적으로 자주라는 용어는 사용하는 사람에 따라서 다른 의미를 갖는다고 생각합니다. 박정희 정부에 썼던 자주와 노무현 정부에서 썼던 자주의 의미는 조금 다르지요. 특히 노무현 정부가 집권하기 전까지의 기본적인 남북 관계 및 외교정책의 틀은 기본적으로 6·23선언을 했던 쪽과 그걸 반대했던 쪽 사이에 분기점들이 있었고, 그것들이 김대중 정부까지도 계속된 측면들이 있었다고 생각합니다. 그런데 노무현 정부 와서는 조금 바뀐 틀이 있었다고 생각합니다.

우승지: 민주화 이후 한국 외교의 변화와 남북 관계 연구의 중요성

　개념적·이념적 차원에서 민주화 이전과 이후의 한국 외교의 양태가 다를 것이라고 생각합니다. 민주화가 한국 외교에 있어서 긍정의 힘으

로 작용하는 요인도 있고, 부정의 힘으로 작용하는 요인도 있습니다. 부정의 힘으로 작용할 때는 보수-진보 갈등으로 인해 중구난방이 되어, 통일된 힘으로 외교정책을 추진하기 어려워지는 단점이 있는 반면, 대중의 힘과 여론을 활용해서 더 자신감 있게 외교정책을 추진할 수 있도록 하는 긍정의 힘으로도 작용할 수 있다고 생각합니다. 미국에서는 행정부가 주로 외교를 담당하지만, 미국 의회도 헌법이나 예산과 관련하여 외교에 대한 여러 권한을 갖고 있습니다. 마찬가지로 우리나라도 국회가 지금보다 더 폭넓은 차원에서 외교에 긍정적인 작용을 했으면 합니다.

박정희 대통령, 노무현 대통령 모두 국제정치나 동아시아 지역질서에 대한 많은 생각과 또 높은 이해도를 갖고 있었다고 생각합니다. 박정희 대통령은 아시아-태평양에서 반공전선을 만들려고 했고, 반공전선을 만들어서 미국을 붙잡으려는 시도도 하였고요. 박정희의 자주는 미국의 닉슨 독트린 이후에 탈아시아(완전한 탈아시아는 아니지만) 정책에 대한 대응으로서 실행한 것이 많았고요. 노무현 대통령은 30년이 지난 이후에 집권해서 한국의 국력이 많이 신장된 상태에서, 즉 한미 간의 국력 차이가 줄어든 상태에서 자주를 얘기했던 것 같고요. 노무현 대통령은 동북아 질서에 있어서 한국이 통일이 되면 주변 강대국에 주눅 들지 않고 하나의 축이 될 수 있으며, 그런 방향으로 나아가야 한다는 구상을 갖고 있었던 것 같습니다.

탈냉전과
중국의 부상

요약

박철희

서울대 국제대학원 교수

차태서 교수는 "탈냉전 시기 미국의 대외전략과 동아시아: 단극구조와 자유주의 국제질서"에서 냉전 종식 이후 30년 동안 전개된 주요 담론의 흐름을 돌아보고, 미국 대외전략의 변화를 10년 단위로 분석한 후, 중국과 북한을 중심으로 미국 동아시아 전략의 변동을 살펴보고 있다. 차 교수는 냉전 종식 직후 미국의 단극구조와 자유주의 국제질서가 계속될 것이라는 낙관론이 최근 들어 비관론으로 바뀐 것은 미국의 자유패권 프로젝트가 실패했기 때문이라고 주장한다. 그에 의하면 미국의 '제국적 과잉팽창(imperial overstretch)'이 그 원인이라고 진단하고 있다. 아프가니스탄에서의 미군 철수와 탈레반 레짐의 재부상이 제3세계에서 자유주의국가건설 프로젝트의 파산을 상징한다면, 러시아의 우크라이나 침공은 유럽 대륙에서 자유주의적 정치경제체제의 확장 시도가 직면한 역효과를 대표한다고 본다. 차 교수에 따르면 탈냉전 시기 미국의 자유패권 프로젝트는 3단계로 진화하였다. 1990년대 클린턴 행정부는 '신세계질서(New World Order)' 구축을 위해 '관여와 확장(engagement and enlargement)'을 추진했다. 2000년대 조지 W. 부시 행정부에서 네오콘들이 자유패권 프로젝트를 위한 군사주의적 일방주의를 구사하였다. 그러나 2008년 미국발 금융위기 이후 오바마 행정부가 '제국적 과잉팽창'이 초래한 위기 국면에서 벗어나기 위해 재균형(rebalancing) 정책을 도입한 후 트럼프 대통령이 중국 견제 정책을 본격적으로 실시하였다. 미국의 대외전략의 변화가 동아시아에서도 그대로 나타났다. 미국이 탈냉전 전반기에는 동아시아에서 자유패권 전략을 구사했으나 후반기에는 현실주의 장벽에 직면하였다. 특히 2010년대에 미국의 동아시아 전략의 변화가 나타났던바, 중국의 경우 오바마 행정부는 종래의 관여와 확장 정책의 실패를 인정하고 대중 견제를 시작하였다. 한편 북핵 문제는 다극체제의 등장, 북핵 고도화로 인해 이제 미국의 북한 비핵화 정책에 변화가 필요한 시기가 도래했다고 차 교수는 판단한다.

박철희 교수는 "탈냉전 시기 일본의 보통국가화와 한미일중(1990년대-2010년대)"에서 이 시기 일본의 국가전략은 기본적으로 보통국가화의 길을 걸었다고 한다. 구체적으로 1990년대에 일본은 중국과 한국이라는 두 인접국가와의 화해와 포용을 시도하는 한편, 북한과의 대립축을 강화하면서 이를 고리로 미일동맹을 점차 지역적으로 확대해 가는 전략을 구사했다. 2000년대 초반 고이즈미 정권은 9·11을 계기로 한반도와 동북아에 한정되었던 주변 사태 개념을 지리적으로 확대하여 일본 자위대가 국제안보에 관여할 수 있는 틀을 만들어 냈다. 아시아 지역 국가들에 대한 다자적인 관여도 늘어났다. 반면, 고이즈미 정권 시기 일본은 동북아 국가들과는 양자 관계에서 지속적으로 대립하는 양상이 지속되었다. 2010년 무렵 일본의 대외정책은 코페르니쿠스적인 전환이 일어난다. 위협의 대상이 북한보다는 중국으로 급격히 이동했다. 아베 총리는 '강한 일본을 되찾아 오겠다'는 구호 아래 일본을 본격적인 보통국가로 만들려는 행보를 이어갔다. 반면, 미일동맹과 인도-태평양 지역의 뜻을 같이하는 국가들과의 우호적 관계는 심화시켜 나갔지만, 중국, 한국, 북한을 포함한 동북아 국가들은 사실상 타자화하면서 갈등 관계를 팽팽하게 유지해 나갔다. 아베 시대에 접어들어 전후 일본의 외교적 속성은 변화하였다. 소극적 평화주의 노선에서 적극적 행위자이자 발신자로의 역할 변화와 함께 미일동맹을 강화해 나가면서 우호국 네트워크 확대를 통한 적극적 현실주의 정책을 추진하고, 아시아 국가들을 타자화하는 것을 두려워하거나 미안해하지 않는 모습이었다.

김한권 교수는 "탈냉전 시기 중국의 대외전략과 한미일중(1990년대-2020년대)"에서 지난 30년간의 중국의 대외전략 변화를 분석했다. 냉전 종식 직후 중국은 덩샤오핑의 '도광양회(韜光養晦)'를 바탕으로 이정표적인 전환을 보였다. 덩샤오핑은 천안문 사태의 유혈진압 이후 한국과의 수교와 일본과의 관계 개선으로 돌파구를 찾은 결과, 1990년대 장쩌민 정부에서 중국은 고도 경제성장을 통해 '부상(浮上)'하였다. 1996년에 '신안보관'을 주창하고 다극화를 통한 신국제질서의 건설과 함께 '책임대국'의 위상을 추구했다. 2000년대 후진타오 정부에서 중국은 G2로 부상했다. 2000년대 중반부터 미국의 대중국 헤징 전략이 점차 구체화되자, 비판적인 시각을 완화시키기 위해 '화평발전(和平發展)'의 새로운 개념을 제시했다. 2008년 8월 베이징올림픽의 성공적 개최 이후 민족주의적인 요구가 높아진 반면, 미국이 금융위기에 빠진 상황에서 중국은 주변지역을 중심으로 자국의 영향력 확대를 시도했다. 미중 '신형대국관계(新型大國關係)'의 개념이 구체적 표상이다. 2012년 이후 시진핑 시기 중국의 대외전략은 '분발유위(奮發有爲)'로 정의할 수 있다. '중화민족의 위대한 부흥'이라는 '중국의 꿈(中國夢)'을 대내외에 천명했다. 중국은 대외정책으로 미중 '신형대국관계'를 중심으로 하는 대국외교, '운명공동체(命運共同體)'의 개념과 '일대일로(一帶一路)'를 중심으로 주변외교 및 개발도상국 외교에 정책적 역량을 집중했다. '주변외교' 정책을 중시하는 모습도 나타났다. 집권 2기 시진핑 주석은 '중국 특색의 대국외교'를 내세우며 '중국 특색의 강군의 길'을 견지하고, '국방과 군대 현대화'를 위한 군 개혁도 지속하였다. 시진핑 지도부 3기의 출범을 알렸던 2022년 20차 당대회에서 미국과의 전략적 경쟁에서 우위에 서려는 의지를 표명했다.

박원곤 교수는 "탈냉전 시기 북한의 대외정책: 실리외교와 적대외교의 부정교합(1990년대–2010년대)"에서 이 시기 북한 외교는 실리외교와 적대외교를 반복하는 행태를 보이다가 결국 적대외교로 귀착했다고 분석한다. 냉전 종식 직후 북한은 위기 국면에서 고립을 탈피하기 위해 실리외교를 선택하여 한국, 미국, 일본 등과 관계 개선에 나서게 된다. 하지만, 북한은 결국 핵을 선택하여 1993년 3월 핵확산방지조약(NPT) 탈퇴를 선언하고 1차 핵위기에 돌입한다. 이 시기 북한은 핵을 체제 유지와 협상용의 이중 용도로 활용하였다. 1998년 공식 출범한 김정일 체제는 '고난의 행군'으로 대표되는 극심한 경제난에 직면하여 체제 생존을 위한 정책에 주력한다. 2000년대 대외정책에서 가장 큰 변화는 대남관계를 개선한 것이다. 1998년 등장한 김대중 정부가 북한과의 상호공존과 경제협력을 중시하는 햇볕정책을 추진하자, 북한은 2000년대 초 대미 관계 개선에도 나서고 일본과의 관계정상화도 모색하였다. 다수의 서방국가와도 국교를 정상화했다. 2000년대 초 북한이 전방위 실리외교를 시도하는 상황에서 북한의 고농축 우라늄 프로그램이 노출되면서 6자회담에 참여하여 '9·19공동성명'을 채택하였다. 하지만, 이 시기 북한은 핵을 흥정의 대상이 아닌 보유 자체를 목표로 하는 방침을 굳히게 된다. 그러면서 2000년대 북한은 한국을 경제 재건을 위한 협력자로 삼았다. 김정은 체제는 2012년 출범 직후 미국과 2·29합의를 통해 실리외교를 시도했으나 장거리미사일 발사로 다시 적대외교로 돌아섰다. 그리고 전통적 우방국인 중국과 2012년부터 2017년까지 역대 최악의 갈등 관계를 경험한다. 그 후 2018-2019년은 전후 처음으로 미북 간 정상회담이 3차례 개최되고 남북정상회담도 3차례 개최되었으나, 2019년 2월 미북 하노이 정상회담이 결렬된 후 적대외교가 지배하는 양상으로 귀착되었다. 그해 12월 북한은 핵능력을 최대한 고도화하는 대미·대남 장기 대립전인 '정면돌파전'을 선언하기에 이른 것이다. 결국 북한이 핵을 포기하지 않는 한 북한 실리외교는 성공할 수 없는 구조이다.

제 14 장

탈냉전 시기
미국의 대외전략과 동아시아:
단극구조와 자유주의 국제질서

차태서

성균관대 정치외교학과 교수

I. 탈냉전 30년 역산하기

　이 글에서는 '탈냉전 30년의 위기'라는 분석 프레임을 통해 단극구조 하에서 자유세계 질서가 어떻게 영고성쇠를 겪었는지에 대해서 분석해 보고자 한다. '탈냉전 30년의 위기'라는 표현에서 쉽게 짐작할 수 있듯이, 필자가 동 시대사 30년의 기간을 탐구하는 이론적 시각은 영국의 역사학자이자 고전 현실주의 국제정치이론의 태두인 에드워드 핼릿 카 (E. H. Carr)의 『20년의 위기(*The Twenty Years' Crisis*)』에 근거해 있다. 잘 알려진 것처럼 E. H. 카는 양차 대전 사이의 전간기(interwar period), 즉 1919년부터 1939년까지의 시기를 분석하였다. "첫 10년간에는 온갖 희망에 차 있다가, 그다음 10년간에는 엄청난 절망으로 급전직하"한 시대라고 총평하였다. 이 거대한 격변의 시기와 우리가 살아온 공산진영 붕괴 후 30년 시대 간에 일종의 평행성을 발견하게 되는 이유는 단순한 역사적 비유 차원을 넘어서서 다음과 같은 공통점이 있기 때문이다. 첫째, 구조적 차원에서 패권 이행의 문제, 또는 그 이행 과정에서 대공위(interregnum) 상황이 도래했으며, 둘째, 자유주의 프로젝트가 갖고 있는 근본적 모순의 내파 발생 등이 전간기에도, 그리고 지금에도 유사한 방식으로 우리가 겪고 있는 전반적 위기 상황을 만들어냈다는 것이다. 이런 맥락에서 탈냉전 시대를 구조적으로 이해하기 위해서는─일정한 현재주의적 오류의 위험을 감수하고서라도─지난 30년을 역산해 보는 방법을 취해 볼 수 있다. 다시 말해, 지금 상황에서 무엇이 내파(內波)되고 있는지, 또는 무엇이 깨져 나가고 있는지를 올바로 짚어 낼 수 있다면 탈냉전 30년의 시기가 세계사적 차원에서 어떤 것이었는지 그 의미를 제대로 이해할 수 있을 것이다.

이런 맥락에서 지난 세기전환기에 서구 공론장을 풍미했던 주요 국제관계 관련 논의들을 회고해 보면, 묘한 이질감을 느끼게 된다. 일극적 계기(unipolar moment)라는 물적 토대 위에 소비에트 진영 몰락과 걸프전쟁 완승 이후 승리주의적 분위기가 만연하였고, 평화와 번영의 장밋빛 미래를 제시하는 다양한 이론이 이 시기에 범람하였다. 미국 우위의 단일 헤게모니가 안정적으로 계속될 것이라는 주장과 함께 세계화로 통합된 상황에서 강대국 간 분쟁은 소멸할 것이라는 예측이 대세를 이루고, "아직도 현실주의자가 존재하는가"란 식의 조롱 섞인 비판도 출현했다. 그리고 1990년대 대표적 슬로건으로서 '역사의 종언론'이 잘 보여 주듯, 당대의 낙관적인 세계가 오래도록 지속될 것이며, 나머지 나라들이 더욱더 미국을 모방하고자 열망하고, 그렇게 동화할 것이라는 역사철학적 예언이 이 서사들에 잠재되어 있었다.

그러나 오늘날 우리는 올라프 숄츠(Olaf Scholz) 독일 총리가 이름 붙였듯 '전 지구적 시대전환(global Zeitenwende)'을 목격하고 있다. 이 대변환의 근저에는 팍스 아메리카나의 종식, 즉 일극체제의 종료라는 극성(polarity) 변동이 자리 잡고 있다. 환언하면, 기성 패권 질서가 중국·러시아 등과의 전략경쟁체제로 탈바꿈함에 따라 미국 주도 자유세계에 거대한 요동이 발생하고 있다. 역설적인 사실은 이와 같은 거대 변화가 일극시대 미국의 자유승리주의적 구상이 초래한 과잉확장

(overreach)의 모순적 산출물이라는 점이다. 마치 구소련의 궤적처럼 미국 또한 스스로의 무게에 짓눌려 내파되는 과정을 밟아 온 셈이다.

이 같은 배경에서 2020년대가 두 전쟁에 대한 에피소드로 개시된 것은 세계체제의 현 국면을 탐구하는 일에 있어 중대한 의미를 가진다. 2021년 중반, 전격적으로 단행된 아프가니스탄에서의 미군 철수와 탈레반 레짐의 재부상, 그리고 2022년 초 러시아에 의한 우크라이나 침공 등은 지정학 영역에서 미국의 퇴각과 일극시대의 종료를 다시 한번 확증하였다. 특히 두 사건이 모두 탈냉전기 워싱턴이 추진한 자유패권 프로젝트가 한계에 직면해 발생한 결과라는 점에서, 각 사건은 현 세계질서 요동의 증상(symptom)으로서 독해되어야 한다. 다시 말해, 주변과 중심에서 각기 진행되어 온 자유승리주의에 토대를 둔 미국 주도의 '세계혁명'이 지역의 반발(backlash)에 맞닥뜨려 실패한 후과가 카불 함락과 러시아-우크라이나 전쟁 발발이라는 모습으로 나타난 것이다. 전자가 제3세계에서의 현대국가 건설 프로젝트의 파산을 상징한다면, 후자는 유럽 대륙에서 자유주의적 정치경제체제의 확장 시도가 직면한 역효과를 대표한다.

보다 자세히 살펴보면, 첫째, 2001년 9·11사태에 대한 맞대응으로 동년 10월 시작된 아프가니스탄 전쟁은 그 후 무려 20년간 계속됨으로써 미국 역사상 가장 오래 수행된 전쟁으로 남게 되었다. 이는 미국의 본격적 개입과 철수를 기준으로 대략 10년간 지속된 베트남전(1964-1973)의 기록을 훨씬 넘어서는 것이다. 미국은 무려 2조 2천억 달러가 넘는 예산을 투입하였고, 전쟁이 낳은 사망자는 미군 2,400여 명을 포함해 24만 명을 넘어선 것으로 추정된다. 그 같은 희생에도 불구하고 워싱턴이 추구한 주요 전쟁목표(탈레반 소멸과 자유민주주의 체제 이식)는 결국 하나도 제대로 달성하지 못했다. 사실상 미국이 수립한 것과 마찬가지인 '아프가니스탄 이슬람 공화국'은 그 긴 기간의 지원에도 불구, 미군이 철수한 직후인 2021년 8월 15일 카불 함락과 함께 흔적도 없이 사라져 버렸다. 특히 아프가니스탄은 현재에도 대표적인 취약국가이자 마약국가(전 세계 최대 아편·헤로인 생산국) 상태에 머물러 있을 뿐만 아니라, 급진 이슬람 세력도 부활해 재집권에 성공하였다.

그렇다면 2001년 매우 신속하게 탈레반 정권을 퇴출시킬 수 있었던 미국이 결국 패배해 버린 이유는 무엇일까? 아프가니스탄 전쟁은 미국 대외정책을 결정하는 '기득권층'의 근본적 신념인 민주주의 수출론에 토대를 둔 현대판 '문명화 사명'의 기획이었다고 볼 수 있다. 국제관계 안정을 해치는 야만적인 독재정권을 무력을 동원해 타도한 후 미국의 후원하에 민주주의 체제를 이식하면 제3세계의 평화와 번영을 달성할 수 있다는 믿음이 아프간전의 철학적 정당성을 구성하였던 것이다. 하지만 주변부에 대한 인종주의적 편견과 무지에 토대를 둔 거대 사회공학(social engineering)의 실험은 미국 현대외교정책사의 오래된 실패 사례를 또 한 번 반복하는 결과를 낳았을 뿐이다. 자유민주주의가 작동할 수 있는 환경이 부재한 지역에 인위적으로 단기간에 외래의 체제를 이식할 수 있다는 순진한 구상은 그 자체로 실현 가능하지 않았을 뿐만 아니라, 외세의 개입에 반대하는 현대 민족주의의 저항력을 전혀 계산하지 않은 경솔한 처사였다.

아울러 아프간 전쟁은 '제국적 과잉팽창(imperial overstretch)'의 전형적인 사례였다. 대전략의 효율성 차원에서 평가할 경우, 탈냉전기 일극체제를 구가하던 미국이 불필요한 사업으로 소중한 역사적 기회를 낭비해 버린 대표적 결과라고 정의될 수 있다. 특히 현실주의적 관점에서 보면, 9·11사태 이후 지속된 소위 '전 지구적 테러와의 전쟁'은 사활적이지 않은 주변부 국가건설에 매진하다 훨씬 더 중차대한 문제인 '중국굴기'를 간과해 다극질서로의 이행을 허용해 버린 사건이다. 더구나 워싱턴의 세계적 신뢰도와 패권적 지위를 심히 침식하였다는 점에서 급진이슬람 세력은 비록 단기적으로는 패배했지만, 장기적으로는 성공했다고 평가할 수 있다.

둘째, 현재 진행 중인 우크라이나 전쟁 또한 미국에 의한 민주주의 확대 사업이 좌초한 것으로 해석될 수 있다. 물론 워싱턴의 탈냉전기 대유럽 정책의 중심축인 나토의 동진은 여러 요인이 합쳐진 전략적 조건하에 가능해진 선택지였다. 우선 강대국 관계에 있어 미국은 구공산권 소멸 후 전 세계 어느 나라도 대적할 수 없는 절대적 국력을 보유하게 되었고, 러시아는 미국의 이니셔티브에 아무런 이의를 제기할 수 없을 만큼 약화된 상태였다. 또한 통일 독일의 미래와 관련된 불확실성 때문에 서유럽 국가들은 미국이 소련 붕괴 후에도 자신들에 대한 안전 보장을 계속해 주길 요청하였을 뿐만 아니라, 동유럽 나라들 역시 러시아가 재부상하는 만약의 사태에 대비해 미국이 자신들에게까지 안보 공약을 확대해 주길 희망하였다.

하지만 우크라이나 전쟁이 발발한 오늘날 우리가 초점을 두어야 할 사실은 북대서양조약기구 확장이 어디까지나 워싱턴의 주체적 '선택'에 의해 채택된 정책이었다는 점이다. 그리고 회고해 보건대, 이와 같은 미국의 결정은 러시아를 포용해 유럽 대륙 전체를 포괄하는 초국적 안보 기제를 건설할 기회를 날려 버리는 결과를 가져오고 말았다. 이로써 유럽은 여전히 미국에 일방적으로 안보를 위탁하고 있는 상태로 남게 되었고, 자신의 국경선 바로 앞까지 미국 주도의 거대 안보기구가 다가왔다는 사실에 위협을 느낀 모스크바는 기존 유럽안보질서를 전복시킬 수정주의적 전략을 추구하게 내몰림으로써 현재와 같은 신냉전적 상황이 초래되었다. 기실 20세기 말부터 조지 케넌(George Kennan)을 위시한 여러 현실주의자들은 이미 나토의 동쪽으로의 팽창이 '비극적 실수'가 될 것이라고 경고하였다. 냉전이라는 대규모 분쟁 종료 이후에 체결된 열강 간의 지정학적 타결안(settlement), 즉 이른바 '1인치' 구두 약속(나토가 동쪽으로 1인치도 확장하지 않겠다)이 경시되었을 때 나타날 후과, 즉 '크렘린의 피해의식 팽배'에 대해 우려했던 것이다.

그렇다면 왜 미국은 나토의 동진이라는 논쟁적인 선택을 내렸는가? 이 질문에 대해서도 앞서 아프간 사례와 같이 이른바 '미국의 사명'이라는 자유주의 프로그램의 역사철학적 원칙이 부각될 필요가 있다. 냉전 종식 후 '봉쇄'라는 익숙한 지침을 상실한 워싱턴이 신시대의 대전략을 구상해 가는 과정에서 원래 자신의 예외주의와 잘 맞는 '자유패권' 서사가 대외정책 공동체에서 담론적 우위를 차지하게 되었다. 일극이라는 역사적 호기를 오래 유지하기 위해 진력하면서 전 세계를 미국의 자유주의적 형상에 맞게 변화시키는 대전략을 추진할 것을 결단하였던 셈이

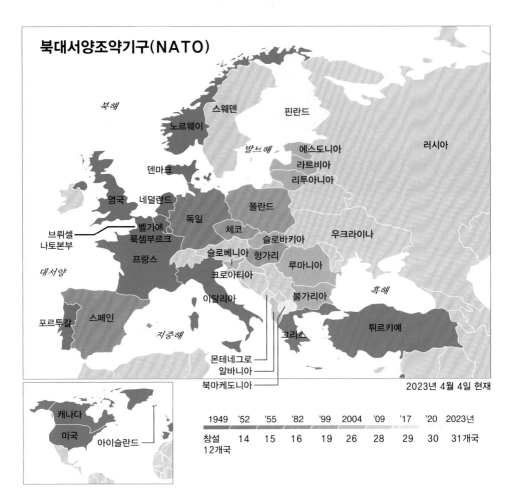

북대서양조약기구(NATO)

2023년 4월 4일 현재

	1949	'52	'55	'82	'99	2004	'09	'17	'20	2023년
창설 12개국		14	15	16	19	26	28	29	30	31개국

자료 1
NATO(북대서양조약기구)의 확장. 출처: 연합뉴스(일부 변형).

제4부 탈냉전과 중국의 부상
한미일중 100년 II: 냉전 해체와 중국의 부상(1970-2023)

다. 그리고 그와 같은 정책목표 완수를 위한 옵션 중 하나로서 나토의 동진이 탈냉전 초기 워싱턴의 외교 커뮤니티에서 논의되었다. 즉, '칸트의 삼각형 도식'—민주주의, 상호의존, 국제기구—에 사상적 기초를 둔 채 북대서양조약기구의 동진이 유럽에서의 안보, 자유시장경제, 민주적 선거제도 등을 확대, 공고화하는 중요한 계기가 될 것이라는 레토릭(rhetoric)이 동력을 얻었다.

나아가 나토 참여를 희망하는 동유럽 나라들의 요청을 받아들여야 '제2의 얄타'라는 죄를 미국이 범하지 않게 될 것이라는 역사적 비유도 정책 선택 과정에서 중대한 영향을 끼쳤다. 만일 동맹체의 문호를 개방하지 않는다면, 이오시프 스탈린(Iosif Stalin)의 강압과 현실정치(realpolitik)의 명령에 굴복해 제2차 세계대전 후 동유럽 국가들을 위성국가화시켰던 오류를 답습하게 될 것이라는 경고였다. 이는 과거 지키지 못한 마셜 플랜의 약속을 지킬 수 있는 역사적 기회가 다시 도래한 것으로, 나토 가입을 허용함으로써 동구권에 자유세계 질서의 혜택을 제공해 줄 수 있다는 주장으로 연결되었다. 환언하면, 나토의 확대 여부가 새로운 시대의 국제정치 원칙이 과거의 제국주의와 권력정치를 극복하고 규칙기반질서로 나아가는 리트머스 시험지라는 논리가 힘을 얻었다. 결국 탈냉전기 미국 대외정책의 '원죄'로서 나토 팽창 결정은 워싱턴 기득권층의 컨센서스로 출현한 자유주의적 '거대 환상'이 만들어낸 참극으로서, 현 우크라이나 위기 발생에 중요한 환경적 요인을 제공하고 말았다.

추가하여 2010년대 중반 이후, 대서양 세계에서의 포퓰리즘의 부상

역시 기존 신자유주의적 세계화의 모순들이 빚어낸 결과라는 점을 특기할 필요가 있다. 신자유주의가 가져온 경제적 불평등의 확대가 중산층의 추락과 불만을 야기하여 포퓰리즘의 온상이 되었다. 이런 상황들을 종합해서 지금 2020년대 초반의 시점에서 반추해 본다면, 물질적 차원에서의 단극체제 성쇠가 어떻게 이념적 차원에서의 자유승리주의적 컨센서스의 부침을 가져왔는지가 지난 30년간 우리가 목도해 온 탈냉전사 드라마의 핵심이라고 정리할 수 있다.

II. 탈냉전 시기 미국 대외전략의 흐름

이제 다시 탈냉전 시대 초기로 돌아가 지난 30년간 미국 대외전략의 흐름을 10년 단위로 끊어서 살펴보고자 한다. 이는 대략 개별 행정부의 임기와도 포개지는 시기 구분 방식이다. 첫째, 예기치 못한 소련의 몰락으로 시작된 탈냉전의 국제질서는 주적이 사라진 미국의 대전략 수립에 혼란을 야기하기도 하였지만, 다른 한편으로 커다란 기회를 제공하기도 하였다. 근대 국제체제 역사상 유례가 없는 단극체제의 도래는 미국이 원하는 것을 상대적으로 자유롭게 실현해 나갈 수 있는 우호적 대외환경을 의미했다. 즉, 무정부적 국제체제의 구조적 제약이 상대적으로 약화된 상황에서, 미국은 자신의 외교적 이념을 적극적으로 전 세계에 투사하고 세계질서를 자신의 이미지대로 변형해 갈 수 있는 역사적 기회를 맞이하게 되었다. 대항 강대국이 사라진 덕분에 수정주의적인,

혹은 혁명적인 미국의 대전략을 견제할 수 있는 세력이 부재했던 것이다. 1990년대는 기본적으로 빌 클린턴(Bill Clinton) 행정부가 조형해 나갔는데, 앞서 언급했다시피 이 시절의 시대정신은 '역사의 종언론'으로 요약 가능하다. 후쿠야마가 얘기했던 것처럼 미국의 정치체제와 경제 시스템, 즉 자유민주주의와 자유자본주의로 인류의 이데올로기적 진화가 완성되었기에, 그것을 전 세계로 확산하는 것이 앞으로의 역사가 될 것이라는 식의 거대서사가 유행하였다. 냉전 종식 후 미국 외교정책의 총노선도 새롭게 기획된바, '신세계질서(New World Order)'와 '관여와 확장(engagement and enlargement)' 같은 것들이 바로 당시의 시대정신을 반영한 독트린이었다. 그리고 그러한 총론이 실제로 지정학적 차원에서 적용되었던 대표정책으로 나토의 동진을 예로 들 수가 있을 것이며, 경제적인 차원에서는 신자유주의적 합의를 전 세계적으로 확산시키는 것이 1990년대 미국 경제외교정책의 기초를 형성하였다.

둘째, 조지 W. 부시 행정부가 들어선 2000년대는 미국의 자유패권 프로젝트가 가장 절정에 달했던 시기이다. 2001년의 9·11테러는 미국 주도의 자유국제질서에 대한 '역풍(blowback)'으로 해석될 수 있었으며, 미국의 개입주의적 국가전략 전반에 대한 반성을 촉구하는 계기로 인식될 여지도 존재했다. 하지만 전 지구적 테러리즘과 이를 후원한다고 주장된 '악의 축'을 안보화 대상으로 삼으며 외교정책의 주도권을 장악한 신보수주의자들(neo-conservatives)은 이 역사적 국면을 세계 정치질서의 변혁을 재차 가속화하는 기회로 삼았다. 부시 정권은 스스로를 미국의 정체성과 역할을 영구평화로의 세계사적 진보를 이끄는 '혁

명' 주체이자, '야만적' 이슬람 근본주의자들에 맞서는 '문명' 세력으로
정의 내렸다. 이런 면에서 이라크에의 선제공격을 통해 실행에 옮겨진
이른바 '부시 독트린'은 세계질서의 민주적 변혁을 추구한다는 점에서
기존의 자유국제주의 전통을 따르면서도, 다자주의 외교나 전쟁법 등
의 자유주의 규범을 경시하고 강한 군사주의적, 일방주의적 면모를 띤
다는 점에서 윌슨주의의 불완전한 계승을 의미하였다. 그러나 근대 국
제체제를 초월하여 탈근대적 '제국'을 구축하려 했던 네오콘 주도의 '부
시 혁명'은 그리 오래 지속되지 못했다. 민주평화론과 자유방임 자본주
의에 대한 확신은 중동전쟁의 실패와 2008년의 세계금융위기로 붕괴하
고 말았다. 이상주의적인 세계변혁 목표와 가용자원에 대한 비현실적
계산에 기반한 일방주의 전략이 위험스러운 비율로 혼합된 '외발이 윌
슨주의(one-legged Wilsonianism)'는 패권국가로서의 미국의 연성,
경성 권력 기반을 모두 크게 침식하고 말았다. 전 지구적으로 장기적인
경제침체(Great Recession)가 진행되는 가운데 무슬림 세계는 지속적
인 폭력의 악순환으로 빠져들어 갔으며, 미국의 지도력에 대해 많은 세
계인들이 의문을 제기하기 시작했다. 그런 와중에 중국의 부상이라고
하는, 일극체제 자체를 토대에서부터 침식하는 다극화의 흐름이 나타
나기 시작하였다.

마지막 2010년대로 넘어가면 미국 외교 환경의 또 한 번의 대전환이
버락 오바마(Barack Obama) 행정부 재임기부터 나타나기 시작한다.
이 시기는 전체적으로 국제정치 측면에서 다양한 '귀환(return)'에 대한
이야기들이 출현한 때이다. 보다 구체적으로 말하자면, 마치 오래 간

혀 있던 지니(Genie)가 요술램프에서 다시 나오는 것처럼 역사의 종언이라는 테제 속에 이제는 과거의 것, 사멸해 버린 것이라고 생각되었던 많은 현상들이 되돌아오는 듯한 양상을 보였다. 즉, 역사도, 지정학도, 강대국 정치도, 민족주의나 비자유주의 같은 반동적 이데올로기들도 귀환하였으며, 국내 정치적으로도 특히 서구 코어 지역에서 정치적인 양극화와 포퓰리즘이 부상했던 역사적 국면이 바로 2010년대이다.

결국 '제국적 과잉팽창'이 초래한 위기 국면에서 출범한 오바마 대통령의 8년 집권기는 미국 대전략에 있어 일종의 거대한 '재균형 (rebalancing)'의 개시를 의미했다. 미국 권력의 상대적 하강이라는 구조적 곤란에 봉착하여, 오바마 정권은 개입주의적 외교 독트린의 후과에 대해 재고하면서, 군사주의적 정권교체 전략의 폐기를 선언하였다. 2010년 공표된 『국가안보전략보고서』의 첫 페이지는 미국이 혼자서 전 지구의 난제들을 풀어 나갈 수는 없다는 사실을 강조하면서, 여러 나라들과의 협조, 즉 다자주의를 외교 노선의 주된 원칙으로 추구할 것임을 다짐하였다. 같은 맥락에서 소위 '카이로 선언'을 통해 "어떤 정부 체제도 다른 국가에 의해 강요받을 수 없으며 그래서도 안 된다"는 점을 명백히 하였다. 오바마 독트린을 설명하고자 한 여러 논의들은 '혼합', '절충', '실용' 등의 개념을 많이 사용했다. 비록 2차 대전 후 대전략의 합의된 토대인 자유국제주의의 큰 틀은 견지하되, 전 지구적 테러와의 전쟁의 실패와 대침체라는 거대한 도전에 대응하려는 오바마 행정부의 전반적 기조가 대외정책에 있어 현실주의적 색채를 가미하게 된 것이다. 일부에서는 이러한 절충적 성격을 부각해 '실용적 국제주의'라는 명칭을 오바마 독트린에 부여하였다. 다시 말해 국제주의를 여전히 추진하되 열의에 차 있기보다는 지쳐 있는 기색이 짙었기 때문에 오바마 정권의 대전략을 자유국제주의와 현실주의의 혼합물이라고 정의한 것이다. 실제 오바마는 아버지 부시(George H. W. Bush) 대통령 시절의 현실주의적 노선을 높이 평가하였고, 특히 당시 국가안보보좌관을 지낸 현실주의자 브렌트 스코크로프트(Brent Scowcroft)를 상찬했다고 알려져 있다. 이런 맥락에서 전임 부시 행정부의 제국적 과잉팽창 추구의 실패를 되풀이하지 않으려는 노력을 계속 기울였으며, 힐러리 클린턴(Hillary Clinton) 국무장관, 사만다 파워(Samantha Power) 유엔대사 등을 포함한 민주당의 주류파와 일정한 거리를 유지한 것으로 평가된다.

예를 들어, 2014년 시리아에 대한 '제한적' 개입 결정은 이와 같은 오바마의 실용주의적 노선이 적용된 중요한 사례이다. 독가스 살포를 통한 민간인 학살 등 바샤르 알아사드(Bashar al-Assad) 독재정권의 중대한 국제규범 위반이 폭로되었음에도 불구하고, 오바마는 미군의 직접 투입을 선택하지 않았다. 왜냐하면 시리아 전역에 그만큼 중요한 사활적 국익이 달려 있다고 판단하지 않았기 때문이다. 동일한 맥락에서 미국의 약화된 국력과 대규모 예산 적자 상황을 반영해 동맹국들에 책임분담(burden-sharing)을 강조하는 흐름도 오바마 정부 시기에 이미 표출되었다. 그럼에도 불구하고 오바마 대외정책 철학의 근저에는 자유나 인권 같은 미국적 가치의 수출이라는 자유패권의 기본원칙이 착근하고 있었다. 다만 그 총노선의 실제 집행에 있어 오바마 행정부는 여타 탈냉전기 정권들에 비해 훨씬 더 두드러진 자기 억제와 신중성을 보여 주었다.

한편, 2010년대부터 미국의 정치학계와 정책서클에서는 대외전략의 진로를 둘러싼 대논쟁이 발생했다. 한편에서는 현실주의적 관점에서 억제(restraint), 축소(retrenchment), 역외균형(offshore balancing) 등을 새로운 전략적 대안으로 주장하는 세력이 등장했다. 다른 한편에서는 탈냉전기 미국 대외정책에서 초당적 컨센서스를 형성해 왔던 자유패권 전략의 지속을 요구하였다. 미국 국력의 상대적 하강으로 인한 전 지구적 세력 배분의 변동이라는 구조적 조건이 정책학계에도 영향을 미쳐, 대전략의 근본 가이드라인에 대한 기성 합의를 약화시켰을 뿐만 아니라 매우 대조적인 담론 간 경쟁을 촉발한 셈이다.

III. 탈냉전 시기 미국 동아시아 전략의 변동

마지막으로 탈냉전 30년 시기를 정리하면서 이것이 미국의 동아시아 전략의 흐름에는 어떻게 적용되었는가를 살펴보고자 한다. 앞서 대전략 전반의 차원에서 30년의 궤적을 초반의 시기에는 자유패권 프로젝트가 가동되었다가 후반부에 와서 그것이 현실주의적인 벽에 부딪히는 과정으로 요약하였던바, 대중국 정책이나 대북한 정책에 있어서도 마찬가지의 상황들이 발생하였다. 다시 말해 단극시대에서 탈단극시대로의 이행에 따라 전혀 다른 성격의 대외전략 기조가 등장한 셈이다.

1. 대중국 전략의 궤적

  탈냉전기 초엽, 클린턴 행정부 시대 미국은 '관여와 확장'이라는 자유국제주의적 가정에 기초한 전략 패러다임을 대중정책에도 적용하기 시작하였다. 따라서 중국은 현실정치적 강대국 정치의 파트너가 아니라 '체제적 동화'의 대상으로 그 성격이 규정되었다. 즉, 공산권 붕괴 후 서구세계에서 크게 유행한 시대정신인 승리주의적 역사종언론을 철학적 토대로 하여 중국 레짐의 변경을 본격적으로 추진한 셈이다. 이로써 미국은 중국을 세계 자본주의 체제에 편입시켜 경제발전을 촉진하다 보면 중산층이 증가해 결국 정치적 자유화까지 달성할 수 있을 것이라는 근대화론적 가정을 기초로 대중국 외교정책을 집행하기 시작했다. 실제로 2001년 세계무역기구(WTO)에 가입 승인된 중국은 비약적인 고속 경제성장을 구가하며, 미국의 기대에 부응하는 듯 보였다.

  이어서 조지 W. 부시 행정부도 이러한 자유주의적 대중국 관점을 그대로 견지하였다. 가령, 2002년 연두교서에서 부시 대통령은 "테러라는 공동의 위협에 맞서 미중이 함께 협조하자"며 9·11 이후에도 자유세계질서의 수호를 위한 양국 간 협력이 지속될 것에 대한 기대를 표현하였다. 또한 로버트 졸릭(Robert Zoellick) 당시 국무부 부장관은 2005년 중국을 자유주의 세계질서의 '책임 있는 이해관계자(responsible stakeholder)'라고 지칭하였다. 이 시절 널리 퍼진 이른바 '차이메리카(Chimerica)' 개념도 중국을 신자유주의적 금융세계화의 (하위) 동반자로 인정하는 월스트리트(Wall Street)의 시각이 투영된 것이었다.

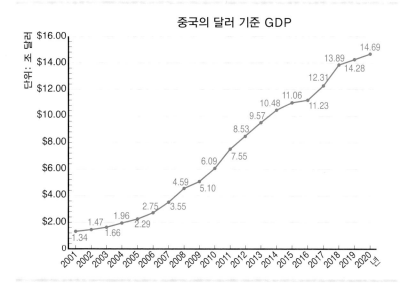

자료 2
중국의 GDP 성장. 자료 출처: 세계은행(World Bank).

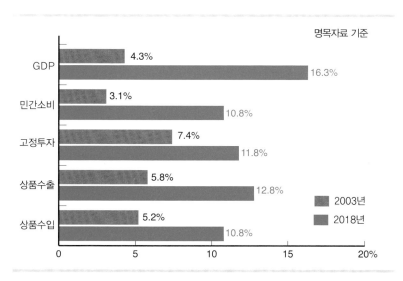

자료 3
세계 경제에서 중국 경제가 차지하는 비중. 출처: 연합뉴스(일부 변형).

하지만 탈냉전기 규칙기반 세계질서의 역사에서 중요한 전환점을 구성했던 2008년(부시 행정부 말기, 전 지구적 금융위기의 발발과 전 지구적 테러와의 전쟁의 실패 징후로 점철되었던 해)을 전후하여 미국의 대중국 정책 원칙에서도 다시 한번 구조적 변환의 조짐이 나타나기 시작했다. 오바마 행정부 시대부터 기성 '관여와 확장' 패러다임의 실패를 선언하고, 그 대안으로서 중국 봉쇄의 필요성을 강조하는 신정책 노선이 부상했던 것이다. 환언하면, 미국의 상대적 권력 약화 속에 예견되는 전략경쟁의 준비라는 시대적 임무가 새로운 대중국 정책의 핵심 화두로 출현하였다. 본격적인 의미에서의 봉쇄정책에는 미치지 못했지만, 이 시기 정권 수뇌부에 의해 반복적으로 제창된 '재균형' 혹은 '아시아로의 회귀' 같은 슬로건들이 대표적인 변화의 징후였다. 오바마 행정부 동아시아 전략 수립의 핵심 브레인으로 바이든 정권에서 '아시아 차르'로서 백악관 인도-태평양 조정관으로 복귀한 커트 캠벨(Kurt Campbell)도 오바마 행정부 당시 '회귀' 노선이 중국과의 전통적인 협력뿐만 아니라 새로운 경쟁까지 대비하는 혼합전략이었다고 밝힌 바 있다. 다만 그럼에도 불구하고 역시 근본적인 차원에서는 오바마 행정부에서도 여전히 자유 승리주의 패러다임이 건재하였고 역사 진보의 법칙을 신봉하였다는 점은 기억될 필요가 있다. 따라서 대중 정책의 기본 신조에 있어서도 경제 영역에서의 자유 전파가 자유주의적 정치 레짐의 수립으로 연결될 것을 굳게 믿고 있었다는 점이 강조되어야 한다. 정리하면, 오바마 정권 시기 중국정책에 있어 세력균형적 견제의 모습이 일부 관찰되기 시작한 것은 사실이나, 이전 행정부들과 마찬가지로 '책임 있는 이해관계자'로서 베이징이 '규칙기반 세계질서(Rule-based World Order)'의 수호에 기여할 것이라는 탈냉전기 자유국제주의 패러다임이 여전히 주된 정책 노선으로 관철되었다. 가령, 당시 클린턴 국무장관이 주도한 '환태평양 경제동반자협정(TPP)' 이니셔티브가 예시하듯, 경제적 상호의존성을 높여 지역 전체의 공동번영과 안정을 도모하는 자유제도주의적 접근법이 오바마 행정부 아시아-태평양 전략에서도 중핵을 구성하였다.

그러나 트럼프 행정부가 들어서면서 워싱턴 내 중국정책 서클에서 자유주의적 '관여' 여론보다 공세적 '봉쇄' 입장이 우위에 서는 담론 생태계의 변화가 뚜렷해졌다. 이와 같은 변동을 공식화한 문건이 바로 2017년 백악관이 발표한 『국가안보전략서』이다. 이 시대 전환적 문서에 따르면 중국은 더 이상 국가 간 협조의 대상이나 '신형대국관계'의 파트너가 아니라, 기성 자유국제질서를 전복하려는 의도를 지닌 '수정주의 (revisionist)' 국가로 재정의되었다. 미국과 중국 사이에 본격적인 경쟁이 벌어지고 있음이 선언된 셈이다. 이러한 새로운 전략 환경 규정에는 일종의 '배은망덕(背恩忘德)' 프레임이 깔려 있는데, 지난 탈냉전 시기 미국이 자비로운 은혜를 중국에 베풀어 경제성장의 기회를 관대하게 제공했지만, 중국공산당이 이러한 기대를 저버린 채 은혜를 원수로 갚았다는 정서가 워싱턴 정가에 초당적으로 유포된 상태였다. 같은 맥락에서 미국이 어리석게도 괴물을 키운 '프랑켄슈타인'이 되어 버렸다는 식의 자기반성적 한탄이 서구 경제학계에 출현하였으며, '차이메리카'라는 개념을 창조했던 니얼 퍼거슨(Niall Ferguson)의 경우, 두 강대국 간 공생 번영의 시기는 종식되었다고 진단하면서, 신냉전이 이미 개시되었음을 주장하였다.

이상의 배경을 고려해 볼 때, 우리는 비로소 왜 트럼프 정부가 전략적 지역 개념으로 '아시아-태평양(Asia-Pacific)'을 대체해 '인도-태평양(Indo-Pacific)'을 제시했는지 그 본의를 이해할 수 있다. 즉 이 신개념화에는 단순히 인도를 지역에 포함하는 수준을 넘어 지역정책의 군사화 및 중국 견제의 본격화라는 기본전략 차원의 패러다임 변화가 내재되어 있다. 새로운 지역 범주로서 '인도-태평양'은 본래 21세기 초 일본(과 호주)의 선도적 구상에서 기원한다. 그리고 트럼프 대통령이 임기 초 아시아 순방 도중 "자유롭고 열린 인도-태평양(Free and Open Indo-Pacific, FOIP)"이란 문구를 사용하면서 신흥 지정학 언어로 부각되었고, 이어 미군의 태평양사령부(USPACOM)가 인도태평양사령부(USINDOPACOM)로 개명되는 등 '인태'는 새로운 전략공간 개념으로서 그 입지를 다지게 되었다. 트럼프 행정부가 취한 아시아 정책의 원칙적 변환을 대표하는 용어로서 인태가 자리매김하게 된 셈이다. 정리하자면, 그동안 널리 사용되었던 '아태'가 다자간 제도 구축을 통해 경제적 상호의존성을 증가시키는 자유국제주의적 지역구상에 기초한 반면, '인도-태평양' 개념은 인도까지 대중국 세력균형연합에 포함시켜 중국의 군사력 증가와 소위 '반접근/지역거부(A2/AD)' 전략을 견제하고자 하는 지정학적 이니셔티브라는 점에서 큰 차별성이 존재한다.

그런데 트럼프 정권 말기 미중 관계는 우발적 변수의 등장으로 또 한 번의 변곡점을 경유하게 된다. 즉, 2019년 말에 발발한 코로나19 팬데믹 상황 속에서 두 강대국 간 패권 경쟁의 양상은 한층 격화된 형태로

자료 4
2019년 6월 오사카에서 열린 G20 정상회의에서 양자회담 시작과 함께 만난 트럼프 미
국 대통령과 시진핑 중국 국가주석. 출처: 연합뉴스.

진화하였다. 부정적 되먹임 관계처럼, 글로벌 전염병 위기의 지속이 양
자 관계의 갈등을 반영한 사태였을 뿐 아니라, 또한 그 긴장을 확대시
키는 증폭기 역할도 수행하였다. 대유행 초기부터 워싱턴과 베이징은
이전의 조류독감 유행이나 에볼라 사례 등과 정반대로 협력 대신 책임
전가 공방전을 벌였고, 경제의 안보화 논리를 추종하며 상호 간 경제
디커플링을 추진하였다. 코로나 사태에 대한 트럼프 정권의 대책은 미
국 내 백인 노동계급의 사회경제적 위기에 대한 대응과 매우 유사하게
기본적으로 '중국 때리기(China bashing)'에 기초해 있었다. 정권 차원
의 무능과 혼란 때문에 악화된 국내 보건 위기의 책임을 외부 타자인 중
국에 전가하는 전형적인 포퓰리즘 선동이었다. 가령, '중국(우한) 바이

러스'나 '쿵플루' 같은 인종주의적 용어를 동원하여 문제의 본질을 흐렸는데, 이런 식의 레토릭은 트럼프의 고별 연설에까지 등장하였다.

그러나 트럼프 행정부 말기에 보다 주목되는 점은 미중 갈등의 내용이 정치 레짐과 이념에 대한 경쟁으로 방향 전환했다는 사실이다. 중국과의 전면적 '체제' 경쟁으로 미국의 대중국 전략 내용이 변화했던 셈이다. 앞서 살펴보았던 것처럼 트럼프 정권은 출범 초기부터 대중 전략 경쟁에 시동을 걸었다. 그러나 초반부 대중국 담론은 그래도 대체로 현실주의 서사에 기초해 있었다. 다시 말해 신흥부상국 중국을 기성 미국 주도 질서에 불만을 가진 수정주의 국가로 정의하고 미중이 강대국 간 패권 경쟁 상태에 돌입했음을 강조하는 수준이었으며, 두 국가 간 경쟁의 핵심 전선도 무역 역조나 4차산업혁명 관련 테크놀로지 표준 문제 같은 경제 영역에 주로 펼쳐져 있었다.

하지만 팬데믹 시대에 돌입한 이후인 2020년에 들어 사용된 수사는 성격이 전혀 판이했다. 즉 관세나 기술 분쟁의 차원을 지나 자유민주주의 대 전체주의, 즉 총체적 이데올로기 갈등 수준으로 미중 관계가 악화되는 모습을 보였다.

한 가지 특징적 예시로서 트럼프 정권 말기 미국 수뇌부는 기존 통례와 달리 중화인민공화국(PRC) 대신 중국공산당(CCP), 국가주석(President) 대신 총서기(General Secretary)라는 명칭을 사용하여 상대가 자유민주주의 체제와는 공존할 수 없는 공산 권위주의 세력임을 강조하였다. 즉 의도적으로 이데올로기적 용어와 수사를 선택해 베이징 정권의 전체주의적 본질 자체를 비난하는 모습을 보였다. 냉철한 정치적 언어 대신 열정이 가득한 냉전 자유주의적 단어들이 동원됨으로써, 마니교적 이분법에 의거한 세계관이 미중 관계를 지배하게 되고, 미국의 대중국 전략 담론 수행에 있어서도 체제 갈등 수준에서의 중국 타자화(또는 더 심층적인 악마화) 작업이 본격화되었다. 요약하자면, 2018년경 관세 전쟁을 계기로 시작된 미중 양자관계의 악화가 코로나 시대를 지나며 '냉전 2'라고 정의 내릴 수 있는 수준으로 귀착되었고, 이러한 분위기는 오늘날 바이든 행정부에서까지 사실상 지속되고 있다.

2. 대북한 전략의 패러다임 변동

북한에 대한 미국의 전략 노선에 있어서도 위의 중국 사례와 비슷한 분수령이 2010년대에 후반 이후에 나타나기 시작하였다. 오늘날 미국의 대북한 전략의 변화를 분석함에 있어 한 가지 선행되어야 할 일은 북핵 문제가 발생한 탈냉전 초기와 현재 사이에 나타난 구조적 조건들의 변화에 대한 고찰이다. 북한 문제와 관련해 특히 중요한 두 가지 변동 요소는 전 지구적 세력 배분에 있어 다극체제가 부상하였으며 북한의 핵 보유가 거의 기정사실로 되었다는 점 등이다.

첫째, 세계정치의 패권 이행기 국면으로의 진입에 따라 북핵 문제의 성격이 근본적으로 변화하였으며, 북한 또한 새로운 구조적 조건에 맞춰 자신의 대전략을 전환하고 있다. 지난 탈냉전기 30년간 북핵 이슈는 미국 주도 자유세계 질서에 대항하는 불량국가(rogue state)의 문제로 규정되었다. 즉, 북한은 미국이 건설한 문명 표준과 국제사회의 주요한 규범을 어긴 문명 세계의 외부자(pariah)로 규정되었다. 이런 시각에서 보면 기본적으로 북미 관계에 존재하는 안보 딜레마의 상호성은 고려되지 않았다. 북한이 자유세계 질서의 규범을 어겨서 처벌해야 한다는 것이 주요 시각으로 자리 잡았기 때문에 북한은 정당한 외교 협상자로 간주되지 않은 것이다. 아울러 문제에 대한 해법으로 경제적 제재나 레짐 체인지 등 '처벌'이 추구되었다.

그러나 다극체제로의 이행과정에서 북핵 문제의 본질이 대량살상무기(WMD) 확산방지나 핵확산방지체제(NPT) 수호 같은 자유주의적 국제규범의 문제에서 미중 간 지정학적 체스게임의 일환으로 일정 정도 전환되고 있다. 2022년 3월 이래 모라토리엄을 깨고 북한이 대륙간탄도미사일(ICBM)을 포함한 다종다양한 미사일 발사를 재개하였고, 급기야 동년 11월에는 북한이 분단 이후 처음으로 북방한계선(NLL) 이남으로 탄도미사일을 발사하는 일까지 벌어졌지만, 중국과 러시아의 반대로 유엔 안보리의 규탄결의안조차 통과되지 못한 사실은 이런 점에서 매우 상징적이었다. 전후 미국 주도 자유세계 질서의 핵심 요소 중 하나인 안보 영역에서의 비확산규범이 깨져 나가고, 대신 강대국 간 경쟁논리가 북핵 문제의 향방을 좌우하는 상황이 출현했음을 고지한 셈이다.

김정은 정권 스스로도 강대국 정치 귀환의 맥락에서 자신의 문제를 재인식하면서 전략을 수정하고 있는데, 가령 "신랭전"의 도래 혹은 "일극세계로부터 다극세계로의 전환이 눈에 뜨이게 가속화되고 있음"을 강조하면서 한반도 차원을 넘어 지역의 군사적 균형 변화에 따른 군비 증강의 필요성을 언급하고 있다. 또한 미국의 폭로로 밝혀진 것처럼 북한은 우크라이나 전쟁에서 고전 중인 러시아를 돕기 위해 포탄을 지원하는 등 적극적으로 새로운 반미연대체의 구성을 획책 중이다. 이로써 북핵 문제는 국제사회에 의한 제재와 처벌을 통해 다루어지는 사안으로서만이 아니라 동아시아 역내의 강대국 간 정치의 갈등과 협상의 대상으로 변화하고 있다. 또, 북한 역시 주도적으로 이러한 지정학 게임에 북중러 삼국의 연합을 공고화하며 한미일에 맞서는 형태로 참여할 의지를 보이고 있다. 종합하면, 향후에도 북한은 중국과 러시아의 비호를 믿고 자신감 있게 여러 도발행위를 감행할 가능성이 높으며, 설령 7차 핵실험을 실시한다 하더라도 유엔 안전보장이사회에 의한 추가제재의 메커니즘은 제대로 작동하기 어려울 수 있다.

둘째, 북한은 2017년 이미 일정한 양의 핵무기와 대륙간탄도미사일(ICBM) 같은 운반체를 갖추고서 사실상의 핵무력 완성을 선언했다. 그뿐만 아니라, 2019년 초 하노이 정상회담 결렬 이후에는 한반도 비핵화 목표와는 완전히 거리가 먼 행보를 보이고 있다. 2019년 12월 채택된 이른바 '정면돌파전'은 여전히 현재진행형으로 남한과 미국 모두에 적극적으로 맞서는 강공 국면이 지속되고 있다. 특히 2022년 연초부터 미사일 실험을 연달아 진행하기 시작한 북한은 자신이 정한 시간표를 갖고서 트럼프 시기 공약한 약속들에 구애받음 없이 사실상의 핵보유국 지위를 얻기 위한 공세적 태세를 명확히 해 왔다.

가령, 2022년 1월 20일 김정은은 "선결적으로, 주동적으로 취하였던 신뢰 구축 조치들을 전면 재고하고 잠정 중지했던 모든 활동들을 재가동하는 문제를 신속히 검토"하도록 지시하였다. 그리고 동년 3월 24

일, 결국 화성-15형 대륙간탄도미사일을 다시 발사함으로써 스스로 부과한 모라토리엄을 파기해 버린 데 이어, 4월 25일 "우리 국가가 보유한 핵무력을 최대의 급속한 속도로 더욱 강화, 발전시키기 위한 조치들을 계속 취해 나갈 것"이라고 선언했다. 또 "우리 핵무력의 기본 사명은 전쟁을 억제함에 있지만 이 땅에서 우리가 결코 바라지 않는 상황이 조성되는 경우에까지 우리의 핵이 전쟁 방지라는 하나의 사명에만 속박되어 있을 수는 없다"고 선언했다. 그리고 급기야 9월 8일 최고인민회의는 법령 "조선민주주의인민공화국 핵무력 정책에 대하여"를 채택하여 선제 핵공격과 "비대칭 확전 전략"을 암시하는 매우 공격적인 핵 독트린을 대내외에 천명하기에 이르렀다. 보다 명확하게 김정은은 2022년 12월 26일부터 31일까지 진행된 조선노동당 중앙위원회 8기 6차 전원회의 확대회의 보고에서 핵무력 강화의 중요성을 강조하면서 "우리의 핵무력은 전쟁억제와 평화안정 수호를 제1의 임무로 간주하지만 억제 실패 시 제2의 사명도 결행하게 될 것"이라고 하였으며 "제2의 사명은 분명 방어가 아닌 다른 것"이라고 밝혔다(자료 5 참조). 이러한 핵전략의 변화가 전술핵과 같은 소형 핵무기 개발과 결합할 경우, 향후 남한과의 분쟁에서 북한이 핵을 실제 사용하는 상황으로도 이어질 수 있는 위태로운 사태 전개로 여겨진다.

아울러 최근 발발한 우크라이나 전쟁을 통해 부다페스트 안전보장각서(1994)가 쉽사리 무효화되는 것을 관찰한 북한은 핵무장 유지의 필요성을 더더욱 확신했을 공산이 크다. 이와 별도로 미국과 중국·러시아의 대결이 심화하는 가운데 국제사회의 제재 레짐이 약화되는 어부지리

김정은 국무위원장

남측을 **"의심할 바 없는 우리의 명백한 적"**이라고 규정한 뒤
현 상황은 **전술핵무기 다량생산, 핵탄 보유량의 기하급수적 증가**를
요구하고 있다면서 이를 기본 중심 방향으로 하는
'2023년도 핵무력 및 국방발전의 변혁적 전략' 천명

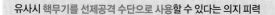

남측을 겨냥한 핵무기 전력 강화가 올해 국방전략의 핵심이라는 뜻

"우리 핵무력은 전쟁억제와 평화안정 수호를 제1의 임무로
간주하지만 억제 실패 시 제2의 사명도 결행하게 될 것"이라며
"제2의 사명은 분명 방어가 아닌 다른 것"이라고 강조

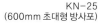

유사시 **핵무기를 선제공격 수단으로 사용할 수 있다는 의지 피력**

KN-25
(600mm 초대형 방사포)

- (2022년 마지막 날과 새 첫날 초대형 방사포 발사 관련)
  "남조선 전역을 사정권에 두고 전술핵 탑재까지 가능하다"
- 남측 향해 "무분별하고 위험천만한 군비증강 책동에 광분하는 한편,
  적대적 군사활동들을 활발히 하며 대결적 자세로 도전해 나서고 있다"

자료: 북한 조선중앙통신

자료 5
김정은이 언급한 남측 관련 주요 내용. 출처: 연합뉴스.

효과를 기대할 수 있게 되었다. 결국 미국의 비핵화 협상을 통한 대북 외교 관여의 공간은 갈수록 협소해지는 형국이다. 2022년 9월 김정은이 최고인민회의 시정연설을 통해 핵을 '국체'라고까지 정의하며 "흥정물이 될 수 없다"고 주장하였다. 특히 북한은 미국의 대북외교 목표를 정권교체라고 적시한 마당에 당분간 북미 간에 진지한 협상이 진행될 것을 기대하기는 어렵다. 따라서 한동안 북한은 빗장을 걸어 잠근 채, 한편으로는 남한과 미국의 정권교체를 기다리고, 다른 한편으로는 국방공업혁명 2차 5개년 계획에 따라 "전쟁 억제력을 질량적으로 강화하고 국가 안전을 위한 필수적인 전략 전술적 수단의 개발 생산을 더욱 가속화"하면서 비핵화가 아닌 군축협상의 유리한 고지를 차지하고자 노력할 것으로 예상된다.

2021년 4월 30일 발표된 바이든 정부의 공식적인 대북 정책의 목표는 여전히 '한반도의 완전한 비핵화'이며, 기존의 자유패권적 관점에서 국제안보규범의 위반자로 규정되는 북한에 대해 제재와 압박을 가하면서 협상을 통해 북한의 핵무장 포기를 유도하겠다는 전통적인 단극시대의 대북 정책 노선이 고수되고 있다. 그런데 이른바 '세심히 조정된 실용적 접근법(calibrated and practical approach)'이라 이름 붙인 바이든 시대의 대북 정책은 트럼프식과 오바마식을 모두 뛰어넘은 제3의 독트린이 될 것이라는 호언장담과 달리 2023년 초의 시점에서 평가해 볼 때, 사실상 오바마 행정부의 '전략적 인내'로 회귀하는 듯한 모습을 보이고 있다. 무엇보다 인권과 민주주의를 잣대로 북한을 타자화시키는 인식이 기본적으로 깔려 있는 가운데 실제적으로도 대중 전략경쟁이나 우크라이나 전쟁 등의 이슈들에 밀려 북핵 문제를 본격적으로 다룰 에너지가 미국 내에 결핍된 상황이다. 비록 어떤 대화에도 아무런 조건을 달지 않는 개방적 자세를 지니고 있다는 제스처를 반복적으로 내비치고는 있지만, 2019년 하노이 정상회담 결렬 이후 평양을 비핵화 협상에 유인할 구체적인 인센티브가 결여된 상황에 처해 있는 것이 현실이다. 따라서 워싱턴은 궁여지책으로 문제를 우회해 베이징이 북한 문제의 해결을 방치하고 있다고 비난하며 역내에 미군의 자산을 더 배치할 수 있다고 압박을 가하고 있다. 하지만 이에 대해 중국 정부는 도리어 미국이 북한의 합리적 안보 우려를 고려해야 한다며 응수하는 형국이다. 결국 이 지점에서도 확인할 수 있는 것은 2020년대 초반의 시점에서 북핵 문제는 갈수록 두 초강대국 간 패권 전략경쟁의 하부 이슈로 편입되고 있으며, 이에 문제의 해결이 더욱 미궁으로 빠지고 있다는 암울한 사실이다.

이와 같이 변화된 전략적 조건 속에서 미국 내에서도 북한 문제에 대한 새로운 접근법을 요구하는 목소리들이 분출하고 있어 면밀한 관찰이 요구된다. 특히 현실주의적 '군비통제학파(arms control school)'의 부상에 관심을 기울일 필요가 있다. 우리가 통상적으로 생각하는 이미지—마키아벨리적인 권모술수와 강력정치만을 앞세우는 매파—와 달리 현실주의자들은 외교정책에 있어 매우 신중하고 안정 지향적인 태도를 취하는 경우가 많다. 특히 자유주의적인 거대 사회공학이나 네오콘적인 정권교체론에 회의적인 현실주의자들은 기본적으로 지극히 보수적인 세계관에 기초해 점진적인 접근과 타협적인 협상의 과정을 통해 아슬아슬하게 힘의 균형을 맞추어 가는 기예의 과정을 외교의 본질로 여긴다. 또한 안보 딜레마가 '상호적'인 위협인식에 의해 발생한다는 점을 이해하며, 상대의 정치체제적 속성보다는 무정부 상태라는 국제구조적 차원에서 국가 간의 정치군사적 갈등의 원인을 파악하고자 한다. 이런 맥락에서 냉전 시기 조지 케넌과 같은 현실주의자들은 심대한 이데올로기적 차이에도 불구하고 소련과 지정학적 타협을 통해 안정적으로 공존하면서 장기적으로 타개책을 모색하는 '봉쇄' 전략을 제언한 바 있다. 이런 지적 전통을 계승한 현실주의자들은 기본적으로 북한을 현실주의의 한 행위자로 바라본다는 점에서 북한에 대한 일종의 전략적 공감대(strategic empathy)를 가진다. 즉 북한을 홉스적 무정부 상태에 있는 하나의 정상국가로 보는 것이다. 그런 맥락에서 핵무기는 안보 딜레마에 처한 북한의 게임 이론적 차원에서 합리적인 선택일 뿐이다. 전형적인 무정부적 상황에서 안보 딜레마에는 미국과 북한 모두가 서로 얽혀 있기 때문에 북미 간에는 협상이 필요하다.

현실주의자들의 북한 핵 문제에 대한 해결책은 미국이 핵무기를 가진 소련이나 중국과 공존하였듯이 불유쾌하지만 북한에 핵을 남겨 두고도 공존할 수 있다는 것이다. 안정적인 2차 공격력을 유지한 상태에서 공포의 균형을 통해 이 상황을 관리할 수 있다고 본다. 다시 말해 기본적으로 북미 사이에 일정한 타협을 이루어야 한다는 입장으로, 완전하고 검증 가능하며 돌이킬 수 없는 폐기(CVID), 최종적이고 완전히 검증된 비핵화(FFVD), 레짐 체인지(regime change) 같은 탈냉전기 자유주의에 기반한 해법은 모두 불가능하며 북한이 핵을 계속 가질 것이라는 전제하에 정책을 펴야 한다는 것이 이들의 생각이다. 왜냐하면 주류 정책가들이 꿈꾸는 최종적이고 불가역적인 해결은 이루기 어려울 뿐만 아니라 오히려 무리수를 유도해 위험한 상황을 낳을 수 있다고 여겨지기 때문이다. 또한 타협을 위해 미국이 종전 선언 등의 일정한 양보를 해야 한다고 말한다. 이런 조치를 통해 북한이 갖고 있는 안보 딜레마에 관한 생각을 완화해야 한다는 주장인 셈이다.

여기서 주목되는 것은 젠킨스(Bonnie Jenkins) 미 국무부 군축·국제안보담당 차관이 2022년 10월 카네기국제평화기금의 핵정책 컨퍼런스에서 북한과 군비통제와 관련해 다양한 논의를 할 수도 있다는 입장을 밝힌 점이다. 젠킨스 차관은 북미 양국이 "마주 앉아 대화할 의지가 있다면 군비통제는 언제든지 선택지가 될 수 있다"고 하면서 "단지 군비통제뿐 아니라 위협 감소, 전통적인 군비통제 조약으로 이어지는 모든 것, 군비통제의 모든 다른 요소들에 대해 그들과 (대화)할 수 있다"고 발언했다. 물론 국무부는 바로 다음 날 대변인 브리핑을 통해 공식적으로 이 같은 군비통제 협상론을 일축하면서 '한반도의 완전한 비핵화'라는 미국의 대북 정책 목표에는 아무런 변화가 없다는 점을 강조하였다. 그러나 이 같은 부인에도 불구하고 지난 30년간의 비핵화 패러다임을 벗어나 군비통제와 같은 새로운 접근법에 대한 논의가 미국의 관가에서 공개적으로 등장했다는 점은 매우 의미 있는 사건이며, 향후 대북 정책에 대한 워싱턴의 담론 지형이 어떻게 변화하는지에 대해 면밀히 추적 관찰할 필요성을 제기한다.

제 15 장

탈냉전 시기
일본의 보통국가화와 한미일중
(1990년대-2010년대)

박철희

서울대 국제대학원 교수

I. 서론:
탈냉전 시기 일본 국가전략의 변화와 시기 구분

이 글에서는 일본이 탈냉전 기간에 새로운 국제 및 국내 환경에 직면하면서 위협인식의 변화와 더불어 나타나는 대외전략의 변화의 모습을 고찰하고, 그 와중에 국가 간 협력과 경쟁의 관계를 어떻게 설정하였는가를 중심으로 한미일중 관계를 심층 분석해 보고자 한다. 탈냉전기 일본의 전략 변화와 국가 간 관계를 총체적으로 재점검해 보면, 기본적으로 보통국가화의 길을 계속 걸었다고 요약할 수 있다. 물론 자민당이 정권을 잃었던 2009년에서 2012년까지의 민주당 정권 시절은 예외적이었다. 탈냉전기를 좀 더 자세히 시대 구분해 보면, 대체로 1990년대, 2000년대, 2010년대로 나누어서 분석할 수 있다. 각 시대에 직면했던 국제정치적 상황, 국내 정치적 역학, 사회적 분위기가 달랐기 때문이다. 그러면서도 보통국가를 향한 일본의 발걸음은 점차 빨라졌다고 진단할 수 있다.

1990년대에는 냉전이 종식되고 새롭게 부각한 북한 문제에 대한 대응으로 시작하여 미일동맹에 대한 새로운 정의를 이루어 가면서 일본이 보통국가화를 향한 시발점을 마련하였다. 2000년대는 미일동맹의 지역적 외연을 중동지역까지 늘려 가는 노력을 경주하면서 중국에 대한 협력과 경계감을 복합적으로 시도하는 시기였다. 2010년 센카쿠열도를 둘러싼 중국과의 갈등으로 힘을 활용한 중국의 팽창을 목도하면서 일본은 2010년대에 접어들면서 중국에 대한 견제를 골자로 하는 현실주의적 대응 전략에 힘을 실었다.

II. 1990년대:
미일동맹의 재정의와 아시아 국가들과의 역사 화해 시도

  냉전의 종식은 일본에게 기회이기도 하였지만, 위기의 도래라고 할 수 있다. 탈냉전기 초반기에는 일본의 국가전략은 혼돈과 모색의 시기였다. 냉전이 종식되면서 일본은 동아시아의 두 인접국인 중국과 한국과의 관계를 재설정할 수 있는 절호의 기회를 맞이하였다. 일본과 중국은 1978년 평화조약을 맺고 국교정상화의 본격적인 길에 접어들었지만, 기본적으로 '약한 중국'의 패러다임에 기초하여 중국의 개혁·개방 노선을 도와주면서 중국이 국제사회에 진출할 수 있는 경제적 발전을 공적개발원조(ODA)를 통해 측면 지원하는 역할에 충실했다. 그러던 중 1989년 중국에서 일어난 천안문 사태는 국제사회를 중심으로 중국을 다루는 패러다임에 대한 비판적 시각의 대두를 가져왔다. 중국이 경제적으로 성장하였지만, 결국 정치체제의 민주화를 거부하는 권위주의적 요소를 가지고 있다는 비판이었다. 이후 미국을 위시한 국제사회는 중국에 대한 냉대와 비판으로 일관하면서 중국을 압박하는 자세를 견지하였다. 하지만 일본은 이 상황을 중국과의 관계를 업그레이드하기 위한 절호의 기회로 전환시켰다. 천안문 사태에도 불구하고 중국을 국제사회의 일원으로 받아들여야 한다는 주장을 내세우면서 중국 포용론을 전개하며 중일 관계의 새로운 장을 열고자 한 것이었다. 1992년 일본 천황의 중국 방문은 이를 상징하는 움직임이었다. 미국과 유럽 국가들에 앞서서 일본이 중국 끌어안기에 나서면서 중국은 다시금 국제사회와의 접점을 마련할 수 있었다.

다른 한편으로, 한국과 일본 사이에는 1991년을 즈음하여 냉전 시기에는 부각되지 않았던 위안부 문제가 전면에 대두되면서 한일 간 우호 관계가 흔들리는 국면을 맞이하였다. 이를 방치할 경우 일본은 비도덕적인 국가라는 오명을 뒤집어쓰는 동시에 국제사회의 비판에 직면할 수 있는 위기에 직면하였다. 일본은 이를 역으로 아시아 국가들과의 역사 화해를 위한 국면 전환의 기회로 활용하고자 하였다. 1993년 발표된 고노 담화, 1994년 호소카와 총리의 식민지 침략 발언, 1995년 발표된 무라야마 담화 등을 통해 위안부 문제로 부각된 일본의 과거 식민지 지배와 전쟁에 의한 참화에 대해 "통절한 반성과 마음으로부터의 사죄"를 하는 자세를 취하면서 아시아 국가들을 끌어안는 전략을 취하였다. 이러한 움직임은 1998년 발표된 김대중-오부치 공동선언에 가장 집약적으로 표현되었다. 다시 말하자면, 냉전이 끝난 이후 부각된 새로운 국면을 활용하여 일본은 중국과 한국이라는 껄끄러운 외교 상대를 포용하고 절충적 역사 화해로 이끄는 방식을 통해 동아시아 국가들과 평화와 안정을 도모하고자 한 것이다. 다른 한편, 위안부 문제를 둘러싼 반성과 사죄는 자민당 우파를 중심으로 일본이 지나치게 자학적인 움직임을 받아들이고 있다는 새로운 정치적 흐름을 만들어 냈다. 전쟁과 식민지 지배에 대해 지나치게 반성적이고 자기비판적인 움직임이 결국은 일본 자신을 죄악시하고 자기비판에 빠뜨리는 자학사관에 기반한 것이라고 주장하면서 자국의 자랑스러운 모습을 중심으로 후세들에게 자긍심을 길러 주어야 한다는 것이 보수 우파들의 생각이었다.

　탈냉전으로 인해 동아시아에서의 새로운 역사 화해 가능성이 꿈틀거린 반면, 국제정세 전반에서 일본은 냉전기에는 겪지 않았던 두 개의 새로운 위기에 직면하였다. 첫째, 1992년 발발한 걸프전을 둘러싼 국제공헌 논란이었다. 미국이 다른 동맹국들과 더불어 다국적군을 편성하여 이라크를 침공하면서 일본에는 평화헌법 때문에 자위대의 파병이 불가능하니 전비의 일부를 부담하는 방식으로 국제공헌을 해달라는 것이 논란의 시작이었다. 일본은 자위대라는 인적 공헌을 할 수 없는 상태에서 재정적 공헌이라는 방식을 채택하였고, 전쟁기간 동안 무려 130억 달러에 달하는 천문학적인 비용을 지불하였다. 그럼에도 불구하고 걸프전이 끝난 다음 동맹국인 미국은 물론이고 구원된 쿠웨이트로부터도 합당한 감사 인사를 받지 못하면서, 일본 국내에서는 수표발행식 외교(checkbook diplomacy)에 대한 강력한 비판이 비등하였다. 또한 일본사회당을 중심으로 한 합헌적 평화 존중이 국제사회에서는 '일국평화주의(one country pacifism)'라는 고립감을 자아내면서 일본도 대외전략을 근본적으로 수정해야 한다는 움직임이 대두되었다. 일본을 '보통국가'로 만들어 가야 한다는 주장이 표면화된 것이다. 당시 자민당 간사장이었던 오자와 이치로에 의해 처음으로 공식화된 보통국가화 논의는 그 이후 줄곧 일본 정치외교를 관통하는 키워드가 되었다. 일본이 "보통국가가 되어야 한다"는 논리 속에서 국제사회에 대한 "재정적인 공헌이 아니라 인적 공헌을 하겠다"는 의지를 표명한 것이 이른바 'PKO법'의 통과였다. 자위대를 해외 파견할 수 있는 길을 연 것이다.

비슷한 시기에 부각된 제1차 북핵위기는 일본의 위협인식과 미일동맹의 역할을 근본적으로 변화시키는 계기로 작용하였다. 1992-1994년에 이르는 1차 북핵위기 기간 동안 미국은 걸프전과 마찬가지로 북한을 선제타격하여 핵시설을 외과수술식으로 도려내는 군사작전을 구상한 바 있다. 그러기 위해서는 동맹국인 일본 자위대의 후방지원과 법적제도적 지원이 필수적이었지만, 일본의 경우 평화헌법으로 인해 미국의 군사적 행동을 뒷받침할 수 없다는 결론에 다다르면서 동맹은 표류하기 시작하였다. 북핵위기로 인해 일본의 안보 역할과 미일동맹의 쌍무성에 대한 근본적인 물음이 제기된 것이었다. 일본의 역할에 대한 커다란 의문과 위기의식은 일본을 본격적으로 보통국가화하려는 움직임에 박차를 가하는 계기로 작용하였다. 그 움직임의 기초에는 일본의 자립도를 향상시키는 것이 아니라 미국과의 동맹을 강화해야 한다는 생각이 자리 잡고 있었다.

일본은 탈냉전 이후의 대외전략을 구상하면서 처음에는 다자주의적 협력을 미국과의 동맹에 우선하는 방향으로 생각을 다듬어 가고 있었다. 1994년 발표된 '히구치 보고서'의 대강은 미일동맹보다 다자주의를 우선하는 전략적 인식을 반영한 것이었다. 하지만 미국의 지식인들을 중심으로 미일동맹의 우선순위 하향화에 불만을 표시하면서, 동맹의 위상을 재정립하고자 한 것이 1995년 발표된 '나이 리포트(Armitage-

Nye Report)'였다. 이 보고서는 냉전 종식 후 역할이 모호해진 동아시아의 미군 주둔에 대한 비판적 시각을 염두에 두고 동아시아 지역에서의 미군 철수나 역할 축소가 아니라 미국이 지역에 대한 '깊은 관여(deep engagement)' 전략을 지속해야 한다는 주장을 폈다. 그러면서 미일동맹의 역할을 조정하고 재조정해야 한다고 주장했다. 그 연장선상에서 이루어진 1996년 미일동맹의 재정의는 기본적으로 일본 방위를 일본화(Japanization of Japanese Defense)하면서 미일동맹은 한반도를 포함한 지역동맹으로 전환을 해야 한다는 방향 제시였다.

1998년 발생한 북한의 대포동 미사일 발사는 미일동맹의 이러한 방향에 박차를 가하는 계기로 작용하였다. 일본은 자국 방위를 위해 이지스함을 도입하고, 미사일 방어에 적극 참여를 선언하는 한편, 군사위성을 통한 감시정찰 능력의 강화를 도모하는 등 자국의 방어 능력 강화에 나섰다. 반면 주일미군을 중심으로 한 동맹의 힘을 주변 지역에 확산하면서 한반도 등 일본의 주변 지역에서 일어나는 안보 위기에 제도적으로 개입할 수 있는 여지를 열어 주었다. 주변 지역에서의 유사사태 발생 시 일본이 미군을 후방지원하는 태세를 강화하자는 것이었다. 1999년 제정된 '주변사태법'은 미일동맹의 지역화를 가속화하는 신호탄이었다. 여기서 말하는 주변사태란 주로 한반도에서의 위기 사태 발생을 상정한 것으로서, 한반도 위기에 일본이 후방지원을 통해 관여할 수 있는 여지를 열어 놓은 것이었다.

1990년대 후반기를 보면 일본의 가장 큰 관심은 북한의 위협이었고, 북한 핵 개발에 대응하면서 미일동맹을 어떻게 강화하느냐 하는 것이

1990년대 후반기 일본의 주된 관심사였다. 이 시기를 전체적으로 요약해 보면, 일본은 중국과 한국이라는 두 인접국가와의 화해와 포용을 시도하는 한편, 북한과의 대립축을 강화하면서 이를 고리로 미일동맹을 점차 지역적으로 확대해 가는 전략을 구사했다고 볼 수 있다.

III. 2000년대:
동맹과 다자주의의 결합 속에 중국을 견제

2000년대 초반 고이즈미 정권이 출범하면서 미국에서 일어난 9·11 테러 사태를 계기로 '테러와의 전쟁(Global War on Terror)'에서 일본은 미일동맹의 적용 범위를 전 세계로 확장하는 전환점을 마련하였다. 테러와의 전쟁을 수행하는 미국을 지리적 제약 없이 지원하기 위한 이라크 부흥법 및 아프가니스탄 지원 특별법 등은 기본적으로 한반도와 동북아에 한정되었던 주변사태의 개념을 지리적으로 연장하고 확대함으로써 가능해졌다. 한정된 지리적(geographical) 개념을 넘어서서 상황적인(situational) 개념의 도입을 통해 일본 자위대가 주변 지역에 한정하지 않고 국제안보에 관여할 수 있는 틀을 만들어 낸 것이었다. 결과적으로 미일동맹이 지리적으로 확대되는 계기를 만들어 준 것은 대테러 전쟁이라는 비국가집단에 대한 공동 대처였다.

미일동맹을 지리적으로 확장하는 움직임과 더불어 아시아 지역 국가들에 대한 다자적인 관여가 동시에 늘어난 것은 이 시기의 역설적인 특징이었다. 1997년 발생한 아시아 금융위기를 계기로 아시아 국가들 간의 경제협력을 심화할 필요가 있다는 인식하에 ASEAN+3이라는 다자주의의 틀이 생겨난 것이 전환의 기점이었다. 동북아시아 국가들과 동남아 국가들이 경제 분야 협력을 모색하며 공존의 틀을 만든 것이었다. 하지만 부상하는 중국은 일본에 부담이었다. 그럼에도 불구하고 동남아 지역은 물론 한일과 협력을 모색하는 중국을 내칠 수는 없었다. 그 결과 한편으로는 중국을 경계하고 견제하면서도, 다른 한편으로는 중국과 ASEAN+3이라는 틀에서 협력을 모색하는 복합 병행 노선을 택했다. 하지만 다자기구에서의 중국의 영향력 증가를 경계하던 일본은 ASEAN+3에서 미국이 빠진 다자주의에 머무르기보다는 미국 및 호주, 뉴질랜드 등 중국을 함께 견제할 의향이 있는 국가들을 다자주의에 끌어들이려는 노력을 지속하였다. 동아시아정상회의(East Asia Summit)는 중국을 견인하면서도 동시에 중국을 견제하려는 일본의 의도가 잘 담긴 다자주의 재조정 시도였다.

경제 분야의 다자주의 시동에도 불구하고 고이즈미 정권 시기 일본은 주변국들인 동북아 국가들과는 양자관계에서 대립하는 양상이 지속된 것이 또 다른 특징이었다. 일본은 2000년대 초반, 특히 2002년 고이즈미의 북한 방문 및 평양선언의 시도까지 김대중 정권이 주도하는 대북 화해협력 정책에 협력하는 양상을 보여 주었다. 한반도에서의 현상 변경에 동참하려는 의지의 표현이었다. 하지만 아이러니컬하게도 2002년 9월 고이즈미의 북한 방문 이후 납치 문제가 북일 관계의 전면에 등장하면서 북한과의 갈등은 심화되는 양상을 보였다. 평양선언에서 보여 준 것과 같이 일본은 핵, 미사일, 납치라는 세 가지 문제가 북일 관계정상화의 전제조건이라고 명시하였다. 그러나 정치적 현실세계에서는 그중 납치 문제가 가장 두드러지고 국민적인 관심사가 됨에 따라 북일 관계를 결정하는 최대의 변수는 납치 문제가 되었다. 이후 북일 관계는 지속적으로 긴장과 대립이 우선되었다. 납치 문제가 전면에 부각되면서, 북일 관계는 공수가 뒤바뀌는 역전 현상이 일어나게 된다. 즉, 식민지 지배로 인한 가해자였던 일본이 역설적으로 납치의 피해자가 되고, 피해자를 자임하던 북한이 인권을 침해하는 가해자로 인식되기 시작한 것이다.

고이즈미 총리는 2001년부터 2006년까지 지속적으로 야스쿠니를 참배함으로써 한국 및 중국에 갈등의 불씨를 제공하였다. 2005년 8월 15일에 야스쿠니를 참배함으로써 한국은 물론 중국과도 역사문제를 둘러싼 갈등은 극대화되었다. 2002년 월드컵 공동주최 이후 비교적 우호적인 분위기를 이어 가던 한일은 2005년 시마네현의 '독도의 날(다케시마의 날)' 지정을 계기로 급격한 갈등의 소용돌이에 빠지게 되었다. 과거사 인식 문제로 갈등하던 한일이 영토 문제를 둘러싸고 직접 대결하는 국면에 빠져든 것이었다. 한국 정부는 이에 대해 동북아역사재단을 만들며 전면 대항 의지를 분명히 하였다. 고이즈미 정권 시절 일본은 미국과의 동맹 관계를 강화하면서 동맹의 지역적 확산을 도모하였고, 다른 한편으로는 동아시아 지역 국가들과 다자주의적인 틀 안에서 적극적 관여와 협력의 제도 창출에 나섰다. 하지만, 한국, 중국, 북한을 위시한 동북아 국가들과의 양자 관계는 기본적으로 갈등과 대립이 계속되는 모습을 보여 주었다.

 고이즈미 시대에 흐트러진 동아시아 국가들과의 관계를 회복하려는 움직임은 자민당이 권력을 잃고 민주당 정권이 등장하면서 표면화되기 시작했다. 동아시아 공동체 구상을 내놓은 하토야마 정권이 가장 상징적이었다. 하토야마 정권은 지나치게 미국 일변도였던 고이즈미 노선에 대항하여 대등한 미일 관계를 주장하는 한편, 한국과 중국을 포함하는 동아시아 국가들과의 공동체 구상이라는 이상주의적 아이디어를 내놓았다. 2008년 미국에서 발발한 금융위기 이후 미국의 리더십에 대한 의구심이 고개를 드는 시기이기도 하였지만, 역으로 보면 미국발 금융위기로 힘의 팽창에 대한 자신감을 드러내기 시작한 중국과 대등한 공존과 협력을 앞세운 것은 이상주의적인 요소가 많았던 것이 사실이다. 아이러니컬하게도 미국과의 대등한 관계를 상징하던 오키나와현 후텐마 기지의 이전 문제가 미일 간 갈등의 쟁점으로 부각되었다. 현외 이전을 주장하던 하토야마 수상이 후텐마를 가름하는 대체 기지 제공에 실패함으로써 미일 관계 관리에 실패한 것은 패착이 되었고, 그가 사임하는 사태에 이르렀다. 다른 한편, 하토야마가 주장한 동아시아 공동체라는 구호에도 불구하고 2010년 9월 중국의 어선이 센카쿠열도에 상륙을 시도하면서 불거진 중일 간의 영토 분쟁은 동아시아 공동체 구상을 아주 무색하게 만들어 버렸다. 일본이 중국을 끌어안으려는 시도를 했음에도 불구하고, 역으로 중국이 일본에 대해 공세적인 입장을 취함에 따라 동아시아 공동체 구상은 물거품이 되고 만 것이다. 중국과의 갈등이 심화되면서 일본은 전통적인 미일동맹 강화로 다시 기조를 전환할 수밖에 없었다. 중국과의 갈등이 심화되면서 민주당 정권은 한국을 더욱 끌어안으려는 시도를 본격화하였다. 2010년 한국만을 대상으로 식민지 지배에 대한 반성과 사죄를 분명히 한 간 나오토 담화(管直人談話)를 발표하면서 한일 관계를 복원하려는 시도를 강화하였다. 하지만, 2011년 말 노다 총리 시절 재부상한 위안부 문제를 둘러싸고 갈등을 이어 가던 한일은 2012년 8월 이명박 대통령의 독도 방문으로 양국 관계가 급전 직하하면서 동아시아 공동체 구상은 일장춘몽으로 막을 내리고 말았다.

이와 같이 2000년대 일본은 몇 가지 특징적인 전략적 기복과 전환을 경험하게 되었다. 우선, 미일동맹을 강화하는 노선으로의 기본적인 기조 전환이 이루어졌다. 민주당의 하토야마 정권에서 이를 시정해 보려는 시도가 있었음에도 불구하고 그의 이상주의적 접근은 실패로 점철되면서 오히려 미일동맹을 강화하지 않고는 일본의 생존을 담보할 수 없다는 위기의식이 더욱 강화되었다. 반면, 민주당 정권이 주창했던 동아시아 공동체 구상은 영토 문제에 관한 중국의 공세적 입장 전환으로 정당성을 상실하면서 점진적 패퇴가 불가피해졌다. 2010년이 중일 간 힘의 역전을 상징하는 해가 되면서 오히려 중국 두들기기가 일본의 주류 흐름이 되어 동아시아 국제관계는 갈등의 소용돌이에 접어들게 된 것이 2000년대 후반의 모습이었다.

IV. 2010년대:
중국의 공세에 대응하는 광역지역전략 구상

2010년을 즈음하여 일본의 대외정책은 코페르니쿠스적인 전환이 일어나게 된다. 가장 눈에 띄는 변화는 위협의 대상이 북한보다는 중국으로 급격히 이동한 것이었다. 2010년은 일본을 둘러싼 동아시아 국제관계의 역학이 근본적으로 변화하는 시점이기도 하였다. 우선, 세계 제2위의 경제대국 지위를 50여 년간 이어 온 일본이 그 자리를 내주게 된 것이 2010년이었다. 중국이 일본을 제치고 세계 제2위의 경제대국으로 부상한 것이다. 일본인들이 느끼는 자괴감과 초조감은 상당한 것이었다. 또한 2010년은 단지 중국의 힘의 부상이라는 개념적 현실에 머무르지 않고, 센카쿠열도를 둘러싼 중일 간의 대립이 현실로 나타나면서, 중국이 공세적 외교, 특히 해양 부문에서 적극적 공세를 취한다는 입장이 입증된 해이기도 했다. 이를 계기로 점차 중국이 현상유지 세력이 아니라 국제질서의 현상을 변경하려는 수정주의적 국가라는 인식이 정착하기 시작하였다. 나아가, 2010년은 한국의 삼성전자의 총매출액이 일본의 대표기업인 소니의 총매출액을 넘어서는 결과를 가져오면서 일본이 한국에도 추격을 당하고 있다는 절박감을 가지게 한 해이기도 했다. 일본인들 사이에서 좌절감과 패배감이 팽배하게 된 것은 우연한 일이 아니었다.

일본인들이 느끼는 패배의식과 좌절감을 넘어서자고 주장하면서 총리의 자리에 다시 돌아온 인물이 아베였다. 아베 총리는 "강한 일본을 되찾아 오겠다"는 구호를 내세워 국민들을 다시 통합하고자 하였다. 그는 2000년대까지 지속되어 온 전략의 근간들을 대폭 수정하면서 일본을 본격적인 보통국가로 만들려는 행보를 이어 갔다. 그 저변에는 중국에 대한 경쟁심과 경계감이 크게 작용하고 있었다. 아베가 추진한 보통국가 노선의 실체는 세 가지 국제정치 용어로 요약할 수 있다. 내부적 균형(Internal Balancing), 외부적 균형(External Balancing), 네트워크형 균형(Network Balancing)이 그것이다. 힘의 행사를 마다하지 않는 중국에 대응하기 위해, 일본은 세 가지 전략의 복합적 추진을 해야 한다는 것이 요체이다.

내부 균형 전략(Internal Balancing)이란 중국이라는 위협에 대항하기 위해 일본 자체의 방위력을 강화하는 것을 의미한다. 아베 내각은 국가안전보장국(NSC)를 만들어 외교안보전략의 총체적 추진체이자 핵심적 결정기관을 정비하는 한편, 처음으로 국가안보전략이라는 문서를 만들어 일본의 국가이익에 대한 정의를 내리는 것을 주저하지 않았다. 또한 2012년 이후 줄어들던 방위비를 늘려 가면서, 일본의 방위를 견실하게 하기 위한 안보 관련 법제를 정비해 나갔다.

외부 균형 전략(External Balancing)이란 일본이 동맹이나 우호국들과의 촘촘한 연대를 통해 중국의 잠재적 힘의 행사에 대항하는 것으로서, 기본적으로 미국과의 동맹을 강화하는 정책 노선을 말한다. 미일동맹을 보다 더 글로벌 동맹화하려는 시도는 아베 정권이 중요하게 추진한 전략적 아이디어였다. 아베 시대에 일본은 미일 공동전선, 특히 중국에 대항하는 공동전선을 펴는 데 주저하지 않았고, 그 대표적인 예가

집단적 자위권의 용인이었다. 제3국인 중국이 동맹국인 미국을 위협하는 행위가 있다면 그것을 공동의 위협으로 인식하고 함께 집단적으로 방어에 나서겠다는 의사표시를 분명히 한 것이다.

네트워크 균형(Network Balancing) 전략은 가능한 한 많은 숫자의 우호국과 동지국(likeminded countries)을 규합하여 일본에 대한 잠재적 공세에 대응하겠다는 전략이었다. 국제안보 문제에 대한 적극적 관여를 선언한 적극적 평화주의, 동북아나 아태 지역에 한정하지 않고 전 세계를 대상으로 외교를 전개하겠다는 '지구본을 부감하는 외교' 등은 일본이 세계를 무대로 해서 뜻이 같은 국가들과 우호적 연대를 맺고 수동적이 아닌 적극적 자세로 이들을 끌어안겠다는 의지의 표현이었다. 대표적인 전략 구상은 인도-태평양 전략과 쿼드였다. 아베는 총리로 다시 돌아오기 직전인 2012년에 'Project Syndicate'에 해양민주주의 국가들인 미국, 일본, 호주, 인도가 협력하는 '아시아 다이아몬드 안보 구상'을 내놓았는데, 이 구상을 발전시킨 것이 쿼드(QUAD)였고, 지역적 전개를 확장한 것이 인도-태평양 전략이었다. 이는 수세적인 전략이기보다는 상당히 공세적인 전략이었다.

이러한 전략들의 결합은 아베가 추구하던 일본의 보통국가화 발걸음을 아주 빠르게 진척시켰다. 동맹 강화를 통한 국제안보국가로서의 일본의 자리매김이었다. 반면, 아베 시대의 일본은 동북아시아 국가들을 지나칠 정도로 타자화하는 경향을 숨기지 않았다. 북한 문제에 대해서는 납치 문제를 전면에 내세우고, 핵과 미사일 개발에 대해 압박과 제재를 병용하는 강경책을 지속적으로 유지하였다. 납치 문제를 전면에 내세움으로써 북한과의 거리를 좁힐 의향이 없다는 점을 고백한 것이나 다름없었다. 한국과는 지속적으로 위안부나 강제징용 문제를 둘러싸고 갈등하는 상황을 연출하였다. 대화와 협상을 통한 현안의 관리보다는 한국에 더 이상 사과와 반성을 하지 않겠다는 기조를 표명하면서 한국을 역으로 압박하는 정책을 폈다. 한일 간의 거리가 좁아지기는커녕 점점 벌어졌다. 이러한 자세의 대표적 예가 2015년의 전후 70년 아베 담화에 나타난 역사인식이었다. 역사문제에 대해 자학사관에 입각한 사죄와 반성은 더 이상 하지 않겠다는 입장을 표명하여 한국과의 타협을 거부하는 자세를 보였다. 미국의 압력과 한일 양국 시민사회의 노력으로 2015년 말 위안부합의에 도달하지만, 안심할 수 있는 결론에 도달하지 못한 것은 그 후의 사태 전개에서 드러났다. 2018년에는 한국 대법원에서 강제징용에 대한 판결이 이루어지면서 한일은 더욱 갈등이 확산되었고, 상호 간 신뢰는 급격한 하향곡선을 그리게 되었다. 아베 시대 국가전략의 핵심에 중국의 팽창 방지라는 분명한 목표가 있었던 점은 두말할 나위도 없다. 미일동맹을 강화하고 인도-태평양 전략을 통해서 중국을 둘러싼 국가들과의 협력을 강화하면서 중국에 대해 봉쇄 억제 정책으로 일관하였다. 2018년 아베의 방중으로 위기 관리를 위한 움직임에도 한 발을 내디뎠지만 기본적으로 중국의 공세에 대한 경계심은 한 번도 내려놓지 않았다. 다시 말하자면, 미일동맹과 인도태평양 지역의 뜻을 같이하는 국가들과의 우호적 관계는 심화시켜 나갔지만, 중국·한국·북한을 포함한 동북아 국가들은 사실상 타자화하면서 갈등 관계를 팽팽하게 유지해 나간 것이 2010년대를 점철한 아베 시대의 국제

관계였다.

2010년대를 관통한 일본의 전략적 구상은 한미일중 관계에 새로운 역학을 만들어 냈다. 일본은 미일동맹을 강화하고 글로벌화하면서 대국 외교에 시동을 걸고 국제문제에 대한 적극적 발신자가 되고자 하였다. 이는 적극적 국제 외교의 모습이었다. 반면, 중국에 대한 견제의 축을 중일 양자 간 관계에 국한하지 않고 인도−태평양 지역을 중심으로 한 광역적 무대에서 주도적으로 견인하려 한 점은 일본의 새로운 전략적 시도였다. 중일 간의 경쟁과 갈등은 미중 간의 경쟁과 갈등에 선행한 것이었다. 한편, 2010년대 일본은 중국과의 대립과 알력에 그치지 않고, 한국과 북한을 포함한 한반도 전체에 대한 거리두기 전략도 동시에 전개함으로써 동북아시아 국가군 전체를 타자화하는 함정에 빠진 것도 사실이다. 북한에 대해서는 납치 문제를 앞장세우고, 핵과 미사일 이슈를 부각시켰고, 한국에 대해서는 위안부 문제와 강제징용 문제를 비판의 대상으로 삼아 자국 국민들을 결속시키는 데 활용하였지만, 일본이 한반도 전체와 전략적으로 사이가 벌어지는 결과를 가져왔다.

V. 결론:
탈냉전 시기를 관통한 일본의 보통국가화

탈냉전기 일본의 전략 구상을 관통하는 핵심어는 보통국가화라고 할 수 있다. 이는 전후 일본이 지녔던 외교적 속성의 변화를 잘 보여 주고 있다. 첫째, 국제정세를 관망하고 소극적 평화주의 노선을 견지하던 방식에서 국제문제에 대한 적극적 행위자이자 발신자로서의 역할을 강화하는 변화를 추구하였다. 일본의 경제적 위상이 세계 3위 국가로 내려앉는 결과가 있었음에도 불구하고, 일본의 국제적 위상에 부합하는 정치외교적 영향력을 행사하려는 시도를 지속적으로 늘려 나갔다.

둘째, 일본의 보통국가화 시도가 자주국가로의 전환을 의미하는 것은 아니었다. 오히려 일본은 탈냉전기에 미일동맹을 강화해 나가면서 확대 지향적으로 우호국 네트워크의 구축에 힘썼다는 점이 두드러진다. 그 저변에는 북한과 중국 같은 안보위협에 현실주의적으로 대응하려는 모습이 역력하였다. 현실주의적 구상의 도입에 주저하거나 꺼리던 모습에서 벗어나, 내적 균형, 외적 균형, 네트워크 균형 전략을 구상하는 적극적 현실주의의 모습은 일본의 달라진 모습이었다. 이는 패전의 트라우마로 인해 안보 문제에 소극적이고 평화주의적 지향성을 강화해 갔던 전후 일본의 모습과는 다른 것이었다.

셋째, 일본이 전후 주변국에 대한 사과와 반성으로 일관하던 모습도 전환되었다. 탈냉전 이후 일본은 보통국가화의 일부로서 일본을 자기비판의 대상으로 삼고 속죄하는 모습을 자학적이라고 규정하고, 자랑스러운 일본, 자존심 있는 일본의 건설에 힘을 둠으로써 자긍사관에 기반한 주변국과의 새로운 관계 설정을 시도하였다. 즉, 아시아 국가들을 타자화하는 것을 두려워하거나 미안해하지 않는 모습이었다. 일본은 이를 보통국가의 한 단면으로 이해하고자 하였다.

보통국가화를 시도하는 일본의 새로운 전략과 외교 행태는 한미일중의 관계를 새로운 양상으로 전개시켰다. 미국과 일본의 동맹 관계를 심화, 확장시킨 것은 보통국가화의 핵심적 일부였다. 20세기 초중반 일본이 미국을 비롯한 서구 국가들과 대립적 입장에서 제국주의적 확장을 꾀하던 모습과는 사뭇 다르다. 냉전기 내내 비교적 안정적이고 우호적인 관계를 유지하던 중국과 점점 대립각을 높여 간 것도 또 다른 큰 특징이었다. 예전에는 '약한 중국' 패러다임에 입각하여 중국을 대해 왔다면, 탈냉전 이후 급부상하는 중국에 대해 '강한 중국'의 패러다임을 적용하면서 점차 견제와 균형책을 모색해 나간 것도 보통국가화의 새로운 모습이었다. 이러한 전략적 발상의 연장선상에서 한국과의 관계는 애매하게 조정되고 모호하게 남아 있었던 것도 부정할 수 없는 사실이다. 미국과의 동맹관계를 가진 한국을 멀리할 수는 없었지만, 역사 문제로 갈등을 겪는 한국을 마음 편하게 끌어안지도 못하는 엉거주춤한 자세를 유지하면서 갈등과 협력의 이중주를 상황에 따라 연출한 것이 한일 관계의 단면도였다.

제 16 장

탈냉전 시기
중국의 대외전략과 한미일중
(1990년대-2020년대)

김한권

국립외교원 인도태평양연구부 교수

I. 서론

1980년대 말 중국은 탈냉전의 시기에 접어들며 대외전략에서 커다란 변화를 맞이하게 된다. 근현대 중국 역사에서 '혁명과 사상'의 시대를 이끌었던 마오쩌둥(毛澤東)이 1976년 9월 9일 사망했다. 이어 중국의 '발전과 현대화'의 시대를 열었던 덩샤오핑(鄧小平)은 마오쩌둥의 공식 후계자였던 화궈펑(華國鋒)과 약 2년여에 걸친 권력 투쟁에서 승리하며 1978년 12월에 개최된 중국공산당 11기 제3차 중앙위원회 전체회의(이하 11기 3중전회)에서 개혁·개방 정책을 당의 공식 노선으로 확정했다. 마오쩌둥 집권 시기였던 1972년의 미중 데탕트에 이어 덩샤오핑의 개혁·개방 정책은 중국의 대미 관계는 물론 서구사회와의 협력과 우호를 한층 증진시키는 또 하나의 중요한 계기가 되었다. 이를 바탕으로 중국의 대외전략은 탈냉전 시기에 접어들며 지속적인 경제발전이라는 국가 목표를 중심으로 우호적이고 안정적인 대외관계의 형성에 초점이 맞추어졌다.

II. 냉전의 종식과 중국 대외전략의 변화

덩샤오핑 시기에 나타났던 중국의 대외전략은 탈냉전 시기에 들어와 '도광양회(韜光養晦)'를 핵심 개념으로 한 이정표적인 전환을 보이게 된다. 냉전이 끝나 가며 덩샤오핑은 대내외적으로 커다란 정치적 및 경제적 어려움을 맞이하게 된다. 냉전 후기였던 1980년대 말과 1990년대 초에 걸쳐 소련과 동유럽의 공산주의 국가들이 붕괴했다. 이러한 국제환경의 변화는 건국 이후 중국이 유지했던 공산당 1당체제에 대한 커다란 정치적 위협으로 다가왔다. 이 과정에서 내부적으로는 1989년 6월에 발생한 천안문 사태와 공산당 지도부의 강경 진압, 그리고 미국을 중심으로 한 국제사회의 대중국 경제제재로 인해 덩샤오핑의 개혁·개방 정책은 좌초의 위기를 맞이하게 되었다.

탈냉전의 시대에 진입하며 중국공산당 지도부가 맞이한 대내외적 난제에 대응하기 위해 최고지도자였던 덩샤오핑은 1992년 초에 '남순강화(南巡講話)'를 발표하게 된다. 덩샤오핑은 중국 군부의 실력자인 당 중앙군사위원회 제1부주석 양상쿤(楊尙昆)과 함께 1992년 1월 17일 베이징을 출발하여 다음 날인 18일 중국 남부 후베이성(湖北省)의 우창(武昌)과 후난성(湖南省)의 창사(長沙)를 거쳐 1월 13~19일 광둥성(廣東省)의 선전(深圳), 1월 23~29일 광둥성 주하이(珠海), 1월 30일부터 2월 21일까지 상하이(上海) 등을 돌아보며 자신의 정책적 결단을 발표했다.

덩샤오핑은 당시 중국이 마주한 정치·경제적 어려움을 극복하기 위해 개혁·개방 정책의 견지와 함께 28자 외교방침으로 불리는 대외전략을 제시했다. 28자 외교방침은 "냉정하게 관찰하고(냉정관찰冷靜觀察), 진영을 공고히 하며(온주진각穩住陣脚), 침착하게 대응하고(침착응부沉着應付), 능력을 감추고 적절한 때를 기다리며(도광양회韜光養晦), 낮은 태도를 취하고(선우수졸善于守拙), 절대 우두머리가 되지 말고(결부당두決不當

頭), 얼마간의 해야 할 일은 한다(유소작위有所作爲)"는 내용으로 이루어졌다. 특히 이들 중 '도광양회'는 이후 탈냉전 시기에 펼쳐진 중국의 대외전략에서 핵심 개념으로 자리 잡게 된다. 이 외에도 덩샤오핑은 속칭 4불(四不)로 불리는 "동맹을 맺지 않고(不結盟), 우두머리가 되지 않고(不當頭), 패권을 추구하지 않고(不爭覇), 내정을 간섭하지 않는다(不幹涉內政)"를 대내외적으로 강조했다. 이는 중국이 냉전 시기부터 유지해 온 주권과 영토보전의 상호 존중(互相尊重領土主權), 상호 불가침(互不侵犯), 상호 내정 불간섭(互不幹涉內政), 호혜평등(平等互利), 평화공존(和平共處)의 '평화공존 5원칙'이 탈냉전 시기에도 중국의 대외정책에서 견지될 것임을 확인하는 모습이었다.

탈냉전 시기에 접어들며 중국과 관련된 한반도 정세에서도 많은 변화가 나타났다. 1992년 8월 24일에 한중 간 공식 수교가 체결되었다. 한국전쟁(1950-1953) 이후 형성되었던 양국 사이의 단절과 적대관계는 협력관계로 전환되었다. 반면 북중 관계는 한중 수교에 대한 북한의 불만 및 실망과 함께 1992-1994년 사이 북한의 1차 핵위기가 터져 나옴으로 인해 한중 사이에 나타난 우호협력관계의 증진과는 대조적으로 북중 관계에서는 급속한 냉각이 나타났다.

이에 더하여 탈냉전 시기에 접어들며 발생한 1994년 7월 김일성의 사망과 1997년 2월 덩샤오핑의 사망은 항일 투쟁, 국공내전, 한국전쟁 등 역사적 배경을 매개로 북중 혁명 1세대 지도자 그룹 사이에 형성되었던 끈끈하고 특별한 연계와 교류가 서서히 종식되고 있음을 알리고 있었다. 또한 1990년대 중·후반 북한이 겪은 '고난의 행군' 시기에 중

자료 1
중국 만리장성 위의 아키히토 일왕 부부. 1992년 10월 만리장성 위에서 찍은 아키히토 일왕 부부 사진은 당시 중일 관계의 상징적인 이미지를 보여 주었다. 출처: 연합뉴스.

국이 보여 준 단교에 가까운 무관심은 1992년 한중 수교와 함께 탈냉전 시기에 걸쳐 중국에 대한 북한의 불신과 불만을 더하는 또 하나의 요인 이 되었다.

다른 한편으로, 천안문 사태에 대한 중국공산당 지도부의 강경 대응 으로 인해 미국 및 서방국가들이 주도했던 경제제재를 경험한 중국은 미국에 대한 전략적 불신이 증가했다. 그리고 이에 대한 대응의 일환으 로 역내에서 중국은 일본과의 우호협력관계 증진을 적극적으로 모색했 다. 대표적인 사례로 1992년 10월 아키히토(あきひと, 明仁) 일왕 부부의 중국 방문을 들 수 있다(자료 1 참조).

실제로 중국은 역내에서 한국 및 일본과의 협력 증진을 적극적으로 모색했다. 덩샤오핑의 주도로 1970년대 말부터 공식적으로 실행된 중국의 개혁·개방 정책은 아직 본격적인 효과가 나타나지 않은 상황이었으며, 중국 경제는 1980년대 중·후반에 들어와 심각한 내부적 난제를 마주한 채 탈냉전 시기에 접어들고 있었다. 중국은 1984년에 철강, 시멘트, 석탄 등 주요 산업의 생산 장려를 위해 정부가 정한 '계획가격'과 시장에서 형성된 '시장가격'으로 나눠진 '이중가격제(價格雙軌制)'를 도입했다. 하지만 속칭 '관다오(官倒)'가 성행하며 당 간부들과 기업가 사이의 전매 행위가 발생했다. 이로 인해 부정부패는 물론 물가 상승 및 금융과 외환 시장의 교란이 나타났다.

중국공산당 지도부는 '관다오'를 막기 위해 고심하다 1988년에 들어와 자오쯔양(趙紫陽) 총서기의 주도로 '이중가격제' 폐지를 위한 '가격개혁'을 시도했다. 하지만 물자의 가격이 시장가격으로 통일되면 물가가 급등할 것이라는 우려에 시장에서는 사재기와 예금 인출 사태가 발생하였고, 이는 물가의 급속한 상승을 야기했다. 결국 자오쯔양 총서기의 '가격개혁'은 실패로 끝이 나고, 천윈(陳云), 리펑(李鵬) 등 당내 보수파의 주도로 경제 환경과 질서를 바로잡으려는 '치리정돈(治理整頓)'이 실행되었다. 동시에 자오쯔양은 당내 보수파들로부터 비판의 대상이 되었다. 이러한 자오쯔양 총서기와 당내 보수파 사이에 나타났던 경제정책에서의 충돌은 다음 해에 발생한 천안문 시위에서 시위대에 온건하게 접근했던 자오쯔양과 강경 대응을 주장했던 리펑, 장쩌민 등의 보수파 간의 논쟁으로 이어졌다. 이렇듯 1980년대에 나타난 중국 경제의 혼란으로 인해 당내에서는 마오쩌둥의 사상을 추종하는 좌파세력들은 덩샤오핑의 개혁·개방 정책을 비판하며, 실질적인 경제발전과 민생 증진의 효과는 미진한 가운데 괜스레 창문을 열어 '파리(자본주의 폐해)'들만 들어왔다고 지적했다.

정치적인 측면을 본다면, 탈냉전 시기 소련과 동유럽 공산권 블록의 붕괴는 중국에서 공산당 1당지배체제의 근간인 공산주의 사상이 가진 정치적 역할의 축소를 불러왔다. 특히 외부적으로는 냉전 시기 이념의 경쟁이 끝나 가며 소련과 동유럽에서의 공산주의 실험이 결국 실패로 귀결되었다는 미국 및 서구 국가들의 평가에 더하여, 내부적으로는 천안문 사태가 발생하며 중국의 젊은이들이 더 많은 자유화와 민주화를 요구하는 모습은 중국공산당 지도부에 커다란 정치적 위협으로 다가왔다. 무엇보다도 덩샤오핑은 자신의 숙원인 개혁·개방 정책이 안정적인 궤도에 오르기 전에 천안문 사태의 유혈진압에 대한 국제사회의 제재로 좌초할 위험이 부상하자, 이에 대한 대응의 일환으로 한국과의 수교와 일본과의 관계 개선에서 돌파구를 찾고자 더욱 적극적인 모습을 보였다. 중국은 '도광양회' 대외정책을 기반으로 역내에서 한국과의 수교 및 경제협력, 중일 관계의 개선 및 협력 강화를 추구했다. 그리고 중국은 궁극적으로 유럽 선진국 및 미국과의 관계를 개선하며 개혁·개방 정책을 다시금 정상 궤도에 올렸다. 결과적으로 중국은 탈냉전 초기에 맞이했던 대내외적 어려움을 극복하고 1990년대 들어와 '중국의 부상(Rise of China)'이라는 눈부신 경제성장기에 접어든다.

III. 1990년대 장쩌민 시기와 '중국의 부상'

장쩌민(江澤民) 시기였던 1990년대의 중국은 '부상(浮上)'의 시기로 정의할 수 있다. 이 시기 중국은 약 두 자릿수에 가까운 높은 국내총생산 (GDP: Gross Domestic Product) 성장률을 보이며 안정적이고 지속적인 경제발전을 이룩했다(자료 2 참조). 하지만 국제환경의 변화와 더불어 미국에 대한 인식의 변화가 나타나며 중국의 대외 및 군사 전략에 조정이 나타났던 시기이기도 했다.

먼저, 군사전략에서 변화가 나타났다. 중국은 마오쩌둥 시기에 항일투쟁과 국공내전의 경험을 통해 인력 중심의 '인민전쟁전략(人民戰爭戰略)'을 수립했다. 하지만 1970년대 초 미중 데탕트에 이어 1970년대 후반 개혁·개방 정책의 실행과 덩샤오핑의 성공적인 미국 방문 이후 가까운 미래에 강대국 사이에 전면적인 전쟁이 발생할 가능성이 높지 않다는 판단하에 '제한, 국지전쟁전략(制限, 局部戰爭的戰略)'을 확립했다. 특히 덩샤오핑은 만약 제한적인 국지전쟁이 발생한다면 기계화 기반의 재래전이 될 가능성을 염두에 두고 군 현대화 건설에 많은 노력을 기울였다.

그런데 중국의 군사전략은 1991년에 발생한 걸프전쟁을 지켜보며 미국의 첨단무기 체계에 커다란 충격을 받는다. 덩샤오핑 시기에 이어 장쩌민 시기에도 중국군의 현대화 건설에 대한 노력이 지속되었으나, 걸프전쟁의 영향으로 현대화 작업은 기계화 중심에서 첨단과학기술을 기반으로 진행되었다. 결국 1993년에 들어와 중국의 군사전략은 덩샤오핑

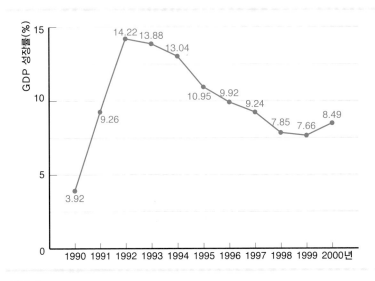

자료 2
1990년대 중국 GDP 성장률. 자료 출처: 세계은행(World Bank).

시기의 '제한, 국지전쟁전략'에서 '첨단기술 조건하 국지전 승리 전략
(高技術條件下的局部戰爭爲軍事戰略)'으로 전환된다. 걸프전쟁의 영향에 이
어 1990년대 중반에 들어와서는 1995-1996년의 타이완 해협 위기 및
1996년 4월의 미일 '신안보 공동선언'의 발표로 인해 미중 관계에 긴장
이 고조되었다. 탈냉전 초기에 이어 장쩌민 시기에도 미중 관계에서 긴
장이 고조되고 상호 전략적 신뢰가 감소하는 상황이 이어진 것이었다.

물론 장쩌민 시기의 중국은 도광양회 전략을 견지하며 자국의 안정
적이고 지속적인 '부상'을 위해 미국과 원만한 관계를 유지하려 노력했
다. 실제로 1997년에 장쩌민 주석의 방미 및 이듬해 미국의 빌 클린턴
(Bill Clinton) 대통령의 중국 답방을 통해 중국은 원만한 대미 협력관계

를 모색했다. 하지만 1999년에 발생한 코소보 사태에서 미국이 UN과는 별도로 군사적으로 개입하고, 특히 같은 해 5월에 발생했던 북대서양조약기구(NATO: North Atlantic Treaty Organization)의 유고 주재 중국대사관 오폭 사건이 중국 내에서 사건의 배후가 미국이라는 책임론과 함께 반미 감정이 팽배해졌다.

다른 한편으로, 장쩌민 시기의 중국은 국제사회에서 영향력 확대 및 위상 강화를 위해 1996년에 '신안보관'을 주창하고 다극화를 통한 신국제질서의 건설을 추구했다. 신안보관의 등장 이전, 중국의 전통적인 안보관은 군사·안보적인 측면에 집중되어 있었다. 반면 '신안보관'은 탈냉전 시기에 나타난 새로운 국제환경의 변화에 맞추어 국제사회의 정치, 경제, 사회 영역 등에서 다자간 공동이익과 협력 강화를 폭넓게 다루었다. 하지만 그 이면에는 미국이 NATO 및 미일동맹을 강화하는 움직임을 보이자, 중국이 다자안보 협력을 강조하며 미국에 대응하려는 의미를 내포하고 있었다.

이러한 배경을 바탕으로 중국의 '신안보관'은 점차 구체적인 모습을 갖추기 시작했다. 중국은 1996년 7월에 인도네시아 자카르타에서 열린 제3차 아세안지역안보포럼(ARF: ASEAN Regional Forum)에서 새로운 안보 개념의 필요성을 언급했다. 그리고 1997년 4월 23일에 러시아와 함께 발표한 '세계 다극화와 신국제질서 건설에 관한 공동성명(中華人民共和國和俄羅斯聯邦關於世界多極化和建立國際新秩序的聯合聲明, Sino-Russian Joint Statement on Worldwide Multi-Polarization and Establishment of New International Order)'에서 중국은 처음으로 신안보관에 대한 공식적인 언급을 포함시켰다. 이어 1998년에 발표된 국방백서인 '중국의 국방(中國的國防)'에서는 '제1장 국제안보형세(一、國際安全形勢)'에서 중국이 새로운 국제정세 상황에서 장기적인 평화를 쟁취하려면 냉전적 사고를 포기하고 '새로운 형태의 안보관념(新型的安全觀念)'을 수립해야 한다고 기술했다.

2000년에 공개된 백서인 '2000년 중국의 국방(2000年中國的國防)'에는 '신안보관'에 대해 한층 구체적인 내용을 담고 있다. 백서에는 탈냉전 시기의 국제환경 하에서는 중국의 안보가 더 이상 군사력이나 특정 우방국과의 군사협력에 의해 보장받을 수 없다는 중국 지도부의 시각이 담겨 있다. 대신 국제사회는 세계화를 통해 국가 간의 경제협력과 상호의존이 증가하는 시대에 진입했으며, 국가의 안보는 국가 간의 상호 신뢰와 이해를 바탕으로 대화를 통해 신뢰를 증진시키고, 협력을 통해 안보를 모색할 수 있다고 보았다. 또한 국가 간에 상호 주권을 존중을 하고 평화적인 방법으로 분쟁을 해결해야만 세계의 평화와 안전이 지켜진다고 기술했다.

다른 한편으로, 장쩌민 시기의 중국은 국제사회에서 '책임대국'의 위상을 추구했다. 이를 위해 1997년 아시아 경제위기 당시 중국은 위안화의 평가절하를 유보했으며, 태국을 비롯한 동남아 국가에 금융지원을 제공하기도 했다. 또한 중국은 다자외교 무대를 통해 국제사회에서 자국의 영향력을 강화시켜 나갔다. 대표적인 사례로 중국은 2001년 7월에 러시아와 중앙아시아의 국가들과 함께 '상하이협력기구(上海合作組織, SCO: Shanghai Cooperation Organization)'를 설립했다.

1990년대 중반 이후 긴장과 불신이 존재했던 미중 관계는 2001년 9·11사태 및 미국이 '테러와의 전쟁'을 개시하며 새로운 국면을 맞이했다. 중국의 '부상'과 함께 1995–1996년의 타이완 해협 위기로 중국 위협론이 서구사회에서 다시금 부상하자, 미국은 중국에 대한 정책적 견제를 검토했다. 예컨대 미국 군사·안보 분야의 대표적인 싱크탱크인 랜드(RAND)는 1999년에 공개한 정책보고서 "미국과 부상하는 중국(The United States and a Rising China)"을 통해 중국의 국가안보 행위와 군 현대화 작업에 대한 분석을 바탕으로 봉쇄(containment)와 관여(engagement)를 합친 'Congagement'라는 새로운 개념을 제시하며 중국에 대한 관여와 압박 정책의 필요성을 제기했다. 하지만 9·11사태 이후 미국의 초점은 '테러와의 전쟁'으로 집중되었다. 동시에 중국은 미국이 실행했던 '테러와의 전쟁'을 적극적으로 지지하며 미중 관계의 전환을 모색했다. 이어 2001년 12월에 중국은 마침내 세계무역기구(WTO: World Trade Organization)에 가입했다. 이로써 중국은 국제무역을 통해 진일보한 경제발전의 기반을, 미국은 국제규범과 질서에 대한 중국의 진정성 있는 수용과 이에 따른 내부적 변화를 기대했다.

IV. 2000년대 후진타오 시기, '부상'에서 'G2'로

후진타오 시기였던 2000년대의 중국은 부상에서 G2로 나아갔던 시대로 정의할 수 있다. 21세기에 접어들며 중국은 국내총생산(GDP)에서

2001년에 이탈리아를 추월하는 것을 시작으로 이후 서구 선진국들을 차례로 따라잡기 시작했다. 중국은 2005년에 프랑스를, 2006년에 영국, 그리고 2007년에 독일을 GDP 지표에서 앞서 나갔다. 2008년 8월에 중국은 베이징 하계올림픽을 성공적으로 개최하며 국제사회에서 위상을 높인 반면, 그해 말 미국에서는 금융위기가 발생하고 점차 그 여파가 유럽에까지 번져 갔다. 국제 금융구조가 취약해지고 경제가 침체하자 국제사회는 중국에 더 많은 역할과 기여를 요구하며 G2의 위상을 부여했다. 이어 2010년에 중국은 GDP 지표상으로 일본을 제치고 명실상부한 세계 2위의 경제대국으로 자리매김했다.

후진타오 시기에도 중국의 대외정책은 미국 관련 요인들을 중시했고 많은 영향을 받았다. 예를 들어 중국은 2003년에 발생한 미국-이라크 전쟁으로 미국의 정보화 전쟁 능력에 놀라며, 자국의 군사전략을 장쩌민 시기의 '첨단기술 조건하 국지전 승리 전략'에서 2004년 6월에 '정보화 조건하 국지전 승리 전략(信息化件下局部戰爭爲軍事戰略)'으로 전환했다. 다른 한편으로, 후진타오 시기에도 중국은 원만한 대미 관계의 유지를 위해 노력을 기울였다. 특히 미국과 서구 국가를 중심으로 확대되는 중국 위협론과 미국의 대중국 헤징(hedging) 전략의 대응에 많은 노력을 기울였다. 미국은 21세기에 들어와 중국의 부상에 대한 대응 정책을 수립하기 위해 고심했다. 미국이 대중 헤징 전략을 수립한 근본적인 원인은 당시 미국 및 서구사회가 인식하는 '중국의 부상'에 대한 의미가 '협의(狹義, a narrow sense)'에서 '광의(廣義, a broad sense)'의 구조로 변화하고 있었기 때문이었다. 1990년대에 나타난 '중국의 부상'

은 개혁·개방 정책에 기인해 빠른 경제적 성장만을 의미하는 '협의'의 정의가 적용되던 시기였다. 하지만 2000년대에 들어와 '중국의 부상'은 증가된 경제력을 바탕으로 국제사회의 경제 분야는 물론 정치·문화·군사·안보 분야까지 영향력을 확대하고, 나아가 미국이 전후에 확립해 놓은 국제질서와 규범까지 비판하고 개혁을 모색하는 '광의'의 정의로 해석되었다.

이러한 인식을 바탕으로 2000년대 중반부터 미국의 대중국 헤징 전략은 점차 구체화된 모습으로 나타나기 시작했다. 미국은 경제 분야에서는 중국과 협력하며 함께 발전을 추구하지만, 군사·안보적으로는 동맹 및 파트너 국가들과의 협력을 강화하고 이를 통해 중국을 견제 또는 압박하여 향후 국력이 증진된 중국이 국제사회에서 가지는 미국의 패권적 지위 또는 미국이 만들어 온 전후 세계의 질서, 규범, 기준, 그리고 국제사회의 보편적 가치에 도전하는 '수정주의 국가'가 되는 것을 방지하고자 했다.

따라서 후진타오 시기의 중국은 미국을 중심으로 국제사회 일각에서 자국을 경계하는 비판적인 시각을 완화시키기 위해 많은 노력을 기울였다. 대표적인 사례로 중국은 2003년 말에 '화평굴기(和平崛起)'라는 평화적인 대외정책 개념을 국제사회에 천명했다. '화평굴기'는 당시 중국 공산당 중앙당교 상무부 교장이자 '개혁·개방포럼(改革開放論壇)'의 이사장이던 정비젠(鄭必堅)에 의해 2003년 11월에 중국 하이난성(海南省)에서 열린 '보아오포럼(博鼇亞洲論壇)'에서 처음 발표되었다. 하지만 서구의 중국 위협론자들은 '굴기'의 의미에 대해 비판적인 시각을 제기했다. 그들은 '굴기'를 기존의 우세 또는 패권을 차지하고 있는 상대를 제압한다는 의미로 해석하며, 부상을 거듭하는 중국이 결국에는 미국에 도전할 것이라 전망했다. '화평굴기'에 대한 비판은 중국 내부에서도 나타났었다. 중국의 군부와 공산당 내 강경파들은 '화평'의 의미가 타이완 통일에 대해 무력을 사용하지 않는다는 의미로 받아들여질 수 있다며 비판적 시각을 표출했다.

'화평굴기'에 대한 국내외의 비판이 나타나자 중국 지도부는 2004년 초부터 '굴기'를 '발전'으로 대체한 '화평발전(和平發展, a peaceful development)'의 새로운 개념을 제시했다. 이에 더하여 중국은 2005년 9월에 후진타오 주석의 UN 창립 60주년 총회 연설을 통해 조화로운 세계를 뜻하는 '화해세계(和諧世界, a harmonious world)'를 제시하였다. 이후 중국은 '화평발전'과 '화해세계'를 강조하며 미국과 국제사회 일각에서 나타나는 중국에 대한 경계와 위협론을 희석시키기 위해 노력했다.

하지만 앞서 언급한 대로 2008년 8월에 중국이 베이징 하계올림픽을 성공적으로 개최하며 내부적으로 중국이 국제사회에서 강한 모습을 보여 주기를 바라는 민족주의적인 요구가 높아졌다. 또한 같은 해 말 미국은 금융위기에 빠지며 미국의 국력이 쇠퇴하였다는 평가가 나타나기 시작했다. 금융위기가 유럽 및 국제사회로 확산되는 상황에서 중국은 주변 지역을 중심으로 자국의 영향력 확대를 시도했다. 특히 중국은 9단선을 내세우며 남중국해에서 영유권 주장을 펼쳤으며, 이는 베트남, 필리핀 등 ASEAN 국가들과의 분쟁을 야기했다. 이어 2010년에는 동

중국해에서 일본과의 영토분쟁(중국명: 댜오위댜오, 일본명: 센카쿠열도)이 발생했다. 당시 중국은 희토류 수출을 규제하며 일본을 강경하게 압박해 국제사회의 주의를 끌었다. 중국과 주변국들 사이에서 긴장과 갈등이 고조되자, 국제사회에서는 중국의 대외정책이 공격적이고 주변국에 위협적으로 변화했다는 시각이 퍼져 나갔다. 미국 오바마 행정부는 이러한 중국과 주변국들과의 갈등을 놓치지 않고 파고들며 대중국 헤징전략의 일환인 '재균형 정책(rebalancing policy)'을 적극적으로 추진했다. 또한 중국의 주변국들은 중국과의 경제협력을 중시하면서도, 다른 한편으로는 역내에서 중국을 견제하는 역외 균형자로서의 미국의 역할을 환영하는 모습이었다.

중국은 주변국들과의 갈등이 높아지자 자국의 외교정책을 검토하기 시작했으며 일각에서는 다시금 덩샤오핑의 '도광양회'를 강조하기 시작했다. 물론 중국 내부에서는 미국의 '재균형 정책'이 중국의 '부상'을 질투하고 중화민족이 고대역사에서의 옛 영화를 되찾으려는 노력에 발목을 잡으려 한다는 불만스러운 시각이 존재했다. 하지만 아시아 주변국들이 미국과 군사·안보적으로 협력하거나 최소한 중국에 대한 견제를 위해 미국의 역내 개입을 환영하는 듯한 반응을 보이자 중국은 당황할 수밖에 없었다.

중국 지도부는 내부적으로는 옛 영화의 회복을 바라는 국내 정치적 및 민족주의적 요구를 수용해 가며, 외부적으로는 새로운 미중 관계를 구축해 나가기 위한 돌파구를 찾아야 했다. 또한 이러한 과정에서 중국은 초강대국 미국과의 안정적인 관계와 협력을 바탕으로 '부상'하는 중국의 경제력과 국제사회의 위상에 걸맞은 새로운 미중 관계를 설정하려 했다. 이러한 대내외적 요인들을 배경으로 중국은 미중 '신형대국관계 (新型大國關係)'의 개념들을 점차 구체화하기 시작했다. 2008년 12월에 당시 중국의 외교담당 국무위원이었던 다이빙궈(戴秉國)는 미국 브루킹스 연구소가 주최한 미중 수교 30주년 기념행사의 연설을 통해 처음으로 미중 간 '신형관계(新型關係)'를 언급했다. 다이빙궈는 "중국과 미국은 적이 아닐뿐더러 경쟁자도 아니며, 동반자"라고 언급했다. 또한 "미중 관계는 제로섬(zero-sum) 게임이 아니라 윈-윈(win-win) 관계"라고 강조했다. 2012년 2월에는 당시 중국 국가 부주석이던 시진핑이 미국을 방문하여 오바마 대통령과의 만남에서 미중 '신형대국관계'를 언급했다. 시진핑은 미중 간의 새로운 대국관계는 상호 존중과 공동 번영, 그리고 서로의 핵심 이익을 존중함으로써 확립될 수 있다고 주장했다.

2012년 5월에 열린 제4차 '미중 전략과 경제 대화(U.S.-China SED: the U.S.-China Strategic and Economic Dialogue)'의 기조연설을 통해 후진타오 주석은 미중 '신형대국관계'를 미국 측에 공식적으로 제안했다. 이러한 중국의 미중 '신형대국관계'에 대한 제안은 후진타오 시기에 이어 시진핑 지도부 1기에도 지속적으로 강조되었다.

후진타오 시기 중국과 한반도 및 일본과의 관계는 협력과 갈등이 반복되었다. 중국은 2003-2007년 사이 미국·일본·러시아, 그리고 남북한이 참여하는 6자회담의 의장국으로 북핵위기에 대응하며 지역 강대국으로서 긍정적인 역할을 보이기도 했다. 제1차 회담은 2003년 8월 27-29일 열렸으며, 2007년 9월까지 모두 6차례의 회담이 중국 베이징에서 개최됐다. 특히 6자회담을 통해 2005년에 채택된 '9·19공동성명'은 북한이 모든 핵무기와 핵계획을 포기하고 '핵확산금지조약(NPT: Treaty on the Non-Proliferation of Nuclear Weapons)'과 '국제원자력기구(IAEA: International Atomic Energy Agency)'로의 복귀를 통해 한반도 비핵화 및 미국의 대북 불가침 의사 확인을 주요 내용으로 하는 6개 항목을 명시했다. 하지만 이후 북미 간 비핵화 과정과 조치에 대한 이견이 나타나며, 2007년 3월에 열렸던 제6차 회담 이후 논의가 중단되었다. 북한은 2009년 4월에 외무부 성명을 통해 6자회담을 탈퇴하고 핵무장을 재개하겠다고 공표했다.

한중 관계에서는 2000년 마늘파동 및 2002-2004년 사이 '동북공정(동북변강역사여현상계열연구공정, 東北邊疆歷史與現狀系列研究工程)'을 겪으며 양국 사이 갈등이 표출되었다. 또한 일본과는 2005년의 고이즈미 준이치로(小泉純一郎) 일본 총리의 야스쿠니 신사 참배, 그리고 무엇보다도 앞서 언급했던 2010년 동중국해 댜오위다오(일본명: 센카쿠열도)에서 영토 분쟁이 발생하며 중일 관계가 냉각됐다.

Ⅴ. 2010년대-2020년대 시진핑 시기,
   '도광양회'에서 '분발유위'로

1. 시진핑 지도부 1기(2012-2017):
   중화민족의 위대한 부흥(중국몽)

　　시진핑 집권 시기에 나타난 전반적인 중국의 대외전략은 덩샤오핑의 '도광양회'에서 적극적인 외교를 뜻하는 '분발유위(奮發有爲)'로의 전환으로 정의할 수 있다. 2012년 11월에 열린 중국공산당 제18차 전국대표대회(이하 18차 당대회)를 통해 당 총서기에 선출되며 새로운 중국의 최고지도자 자리에 오른 시진핑은 '중화민족의 위대한 부흥(中華民族偉大複興)'으로 정의되는 '중국의 꿈(中國夢)'을 대내외에 천명했다. 이러한 목표를 위해 중국은 대외정책으로 미중 '신형대국관계'를 중심으로 하는 대국외교, '운명공동체(命運共同體)' 등의 개념을 내세우며 '일대일로(一帶一路)'를 중심으로 주변외교 및 개발도상국 외교에 정책적 역량을 집중했다. 이와 더불어 중국은 국제사회에서의 영향력 확대를 위해 UN 및 다양한 국제기구를 통해 다자외교의 역량 강화를 적극적으로 추구해 나갔다.

　　먼저, 시진핑 지도부 1기에 나타난 중국 대외정책의 특색은 무엇보다도 적극적인 외교를 표방하는 것이었다. 당시 중국의 왕이(王毅) 외교부장은 시진핑 지도부 1기의 중국 외교를 설명하며 2013년에는 '적극작위(積極作爲)', 2014년에는 '적극진취(積極進取)'와 '적극주동(積極主動)'

을 강조했다. 또한 그는 중국이 책임대국의 역할을 발휘하고, 주변국들에 중국의 발전을 공유할 수 있는 기회를 더 많이 제공함으로써 함께 발전하는 '운명공동체'를 만들어 나갈 것이라고 언급했다. 이와 연관하여 중국은 2013년에 '일대일로' 구상을 발표하며 새로운 경제발전 동력의 확보와 국제사회에서 경제력을 통한 중국의 영향력 확대를 추구했다. 중국의 '일대일로' 구상이 처음 공식적으로 모습을 드러낸 것은 2013년 9월에 시진핑 주석의 카자흐스탄 방문 당시 나자르바예프 대학에서의 강연을 통해 '실크로드 경제벨트(絲綢之路經濟帶)'의 구상을 직접 발표하면서부터이다. 이어 같은 해 10월에 시 주석은 인도네시아를 방문하여 의회 연설을 통해 21세기 '해상실크로드(海上絲綢之路)'의 공동 건설을 제안했다.

다른 한편으로, 시진핑 지도부 1기의 중국은 미국의 글로벌 리더십을 인정하고 협력하는 대신 중국의 핵심이익을 존중받으려는 미중 '신형대국관계'를 계속해서 미국에 제안했다. 2013년 6월 1일부터 시진핑 주석은 남미의 트리니다드 토바고, 코스타리카, 멕시코를 방문한 후, 같은 달 7일에 미국 캘리포니아주의 휴양지인 써니랜드에서 오바마 대통령과 정상회담을 가졌다. 이 회담을 통해 시 주석은 국가 부주석이었던 2012년의 회담에 이어 미중 '신형대국관계'에 대해 오바마 대통령과 다시 논의를 이어갈 수 있었다. 이어 2014년 11월, 베이징에서 개최된 아시아태평양경제협력체(APEC: Asia Pacific Economic Cooperation) 정상회담 기간 중 열린 미중정상회담에서도 시 주석은 미국 오바마 대통령과 국제사회의 당면문제인 기후변화, 반테러, 한반도 비핵화 등에 관해 협력을 논의하며 '책임대국'으로 나아가는 모습을 보이는 한편, 계속해서 미국과 '신형대국관계'를 확립하기 위해 노력했다.

하지만 오바마 행정부는 중국의 미중 '신형대국관계'를 사실상 거부했다. 중국이 제시하는 '신형대국관계'의 의미가 모호하고, 미국 내 일각에서는 '신형대국관계'가 중국이 미국의 동맹국들을 혼란시키기 위한 함정이 될 수 있다는 우려가 표출되었기 때문이었다. 나아가 만약 미국이 이를 수용하면 태평양 지역에서 '세력권(sphere of influence) 분배' 현상이 나타날 수 있으며, 이러한 상황이 발생한다면 미국은 동맹국들로부터 신뢰를 잃고, 역내 국가들은 결국 중국에 '편승(bandwagoning)'할 수밖에 없을 것이란 전망도 제시되었다.

시진핑 지도부 1기의 대외정책은 미중 관계에 이어 '주변외교' 정책을 중시하는 모습이 나타났다. 2013년 10월 24-25일 사이 베이징에서는 중국공산당의 최고위 지도부인 정치국 상무위원 7명 전원이 참석한 가운데 '주변외교 공작 좌담회(周邊外交工作座談會)'가 개최되었다. 이때 제시된 주변외교의 핵심 개념은 '친(親)·성(誠)·혜(惠)·용(容)'이었다.[1] 또한 당시 강조되었던 '친성혜용(親誠惠容)' 방침과 '운명공동체(命運共同體)'론은 기존의 목린(睦隣), 안린(安隣), 부린(富隣)의 '삼린'과 더불어 중국 '주변외교' 정책의 새로운 핵심 개념으로 자리 잡게 된다.

이와 더불어 중국은 국제사회에서 미국의 금융질서를 비판하고 개혁

---

1 친(親)은 중국이 주변국들과 더욱 친하게 지낸다는 것을 의미하였고, 성(誠)은 성의를 다해 주변국을 대한다는 뜻임. 혜(惠)는 중국의 발전으로 인한 혜택을 주변국들과 함께 나누겠다는 의미를 가졌으며, 용(容)은 주변국들을 더욱 포용하겠다는 뜻으로 해석됨.

을 요구하는 한편, 저개발국과 개발도상국들의 이해를 대변하는 모습을 보였다. 특히 중국은 시진핑 지도부 1기에 들어 국제사회의 신흥 경제 강국인 BRICS(브라질·러시아·인도·중국·남아프리카 공화국) 국가들과 함께 '신개발은행(NDB: New Development Bank)'을 설립했다. 그리고 무엇보다도 아시아에서 미일이 주도하는 '아시아개발은행(ADB: Asian Development Bank)'과 유사한 '아시아인프라투자은행(AIIB: Asian Infrastructure Investment Bank)'을 미국과 일본의 비판과 불참 속에 2016년 1월에 57개 회원국으로 공식 출범시켰다. 당시 예상을 뒤엎고 성대하게 출발했던 AIIB는 2023년 3월 현재 총 106개 국가가 회원국으로 가입되어 있다.

또한 시진핑 주석은 '강군몽(强軍夢)'을 앞세운 군내 부패 척결과 개혁을 단행하며 군 지휘권을 자신이 주석을 맡은 당 중앙위원회와 중앙군사위원회에 집중시켰다. 2016년에는 합동작전지휘체제를 구축했으며, 7대 군구(軍區)를 해체하고 동부·남부·서부·북부·중부의 5대 전구(戰區)로 개편했다. 다른 한편으로는 제2포병부대를 로켓군(火箭軍)으로 재편하여 군종으로 승격시키고, 새로운 독립 병종인 전략지원부대(戰略支援部隊)와 더불어 과거 총후근부와 7대 군구 산하에 흩어져 있던 군수·병참 관련 조직을 통폐합해 군수·병참 등을 총괄하는 '연근보장부대(聯勤保障部隊)'를 신설하였다. 특히 로켓군의 승격과 전략지원부대의 창설은 핵, 사이버, 우주, 정보 분야에 대한 투자를 확대하고 있는 미국의 첨단 군사력에 대응한다는 의미를 포함하고 있었다. 또한 군과 민간 부문 간 과학 기술의 교류 및 협력으로 미국과의 군사과학기술과 군사력의 격차를 줄이려는 '군민융합(軍民融合)' 정책이 추진되었다.

시진핑 지도부 1기의 한반도 및 동북아 정세에서도 많은 변화가 나타났다. 2011년 12월에 김정일의 갑작스러운 사망에 이어 등장한 북한 김정은 체제는 2018년 초 평창 동계올림픽을 계기로 대화 국면으로 나오기 전까지 핵무기의 고도화를 위해 연이은 4차례의 핵실험과 80여 차례의 미사일 도발로 북중 관계에서 갈등이 표출되었으며 한반도 정세에서도 긴장이 고조되었다. 중국은 한반도 정세 안정과 비핵화를 위한 방안으로 '쌍궤병행(雙軌並行)'과 '쌍잠정(雙暫停, 한국에서는 쌍중단으로 번역)'을 제시하며 한반도 정세의 안정과 역내 주요 현안에서 자국의 역할을 보여 주려 노력했다. 중국은 2016년 초에 한반도 비핵화와 함께 한국전쟁을 종식시키고 정전기제(停戰機制)를 평화기제(和平機制)로 전환시키는 '쌍궤병행'을 제안했다. 이어 2017년 초에는 북한의 핵과 미사일 활동 및 한미의 대규모 군사훈련을 잠정적으로 중단하자는 '쌍잠정'을 주장하며 북한의 무력도발을 막고 미국의 역내 영향력 확대를 견제하기 위해 노력했다.

한중 관계에서도 커다란 굴곡이 나타났다. 2013년 박근혜 대통령의 중국 방문과 2014년 시진핑 주석의 한국 답방을 통해 한중 우호협력관계가 한층 강화되었다. 특히 미국과 일본의 비판과 반대 속에서 2015년 9월에 박근혜 대통령이 중국을 방문하여 열병식을 포함한 중국의 '항일전쟁 승리 및 세계 반(反)파시스트 전쟁 승리 70주년' 기념행사에 참석하면서 한중 우호 관계는 절정을 이루었다. 하지만 2016년 7월에 한국 내 사드(THAAD) 배치가 발표되며 한중 관계는 급속히 냉각되었다.

2. 시진핑 지도부 2기(2017-2022):
   미중 전략적 경쟁의 심화와 '분발유위'

   시진핑 주석은 2017년 10월에 개최된 중국공산당 19차 당대회에서 총서기로 재선출되었다. 집권 2기를 시작한 시진핑 주석은 중국의 대외정책에서 '중국 특색의 대국외교(中國特色大國外交, Major Country Diplomacy with Chinese Characteristics)'를 내세우며 '신형국제관계(新型國際關係, a New Type of International Relations)'와 '인류운명공동체(人類命運共同體, a Community of Shared Future for Mankind)를 중국 외교정책의 핵심 개념으로 강조했다. 또한 시 주석은 중국의 주권과 국익 수호 의지를 강하게 표출했다. 특히 시 주석은 19차 당대회 '업무보고'를 통해 중국이 국제사회에서 더욱 적극적인 외교를 펼칠 것이라는 의미의 '분발유위(奮發有爲)'를 강조하는 동시에 중국이 주권과 국익을 양보하는 "쓴 열매"는 삼키지 않을 것임을 대내외에 천명했다. 이로 인해 시진핑 지도부 2기의 중국 대외정책은 덩샤오핑의 개혁·개방 정책과 '도광양회'의 외교전략 중심에서 이제는 시진핑의 '중국의 꿈'과 '분발유위'라는 정책적 전환을 맞이하게 되었다.

   시진핑 지도부 2기에 들어와 본격적으로 미중 전략적 경쟁이 부상하는 가운데 이에 대응하는 중국의 대외전략이 구체적으로 나타나기 시작했다. 시진핑 지도부 2기가 공식 출범한 직후인 2018년 6월 22-23일 사이 제3차 '중앙외사공작회의'가 베이징에서 개최되었다. 이 회의에서는 시진핑 지도부 2기의 대외정책에 관한 방향성이 논의되었으며,

'신시대 중국 특색의 사회주의 외교사상'이 중국 대외관계의 새로운 외교 지침으로 격상되었다. 또한 중국공산당의 강한 영도력을 바탕으로 당 중심의 적극적인 외교를 추진하겠다는 강한 의지가 표명되었다. 중국은 시진핑 지도부 2기에 들어와 적극적인 외교 및 현대화된 군을 바탕으로 장기적으로 미국과의 전략적 경쟁에서 우위를 점하고 국제사회에서 영향력을 확대하려는 의지를 강하게 표출했다. 하지만 동시에 중국은 군사력을 포함한 종합국력에서 아직은 미국과 비교해 열세인 점을 인식하고, 미국과의 전략적 경쟁과 갈등이 일정 수준 이상으로 확대되는 상황을 피하며 가능한 한 원만한 양자관계를 관리하려는 대미 정책의 기본 틀을 유지하려 했다.

다른 한편으로 시진핑 주석은 19차 당대회를 전후하여 강화된 자신의 군내 위상과 장악력을 바탕으로 '중국 특색의 강군의 길'을 견지하고, '국방과 군대 현대화의 전면적인 추진'을 실현하기 위한 군 개혁을 지속할 것임을 밝혔다. 이는 점차 심화되는 미국과의 전략적 경쟁에서 중국의 국방력을 키워 중국의 주권과 국익을 보호하는 것은 물론, 예상 가능한 미국으로부터의 군사·안보적 압박에 대응하려는 의미를 내포하고 있었다. 시진핑 주석은 2012년 11월에 중국공산당 총서기로 처음 선출된 이후부터 중국 인민해방군의 해·공군력을 강화하며 남중국해와 동중국해에 존재하는 영토 분쟁에서 강경한 목소리를 내며 절대 물러서지 않겠다는 단호한 의지를 보여 왔다. 이를 위해 중국은 항공모함의 자체 제작과 전단 구축 계획 및 남중국해에서 인공섬을 건설하는 등 역내에서 미국에 대응할 수 있는 군사·안보적 역량을 갖추기 위해 많은 노력을 기울였다. 또한 중국의 제1호 항공모함인 랴오닝호에 이어 2019년 12월에는 제2호 항공모함인 산둥(山東)함이 하이난(海南)성 싼야 (三亞) 해군기지에서 취역했다. 향후 중국은 추가로 4개의 항공모함을 자체 제작하여 총 6개의 항모전단을 구성함으로써 미국의 역내 해·공 군력의 투사에 대응하려는 계획을 하고 있다.

시진핑 지도부 2기에 들어와 남중국해 현안에 이어 양안 관계의 갈등 또한 고조되었다. 2016년 5월에 타이완에서 독립 성향의 민주진보당 출신인 차이잉원(蔡英文) 총통의 취임 이후 양안 관계의 갈등은 고조되어 왔다. 이에 더하여 미중 전략적 경쟁이 심화되는 가운데 미국의 타이완에 대한 전략적 접근은 타이완 해협의 긴장을 고조시키는 또 하나의 중요한 요인이 되었다. 특히 시진핑 주석은 2018년 3월에 두 번째로 국가주석에 선출된 13기 전국인대 1차회의의 폐막 연설을 통해 '하나의 중국' 원칙을 견지하고, 어떠한 '국가 분열 행위'도 이겨낼 수 있다고 전제한 뒤, 한 치의 영토도 절대로 중국에서 분리할 수 없으며 분리될 가능성도 없다고 언급했다. 또한 시 주석은 2019년 1월 2일에 '타이완 동포에게 고하는 글(告台灣同胞書)' 발표 40주년 기념식에서의 강연을 통해 '92공식(九二共識)'에 따른 '하나의 중국(一個中國)'과 평화로운 통일을 위한 일국양제(一國兩制)를 다시금 강조했다.[2] 이어 2021년 11월에 발표된 중국공산당 제3차 역사결의에서는 신시대 타이완 문제 해결을 위한

---

2 92공식은 1992년 대만의 해협교류기금과 중국의 해협양안관계협회가 양안 관계의 원칙에 관한 논의에서 합의한 것으로 "하나의 중국 원칙을 견지하되 그 표현은 양안 각자가 편의대로 한다"는 것이다.

당의 총체방략을 언급했으며, 2022년 8월에는 타이완 백서인 '타이완 문제와 신시대 중국의 통일사업(臺灣問題與新時代中國統一事業)'이 발간되며 타이완 통일에 대한 시진핑 지도부의 강한 의지를 지속적으로 표출시켰다.

다른 한편으로 시진핑 지도부는 차이잉원 총통의 취임 이후 외교 분야에서 타이완 고립 정책을 실행했다. 타이완의 수교국들에 대해 많은 경제적 이익을 제시하며 단교를 유도했다. 실제로 2016년 5월 20일에 차이잉원 총통이 취임한 이후, 같은 해 12월 21일에 아프리카의 상투메 프린시페가 타이완과 단교한 후 5일 후인 26일에 중국과 수교했다. 이어 파나마, 도미니카 공화국, 부르키나파소에 이어, 2018년 8월 21일에는 엘살바도르가 타이완과 단교했다. 2019년 들어서는 솔로몬제도가 9월 16일에 타이완과 단교하고 5일 후인 21일 중국과 수교했다. 2019년 9월 20일에는 키리바시가 타이완과 단교한 후 같은 달 27일에 중국과 수교했다. 그리고 차이잉원 총통이 2021년에 재선에 성공한 이후,

표 1. 타이완의 수교국 (2023년 9월 현재)

지역 (국가 개수)	국가 (총 13개국)
유럽(1)	바티칸
오세아니아(4)	나우루, 투발루, 마셜 제도, 팔라우
아프리카(1)	에스와티니
남아메리카(1)	파라과이
중앙아메리카(2)	벨리즈, 과테말라
카리브(4)	세인트루시아, 세인트키츠 네비스, 세인트빈센트 그레나딘, 아이티

같은 해 12월 9일에는 니카라과가, 2023년 3월에는 온두라스가 타이완과 단교 후 중국과의 수교를 발표하며 타이완의 수교국은 총 13개국으로 감소했다(표 1 참조).

3. 시진핑 지도부 3기(2022년-현재)

2022년 10월에 개최된 중국공산당 20차 당대회에서 시진핑 주석은 3연임을 확정하며 장기집권의 기반을 이룩했다. 또한 당내 집단지도체제는 형식적으로 유지되었지만 실질적으로 측근들의 친정체제를 구축하며 사실상 시 주석의 1인 권력이 한층 강화되었다. 이러한 국내 정치적인 상황과 함께 대외적으로는 시진핑 지도부 3기에도 미중 전략적 경쟁의 심화가 계속될 전망이다. 특히 중국공산당 20차 당대회 '보고'에서 국가 '안보(安全)'가 29차례 언급된 것을 포함해 국제, 인민, 경제, 식량 등 각종 '안보'가 총 91차례 거론되었다. '중국 특색의 사회주의'가 총 33차례, 20차 당대회에서 중요 개념으로 강조된 '사회주의 현대화국가'가 총 19차례, 관심을 모았던 '공동부유'는 총 8차례, 그리고 시진핑 사상으로 주목받던 '신시대 중국 특색의 사회주의 사상'이 총 7차례 언급된 점과 비교한다면, 미중 전략적 경쟁 구도하에서 중국공산당 지도부가 인식하는 다양한 영역에서의 안보 우려가 증가되었음을 알 수 있다. 이로 인해 시진핑 주석은 20차 당대회 '보고'에서 '분투(奮鬪)'를 28차례 언급하며 국방력 증대의 의지를 강하게 표출했다. 또한 시 주석은 '보고'를 통해 "실전화한 군사훈련을 심도 있게 추진"하고, 인민해방군을 세계 수준의 군으로 육성하기 위한 투자의 강화를 천명했다.

다른 한편으로, 시진핑 지도부 3기의 출범을 알렸던 20차 당대회에서 나타난 중국의 대외정책은 '인류운명공동체', '신형국제관계', '글로벌 발전 창의(全球發展創意, GDI)', '글로벌 안보 창의(全球安全創意, DSI)' 등을 비롯한 기존의 개념들이 다시 강조되었다. 또한 시진핑 주석은 주변국과 개발도상국가들에 대한 우호협력을 강화하며 국제사회에서 중국의 위상과 영향력을 확대시키고 미국과의 전략적 경쟁에서 우위에 서려는 의지를 표명했다. 이를 위해 중국은 글로벌 발전 협력에 대한 자원 투입을 확대하고, 남반구와 북반구의 격차를 줄이는 데 주력하며, 개발도상국들이 발전을 가속화하도록 지지하고 협력하며, 국제 업무에서 신흥시장국가와 개발도상국의 대표성과 발언권을 증강시키겠다고 밝혔다.

또한 중국은 미국의 대중국 포위망 구축 및 '탈중국'의 새로운 글로벌 가치 사슬 구축에 대응하기 위해 브릭스 플러스(BRICS Plus) 및 상하이협력기구의 확대를 추구하고 있다. 실제로 중국은 2022년 제14차 브릭스 정상회의에서 '베이징 선언'을 통해 브릭스 회원의 확대, 다자주의, 세계 정책 결정 과정에 개발도상국의 의미 있는 참여를 선언했다.

이와 함께 20차 당대회에서는 시진핑 지도부 3기의 대외정책을 실행할 직위에 강경한 인사들을 임명함으로써 중국은 미중 전략적 경쟁에서 쉽게 물러서지 않겠다는 분명한 의지를 표출했다. 왕이(王毅) 당시 국무위원 겸 외교부장(현재 중국공산당 중앙외사공작위원회 판공실 주임)이 당 정치국 위원에 진입했다. 그리고 친강(秦剛) 당시 주미 중국대사, 류젠차오(劉建超) 당 대외연락부장, 류하이싱(劉海星) 중앙국가안전위원회 판공실 부주임 등이 당 중앙위원에 선출되며 시진핑 지도부 3기의 중국 대외정책을 이끌게 됐다.[3] 또한 왕이 정치국 위원과 함께 강경한 발언으로 '전랑외교'의 대표 인사로 꼽히는 친강의 외교부장 포진으로 향후 미중 관계에서 긴장과 대립이 지속될 가능성이 전망되기도 했다.

한편, 타이완 현안은 시진핑 지도부 3기에도 미중 관계에서 민감한 현안으로 부상하고 있다. 중국은 20차 당대회에 이어 2023년 3월에 개막된 '양회(兩會)'를 통해 타이완 현안과 관련하여 일국양제와 92공식을 바탕으로 평화통일을 추구하지만, 절대 무력사용의 포기를 약속하지 않을 것임을 거듭 밝혔다.[4] 특히 2023년 양회에서 친강 당시 외교부장은 미국이 우크라이나 문제에서 주권과 영토보전을 존중한다고 목소리를 높이면서 타이완 문제에서는 중국의 주권과 영토보전을 존중하지 않는 이유를 물었다. 이어 그는 중국이 러시아에 무기를 공급하지 말 것을 요구하면서 미국은 왜 타이완에 무기를 판매하는가를 지적하며 미국을 직접 언급하고 비판했다.

이렇듯 미중 사이의 긴장이 높아지며 시진핑 지도부 3기에서도 중국은 지속적으로 군사력 증강을 추구할 것으로 전망된다. 2023년 양회 기

---

3 중국 외교부장에 임명되었던 친강은 2023년 6월 말 이후 공식석상에서 사라진 뒤 면직되었으며, 이후 왕이 당 정치국원이 외교부장직을 다시 맡았다.
4 '양회(兩會)'는 중국의 국회(國會) 격인 전국인민대표대회(全國人民代表大會, 전국인대)와 정책자문기관인 중국인민정치협상회의(中國人民政治協商會議, 정협)가 매년 3월 초에 개최되는 중국 최대의 연례적인 국내 정치 행사이다.

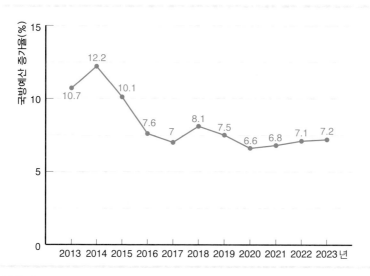

자료 3
시진핑 주석 취임 이후의 중국 국방예산 증가율.
자료 출처: 2013-2023년 중국 전국인민대표대회 정부업무보고.

간에 개최된 14기 전국인민대표대회 1차회의 개막식에서 리커창(李克强) 총리는 '정부업무보고(政府工作報告)'를 통해 2023년 중국의 경제성장률을 1991년의 4.5% 이래 가장 낮은 목표치인 "5% 내외(5%左右)"로 발표했다. 반면 '정부업무보고'에서 발표된 2023년 국방비 예산은 작년 대비 7.2% 늘어난 1조 5천537억 위안(약 293조 원)으로 책정되었다. 최근 코로나19 사태 이후 중국의 경제가 아직 회복되지 않았고, 2023년의 경제성장률의 목표를 보수적으로 발표하면서도 근년에 들어 중국의 국방예산은 지속적인 증가 추세를 보여 왔다(자료 3 참조). 이는 미중 전략적 경쟁의 심화 및 20차 당대회에서 언급된 다양한 '안보(安全)' 문제와 위협인식에 대한 대응 방안의 일환으로 중국이 지속적인 군사력 강화를 추구하는 과정으로 생각된다.

한반도 정세에서는 미중 전략적 경쟁 구도가 심화되며 북한이 중국에 가진 전략적 완충지대로서의 가치가 증가되었다. 이로 인해 양자 간 상호 불신과 불만이 여전히 존재하지만, 각자의 대미 관계 및 한반도 정세에서의 이이에 기인해 최근 북중 전략적 협력관계가 강화되었다. 실제로 중국공산당 20차 당대회를 전후하여 시진핑 주석과 김정은 위원장 간 총 5차례의 축전이 오가며 북중 전략적 협력관계를 거듭 확인하였다.

반면, 한국은 2022년 5월에 윤석열 정부가 출범한 이후 한미동맹의 강화 및 북한의 핵과 미사일 위협에 대응하는 한미일의 핵 억제력 강화로 인해 한중 관계에 긴장이 계속되고 있다. 하지만 만약 중국이 한국을 2016년 사드 사태와 같이 압박한다면 한국은 급속히 미국에 기울 것이라는 판단으로 인해 중국은 한국에 대한 압박과 전략적 접근을 병행하고 있다. 또한 한중 양측은 첨단산업의 안정적인 산업 공급망 구성에 서로가 필요하며, 한반도 정세 및 비핵화 문제에 대한 논의와 협력의 공간이 존재하는 관계로, 다양한 도전 요인 속에서도 원만한 관계를 유지하기 위해 상호 노력하고 있는 모습이다.

VI. 결론

미중 전략적 경쟁이 심화되며 국제사회에서는 점차 진영화 구도가 부상하고 있다. 미국은 신장위구르 자치구의 인권 유린, 2019년 홍콩 대규모 시위, 그리고 타이완 관련 현안들을 지적하며 중국이 국제사회의 보편적 가치인 인권과 민주주의를 존중하지 않는다고 비판하며, 미국 대 중국의 경쟁 구도를 자유진영국가 대 중국의 구도로 전환시키고 있다. 또한 미국은 글로벌 가치 사슬에서 '디리스킹(derisking)' 또는 일부 영역에서 중국 배제를 추구하며 동맹과 파트너 국가들이 주축이 된 새로운 산업 공급망을 구축하고 있다. 이에 대응해 중국은 러시아, 파키스탄, 북한 등 전통적인 우방국 및 주변 국가와 개발도상국가들을 중심으로 미국의 진영화 구도에 맞서 국제사회에서 자국의 우방국과 우호 세력을 확대해 나가려 노력하고 있다. 이런 상황을 신냉전 구도로 볼 것인가에 대해서는 여전히 논쟁이 존재하지만, 현안별로 진영 간 경계의 모호함이 유지되는 가운데 미중 양 강대국 사이에서 나타나는 진영화 구도는 점차 구체화될 것으로 전망된다.

이러한 국제환경을 고려하여 향후 중국의 대외정책은 미국과의 도전 요인들을 관리하며 원만한 관계 개선을 추구하겠지만, 주권과 발전 및 안보 이익에서는 쉽게 양보하거나 물러서지 않는 강경한 입장을 견지할 것으로 전망된다. 또한 중국은 미국과 비교해 아직 군사력이 충분치 않고 대내외적인 경제 상황이 좋지 않은 상황이다. 따라서 중국은 남중국해와 타이완 현안 등에서 미국과 무력 충돌을 불사하거나 국익이 걸린 경제 현안에서 전면적인 충돌과 갈등을 선택하기는 쉽지 않아 보인다. 이로 인해 중국은 정치적으로는 물러서지 않는 강경한 입장을 견지하면서도, 현안별로 대화와 협상을 통해 돌파구를 마련해 나가려는 노력을 보이는 한편, 장기적으로 자국의 군사력과 경제력을 지속적으로 증진해 나가며 궁극적으로 미국과의 경쟁에서 우위에 서는 방안을 선택할 것으로 전망된다.

제 17 장

탈냉전 시기 북한의 대외정책: 실리외교와 적대외교의 부정교합 (1990년대–2010년대)

박원곤

이화여대 북한학과 교수

I. 서론:
실리와 핵 개발 동시 추구

이 글은 탈냉전 시기 북한 외교 30년, 1990년대부터 2010년대를 개괄하되 북한 외교가 실리 추구를 위한 협력외교와 자주를 내세운 핵 개발의 적대외교 간 갈등이 10년 주기로 반복되면서 결국 후자로 귀결됨을 주장하고자 한다. 북한 대외정책의 특성은 다양한 형태로 규정이 가능하지만, 크게 두 가지로 귀착된다. 첫째, 이념과 실리 추구이다. 주체사상이 표출하는 '자주'가 북한 대외정책의 핵심 원칙임은 분명하다. 그러나 북한은 이념적 경직성에 벗어나 실리 추구를 위한 일부 유연한 대외정책도 이미 1960년대부터 시행한 바 있다.

둘째, 적대, 협력, 동맹 외교로 정의할 수 있다. 한국전쟁 이래 미국과 한국을 '대적'으로 규정한 적대외교, 냉전기 소련과 중국을 중심으로 한 동맹외교, 시기에 따라 평화 담론으로 비사회주의권과 관계 개선을 모색하는 협력외교 등의 양상을 확인할 수 있다.

탈냉전 북한 외교는 위의 분류를 활용할 경우 실리외교와 적대외교를 반복하는 행태를 보였으나, 결국 핵 질주를 선택하여 적대외교의 양상 중 하나인 벼랑 끝 외교가 주류를 이루게 된다. 실리외교와 적대외교는 병립할 수 없는 부정교합임이 확인된다.

II. 북한 대외정책의 원칙:
자주, 친선, 평화

  북한 외교는 국제정세를 '해방과 혁명'이라는 관점에서 본다. 이러한 관점은 지도자의 발언, 노동당 규약과 사회주의 헌법 등을 통해 지금까지도 지속된다. 북한은 1980년 10월 제6차 당대회를 통해 김일성이 '자주, 친선, 평화'를 대외정책 3대 원칙으로 천명한 바 있다. "대외활동에서 자주성을 견지하고, 세계 여러 나라들과 친선 협조 관계를 발전시키며, 세계의 평화와 안정을 보장하기 위하여 적극 노력"할 것이라는 의미이다.[1] 구체적으로 김일성은 자주란 "모든 대외정책을 우리나라 실정과 우리 인민의 이익에 맞게 독자적으로 결정하며 자신의 판단과 주견에 따라 외교활동을 벌여 나가는 것"으로서 "국제관계에서 나서는 모든 문제를 자신의 판단과 주견에 따라" 결정하는 것으로 규정하였다. 이에 따라 북한은 "(다른) 민족의 이익을 침해하거나 내정에 간섭하는 것을 허용하지 않을 것"임을 분명히 한다. 친선은 "우리나라의 자주권을 존중하는 세계 모든 나라들과 친선 관계를 발전"시키는 것으로 규정하였다. 평화는 반제국주의론과 연계하여 "평화와 안전은 제국주의자들의 침략과 전쟁 정책을 반대하는 투쟁을 통해서만 수호할 수 있다"고 주창하였다.[2] 이후 평화 개념은 북한에 적대적인 국가와도 북한의 자주

---

1 『조선중앙년감』1981년, 67-67쪽; 김계동 외, 『현대 외교정책론』 4판(명인문화사, 2022), 288쪽에서 재인용.
2 임수호, "탈냉전기 대외정책과 대외관계," 장달중 편, 『현대 북한학 강의』(사회평론, 2014), 102-103쪽.

권을 존중하면 우호적인 환경 조성을 위해 관계할 수 있다는 원칙으로 확장된다.

북한이 표방한 3대 원칙은 현재도 유효하다. 예를 들어 2012년 4월 개정된 당 규약 전문에서 "조선로동당은 자주·평화·친선을 대외정책의 기본이념으로 하여, 반제자주역량과의 연대성을 강화하고 다른 나라들과의 선린 우호 관계를 발전시키며, 제국주의 침략과 전쟁 책동을 반대하고 세계의 자주화와 평화를 위하여, 세계사회주의 운동의 발전을 위해 투쟁한다"고 밝히고 있다.[3] 북한의 대외정책은 자주를 기반으로 하되 결국 친선과 평화의 우선순위 조정을 통해 유연한 실리외교와 적대외교를 반복하는 양상을 표출한다.

적대외교와 연계된 북한 외교의 다른 핵심 특징은 '혁명외교'이다. 북한은 태생적 특성상 "반제자주, 민족적·계급적 해방, 세계사회주의 운동의 발전"등을 강조한다. 이에 따라 필연적으로 1964년 공식화한 '3대 혁명역량 강화'를 통한 한반도 공산화 통일을 고수한다. 대외정책인 국제혁명역량 강화도 한반도 공산화 목표 달성을 위한 수단이다.[4] 북한이 현재도 한반도 공산화를 추구하는지는 다양한 견해가 제시되지만, 가장 최근인 2021년 개정된 노동당 규약은 다음과 같이 밝히고 있다.

> 조선로동당의 당면목적은 공화국 북반부에서 부강하고 문명한 사회주의 사회를 건설하며 전국적 범위에서 사회의 자주적이며 민주주의적인 발

---

3 임수호, 위의 책, 102쪽.
4 임수호, 위의 책, 104쪽.

전을 실현하는 데 있으며 최종목적은 인민의 리상이 완전히 실현된 공산
주의 사회를 건설하는 데 있다.

위의 노동당 규약은 한국을 포함한 "공산주의 사회 건설"을 최종 목
표로 하고 있다. 더불어 북한이 공산주의를 표방하는 한 공산당의 정체
성과 존립 기반이 되는 전 세계의 공산화라는 혁명적 목표를 유지할 수
밖에 없다.

북한이 자주외교를 주창한 것은 1956년 8월 종파사건 시 중국과 소
련의 개입, 스탈린 사망 후 흐루쇼프의 스탈린 격하, 중국 문화혁명,
중소 분쟁 등이 영향을 주었다. 특히 중소가 대립하자 일방을 편들기보
다는 '자주외교론'을 주창하면서 양국에 대한 의존을 줄이려 하였다.
자주외교론은 결국 "사상에서의 주체, 정치에서의 자주, 경제에서의
자립, 국방에서의 자위"로 대변되는 주체사상으로 발전하게 된다.

실리외교는 다른 표현으로 개방외교, 친선외교, 혹은 시계추 외교로
도 불린다. 북한이 공식적으로 쓰는 표현은 아니지만, 1970년 데탕트
시기 북한은 일부 자본주의 국가와 관계 개선을 모색하는 '개방외교'를
시작하였다. 더불어 제3세계 비동맹권 국가와 연대하는 '친선외교'도
확장하였다. '시계추 외교'는 북한이 소련과 중국의 지배적인 영향력에
서 벗어나 양국 사이에서 국익을 극대화하려는 시도이다.[5]

---

5 임수호, 위의 책, 107쪽.

III. 1990년대 :
개혁·개방 대 핵무장

　1948년 조선민주주의인민공화국 건립 이후 북한의 가장 큰 도전은 1990년 소련이 붕괴하고 동유럽권 국가가 민주화된 탈냉전일 것이다. 냉전 종식은 공산주의 진영의 패배를 의미하며 북한에 심리·물질적 타격을 주었다. 한국의 노태우 정부가 추진한 북방외교도 1990년대 초 북한의 대외정책에 영향 요인으로 기능하였다. 한국은 중국·러시아를 비롯한 모든 구공산권 국가와 수교를 맺었다. 특히 북한의 동맹국이자 최우방국인 중국이 한국과 1992년 수교를 맺은 것도 커다란 충격으로 다가왔다.

　1980년대 북한의 공격적 행위는 1990년대 북한 대외정책을 제한하였다. 1987년 북한은 대한항공 KAL858편을 폭파하는 테러를 감행한 결과 미국에 의해 테러지원국으로 지정되고 제재를 받는 등 국제사회에서 고립이 심화하였다. 더불어 북한 내부 상황도 체제 생존을 우려할 정도로 최악의 경제적 어려움을 겪었다. 탈냉전으로 인해 소련과 중국 등 공산권 국가로부터 받던 지원이 중단되고 원유·원자재 등의 경화 결제가 요구되면서 대외경제 분야가 대폭 감축되었다. 1990년부터 1998년까지 경제는 마이너스 성장을 하였고, 특히 고난의 행군 시절인 1997년은 −6.3% 역성장을 기록하였다. 이 기간에 국민소득은 30% 이상 감소하였다.

　북한은 내부적으로 사상투쟁을 통해 위기를 돌파하려 했다. 대표적인 것인 1996년 1월『노동신문』을 통해 밝힌 '붉은기 사상'이다. 이를 바탕으로 '우리식 사회주의' 고수를 강조한 후 1998년부터는 사상정치 강국, 군사 강국, 경제 강국을 표방하는 '강성대국론'을 천명하였다.[6] 특히, 이 시기 김정은은 '선군정치'를 대내외 정책의 기조로 삼고 운용하였다.

1. 실리외교: 냉전 종식 직후 한·미·일과 관계 개선 추진

대내외 최악의 위기 국면에서 고립을 탈피하기 위해 취한 북한의 대외정책은 실리외교였다. 급변한 대외환경에서 체제 생존이라는 절대 목표 달성을 위한 노력의 일환으로 일차적으로 한국·미국·일본 등과 관계 개선에 나서게 된다. 당시 한국의 노태우 정부가 추진하던 북방정책도 북한의 유연한 외교에 동력을 제공해 주었다. 북한은 1988년 12월부터 1992년 12월 사이 북경에서 미국과 총 28차례 참사관급 접촉을 가졌다. 일본과도 1991년 1월부터 1992년 11월 사이 총 8차례 국교정상화를 위한 대화를 진행하였다.

실질적인 진전을 보인 분야는 대남 관계이다. 1980년대 말부터 남북 국회회담 준비회담이 시작되었고, 1990년 10월에는 남북 통일축구대회가 서울과 평양에서 각각 개최되었다. 1990년 9월부터는 남북 고위급회담이 시작되어 1991년「남북 사이의 화해와 불가침 및 교류 협력에

---

6 김계동 외, 앞의 책, 283쪽.

관한 합의서」(기본합의서)를 채택하였다. 같은 해 12월 「한반도 비핵화에 관한 공동선언」(비핵화공동선언)을 채택하고, 다음 해 3월 「남북핵통제공동위원회의 구성·운영에 관한 합의서」도 마련하였다.

남북 간 채택된 합의서의 내용만으로 평가한다면, 북한은 남한과의 관계를 획기적으로 개선하고 핵을 추구하지 않을 것을 분명히 하였다. 기본합의서는 상호 체제 존중의 정신하에 남북연락사무소를 설치하는 '남북 화해'를 1장에 담고 있다. 2장은 '남북 불가침'으로 무력 불사용을 명시하며 남북군사공동위원회 구성을 명시하였다. '남북교류협력'은 3장에서 다루어져 경제·문화 교류는 물론 "민족구성원의 자유로운 왕래"를 담고 있다. 비핵화공동선언은 전문과 총 6개 항으로 구성되어 있으며, 핵심은 "남과 북은 핵무기의 시험, 제조, 생산, 접수, 보유, 저장, 배비, 사용을 하지 아니한다"는 1항과 "남과 북은 핵에너지를 오직 평화적 목적에만 사용한다"라는 2항이다.

2. 적대외교: 1993년 1차 북핵위기

북한은 결국 핵을 선택하여 1993년 3월 NPT 탈퇴를 선언하고 1차 핵위기에 돌입한다. 실리외교를 포기하고 적대외교를 선택한 북한의 의도는 다양한 해석이 제기되지만, 결국 체제 수호를 위한 핵 보유가 핵심 동인이다. 북한 핵위기의 시작은 1989년경 북한이 영변에 건설 중인 핵시설이 민수용이 아닌 핵 개발용임이 의심되면서 불거졌다. 국제원자력기구(IAEA)가 나서 핵확산금지조약(NPT) 가입국의 의무 사항인 핵안전협정(Nuclear Safeguard Agreement)을 요구한 결과 1992년 1월 30일 체결되었다. 모든 NPT 회원국은 가입 후 18개월 이내에 핵안전협정을 체결해야 하지만, 북한은 73개월 만에 이행한 것이다. 북한은 1992년 5월 IAEA에 핵보고서를 제출하였고, 12월에 IAEA는 북한의 과거 핵 활동을 규명하기 위해 영변 핵시설 두 곳에 특별사찰을 요구하였지만, 북한은 이를 거부하였다. 다음 해인 1993년 북한은 NPT 탈퇴를 선언하고 5MW급 원자로에서 폐연료봉을 꺼내 핵물질을 분리하는 초강수를 두었다.

미국은 북한과 협상을 시작하여 미 국무부 차관보를 대표로 북한 외교부 부부장과 고위급회담을 개최하고 북한의 NPT 탈퇴를 유보토록 합의하였다. 이후 북한은 IAEA와 사찰 협상을 통해 핵심 쟁점이었던 방사화학 실험실 사찰에 합의하였지만, IAEA 사찰단이 파견되자 입장을 바꿔 일부 시설에 대한 사찰을 거부하였다. 이에 따라 한미는 팀스피릿 훈련 재개와 미사일 방어 체계 강화, 무기 전진 배치 등으로 대응하였고, 북한은 다시금 연료봉 인출로 맞섰다. 이런 상황에서 1994년 6월 지미 카터 전 미국 대통령이 방북하여 협상 타결의 실마리를 마련하고, 미북은 10월 21일 제네바에서 기본합의(Agreed Framework)를 도출하였다. 핵심은 북한이 현재와 미래 핵을 동결하는 대신 2,000MW의 경수로를 제공받는 것이었다.

3. 역동: 북한 외교의 이중성

이 시기 나타난 북한의 대외정책은 한국, 미국, 일본 등과 관계 개선을 모색하였지만, 결국 NPT 탈퇴 선언이라는 극단적 선택을 통해 적대외교로 급격히 선회하는 양태를 표출하였다. 북한의 이런 선택은 매번 반복되는 양상으로 고착화되었다. 1990년대 초 북한은 남한 정부의 북방정책에 일정 수준 호응하면서 기본합의서와 비핵화선언 등을 도출하였다. 탈냉전이 부과한 체제 위기에 직면하여 유연한 실리외교를 통해 남북 관계를 개선하고 북방정책이 표방하던 미국·일본과 교차승인 가능성을 연 것이다. 그러나 결국 한계를 긋고 핵을 선택하였다.

실리와 적대를 오가는 북한 외교의 이중성은 체제 생존을 어떻게 정의하는지에 달려 있다. 실리외교를 선택하는 것은 주변국과 적대 관계를 청산하여 경제발전을 추구하는 실용주의를 바탕으로 한다. 반면, 핵을 품은 적대외교는 강경한 군사주의에 기초한 것으로 체제 안정을 중심에 두는 것이다. 이 시기 북한은 핵을 체제 유지와 협상용의 이중 용도로 활용하였다. 핵을 포기하는 대가로 안전보장을 받고 경제적 이해도 충족하는 것이다. 북한 대외정책에서 오랜 기간 나타난 "교조주의와 실용주의 착종"이기도 하다.[7] 그러나 핵에 대한 이중 용도는 2000년대 결국 핵 보유의 단일 목적으로 정리된다.

---

7 이종석, 『새로 쓴 현대 북한의 이해』(역사비평사, 2000), 353쪽.

IV. 2000년대:
전방위 외교와 2차 핵위기

1. 실리외교:
경제위기 탈피 위해 한·미·일·유럽과 관계 개선 추진

1994년 김일성 사망 이후 3년간 조문 기간을 거친 후 1998년 공식 출범한 김정일 체제는 '고난의 행군'으로 대표되는 극심한 경제난에 직면하여 체제 생존을 위한 정책에 주력한다. 2000년대 들어 대외정책 측면에서도 고립을 탈피하고 지원 확보를 위한 전방위 실리외교에 나서게 된다. 2000년 6월 13일 개최된 남북정상회담을 계기로 북한은 중국·러시아 등 전통적 우방국과 관계를 강화하는 한편, 미국·일본과의 관계 개선을 적극적으로 모색하고 유럽 국가와의 국교정상화도 추진하였다.

2000년대 대외정책 측면에서 가장 큰 변화는 대남 관계를 개선한 것이다. 1998년 등장한 김대중 정부가 북한과의 상호 공존과 경제협력을 중시하는 햇볕정책을 추진하자, 초기에 북한 당국은 햇볕정책을 북한을 개방으로 이끌어 결국 정치 사상적으로 무장을 해제시키는 '반공화국·반통일 선언'으로 비판하였다. 그러나 북한은 최악의 경제 상황을 타파하기 위해 실리외교 차원에서 대남 관계 개선에 나서 1999년 2월 '정부·정당·단체 연합회의'를 통해 남북 간 폭넓은 대화를 제의하였다. 마침내 2000년 6월 남북정상회담이 개최되고 6·15남북공동선언을 채택하였다. 이후 2003년 금강산 육로관광이 시작되고 2005년에는 개성공단이 가동되었으며 2007년에 2차 남북정상회담이 개최되는 등 2000년대 들어 남북 관계는 전반적으로 개선되어 관리되는 양상을 보였다.

북한은 2000년대 초 대미 관계 개선에도 나서 2000년 10월 국방위원회 제1 부위원장인 조명록 차수를 보내 빌 클린턴 대통령과 회담 후 미북 적대 관계 종식 원칙을 담은 '미북 공동성명'을 채택하였다. 이후 올브라이트 국무장관이 평양을 방문하여 김정은과 회담을 가진 바 있다. 그러나 2차 핵위기가 도래하면서 대미 관계 개선은 제한되었다.

일본과의 관계정상화도 적극적으로 모색하였다. 북한과 일본은 2000년 4월부터 9, 10, 11차 수교회담을 거쳐 2002년 9월 정상회담을 개최하였다. 일본이 요구해 온 '일본인 납치 및 공작선 침투'를 인정하고 사과하는 모습이 연출되었다. 2004년 5월 제2차 북일 정상회담이 개최되고 북한은 납치 일본인 가족을 송환하는 등 북일 관계 개선에 적극적으로 나섰다. 그러나 '메구미 사건'등 납치 문제가 여전히 해결되지 않아 더 이상 진전되지 못하였다.[8]

2000년대 초반 북한 대외정책에서 나타난 가장 큰 변화와 결실은 다수의 서방국가와 국교를 정상화한 것이다. 2000년 1월 이탈리아와 수교한 이래 프랑스를 제외한 모든 EU 국가와 외교관계를 수립하였다. 더불어 캐나다, 호주, 필리핀 등과도 국교를 정상화하였다.

중국·러시아와 정상외교를 통해 전통적인 우호 관계를 복원하였다.

---

8 북한에 납치된 요코타 메구미의 유골이 일본 측에 반환되었으나, DNA검사 결과 본인 것이 아니라는 결론이 내려진 후, 그의 생존 여부가 일북 간의 외교 문제가 되었다.

김정일이 2000년 5월, 2001년 1월, 2004년 4월, 2006년 1월 방중하였고, 장쩌민 주석과 후진타오 주석은 각각 2001년 9월, 2005년 10월 방북하여 정상회담을 가졌다. 러시아와는 2000년 7월 푸틴이 방북하였고, 2001년 7-8월 김정일이 방러한 바 있다. 특히 2002년 김정일은 러시아 극동지역을 방문하여 한반도종단철도(TKR)–시베리아횡단철도(TSR) 연결 사업을 포함한 극동지역 협력 방안을 논의한 바 있다.

2. 적대외교: 2003년 2차 북핵위기

2000년대 초 북한이 전방위 실리외교를 시도하는 상황에서 핵위기 재현 가능성도 불거지기 시작하였다. 우선 2000년 공화당 조지 W. 부시 행정부가 출범하면서 북한에 대한 강경한 인식을 표출하였다. 2002년 부시 대통령은 1월 연초 의회 국정연설에서 북한을 이란, 이라크와 함께 '악의 축(Axis of Evil)'으로 규정한 바 있다. 2001년 발생한 9·11 테러로 '테러와의 전쟁'을 시작한 미국이 중동지역 국가와 함께 북한을 핵심 적성국으로 선포한 것이다.

미국과의 갈등이 발생한 보다 직접적인 원인은 북한의 고농축 우라늄 프로그램이다. 플루토늄 외에 핵무기용 물질인 고농축 우라늄을 북한이 비밀리에 생산하고 있는 증거를 포착한 미국은 2002년 10월 3일 제임스 켈리 동아태 담당 차관보가 방북하여 공식적으로 문제를 제기하였다. 북한은 처음에는 부인하다 10월 25일 외무성 대변인 담화를 통해 "우리는 미국의 가중되는 핵 압살 위협에 대처하여 우리가 자주권과 생존권을 지키기 위해 핵무기는 물론 그보다 더한 것도 가지게 되어 있다는 것을 명백히 보여 주었다"라고 발표함으로써 사실상 시인하였다. 켈리 차관보가 방북한 기간 중에 강석주 북한 외무성 제1부상은 "우리가 고농축 우라늄 계획을 갖고 있는 게 뭐가 나쁘다는 건가. 우리는 고농축 우라늄 계획을 추진할 권리가 있고 그보다 더 강력한 무기도 만들게 되어 있다"라고 맞대응했다는 사실도 전해진다.[9] 이어 북한은 실력 행사에 나서 2002년 12월 핵 동결 해제를 선언하면서 IAEA 감시 장비를 철거하고 IAEA 사찰 단원을 추방하였다. 2003년 1월 10일 마침내 NPT를 탈퇴하고 2월 영변 원자로를 재가동하여 1994년 제네바합의를 사실상 폐기하였다. 2차 북핵위기의 시작이다.

1차 북핵위기 때 미북 양자 협상으로 다루어진 것과 달리 이번에는 남북한과 미국, 중국, 일본, 러시아가 참여하는 다자 틀인 6자회담에서 북핵 문제가 논의되었다. 어려운 협상 과정을 거쳐 2005년 9월 개최된 4차 6자회담에서 북핵 문제 해결의 원칙과 목표를 담은 '9·19공동성명'이 채택되었다. 북한의 핵 포기 의지 표명, 미국의 대북 불가침 약속, 한국 내 핵무기 접수 또는 배비 불가, 미북 관계정상화 추진, 대북 2백만KW 전력 공급, 한반도 평화체제 논의 등이 담겼다.

이후 2005년 9월 북한은 미국의 대북 금융 제재로 인해 마카오에 있는 방코델타아시아(BDA) 은행에 유치된 2,400만 달러가 동결되자 강력히 반발하였다. 2006년 7월 장거리 미사일인 대포동 2호를 발사하였고,

---

9 『연합뉴스』 2009년 6월 15일; 김계동, 『북한의 외교정책과 대외관계』(명인문화사, 2015), 150쪽에서 재인용.

10월 처음으로 핵실험도 감행하는 등 다시금 한반도 긴장을 극도로 고조시켰다. 결국, 미국이 북한에 BDA와 관련한 금융 제재를 해제하기로 약속한 후 회담이 재개되어 9·19공동성명 이행을 위한 2·13조치와 10·3조치를 2007년에 합의하였다. 이에 따라 북한은 2008년 6월 핵신고서를 제출하였으나, 핵심 사안인 시료 채취를 거부함으로써 12월에 개최된 6차 6자회담에서 검증의뢰서 채택에 실패하여 또다시 위기 국면으로 진입하게 된다.

2009년 북한은 도발을 재개하여 4월 장거리 로켓을 발사하고, 5월 25일 2차 핵실험을 감행하였다. 유엔은 안보리 결의안 1874호를 통과시켜 북한에 대한 무기 금수 및 수출 통제, 금융 제재 등을 부과하였다. 이에 대응하여 북한은 플루토늄 전량 무기화, 우라늄 농축 개시 등을 주창하면서 "제재에는 보복으로, 대결에는 전면 대결"로 나서는 "선군사상에 따른 대응"을 천명하였다.[10]

3. 역동: 실리외교와 적대외교 분리

2000년대 나타난 북한의 대외정책은 이전 시기와 유사하게 실리외교를 추구하였지만, 결국 핵위기가 재현되면서 적대외교로 돌아선 후 다시금 합의를 도출하는 형태가 반복되었다. 특히, 이 시기 북한은 마침내 핵을 흥정의 대상이 아닌 보유 자체를 목표로 하는 방침을 굳히게 된

---

10 김계동 외, 위의 책, 299쪽.

다. 개념적으로 북한 핵 개발은 외교 목적설과 군사 목적설로 나뉜다. 외교 목적설은 탈냉전으로 동맹국을 상실하고 고립된 북한이 안보적 위기감에서 핵을 개발하였다고 주장한다. 따라서 북한 체제에 대한 안전이 보장된다면 핵을 포기할 수 있다고 판단한다. 반면, 군사 목적설은 북한이 '혁명적 수정주의 국가'로서 정체성을 포기한 적이 없으므로 핵을 활용하여 정치·군사적 목적을 달성하려 한다고 주장한다. 그러므로 체제 안전이 보장되더라도 북한이 핵을 포기할 가능성은 없다는 것이다. 북한은 2009년을 기점으로 외교 목적을 포기하고 군사 목적을 수용하였다. 2009년 1월 7일 조선중앙통신을 통해 다음과 같은 입장을 천명한 바 있다.

> 미국과의 관계정상화가 없이는 살아갈 수 있어도 핵 억제력이 없이는 살아갈 수 없는 것이 조선반도의 현실이다. … 관계정상화와 핵 문제는 철두철미 별개의 문제이다. 우리가 갈망하는 것이 있다면 조미관계정상화가 아니라 우리 민족의 안전을 더욱 믿음직하게 지키기 위한 핵 억제력을 백방으로 강화하는 것이다.

북한은 그간 체제 안전보장을 위해서는 미국과의 관계정상화가 핵심임을 주창해 온 바 있다. 미북 간 국교가 정상화되면 북한은 주한미군이 철수하고 더 이상 미국의 군사적 압박 하에 놓이지 않는다고 판단해 왔다. 그러나 2009년 선언을 통해 미북 관계정상화와 핵 개발을 분리함으로써 핵 자체를 목표로 하는 군사 목적설을 분명히 한 것이다. 이는 실리외교가 추구하는 관계 개선과 적대외교가 표출하는 핵 개발을 분리하는 원칙을 표출한 것이다. 국제사회는 핵을 포기하지 않는 한 관계 개선에 한계를 지은 상황에서 북한은 실리외교의 효용성과 실현을 낮춘 원칙을 선택한 것이다.

이 시기 나타난 또 다른 특징은 대남 관계 개선이다. 북한은 다음과 같은 이유로 2000년대 한국과 관계 개선을 유지하였다. 우선, 한국을 경제 재건을 위한 협력자로 삼았다. 1990년 후반 고난의 행군을 겪은 후 경제 재건이 정권 유지에 사활적 이해로 대두되면서 미국을 비롯한 서방국가 및 전통 우방 국가와 관계 개선을 통한 실리외교를 추진하였지만, 결국 한국과 경제적으로 협력하는 방안을 선택하였다. 국제사회에 대한 호소는 북한의 거듭된 벼랑 끝 외교로 인해 신뢰도가 낮아져 한계가 노출되었기 때문이다. 반면 한국은 북한과의 적극 관여를 주장하는 정부가 연속으로 집권하면서 협력의 안정성을 확보할 수 있었다. 또한, 북한은 한국과 관계 개선을 통해 대미·대일 관계 개선도 모색한 것으로 판단된다. 이전 시기에 대미 관계 개선을 시도하였으나 진전이 없고, 핵 개발과 대미 관계를 분리하는 원칙을 채택한 이상 북한은 새로운 방식인 한국을 통해 사실상 관계 개선을 압박하는 방안을 선택한 것이다.

V. 2010년대:
핵 질주와 한반도 평화프로세스[11]

2011년 12월 김정일의 사망으로 북한 지도자가 김정은으로 바뀌었지만, 대외정책 측면에서 나타나는 실리외교와 적대외교의 부정교합은 비슷한 양상을 표출한다. 김정은 체제는 2012년 출범 직후 미국과 2·29합의를 맺음으로써 2차 핵위기로 표출된 적대외교를 마감하고 실리외교를 펼쳤다. 그러나 선대와 비교할 때 실리외교 시기는 매우 제한된다. 특히 전통적 우방국인 중국과도 2012년부터 2017년까지 역대 최악의 갈등 관계를 경험한다. 그러나 2018-2019년은 1953년 한국전쟁 이후 최초로 미북 정상회담이 개최되는 전대미문의 상황도 전개된다. 김정은 집권 후 지난 10년은 실리외교와 적대외교가 가장 극적으로 교차하는 시기로 규정할 수 있다.

1. 실리외교: 2012년 김정은의 2·29합의

2012년 김정은이 집권한 후 첫 의미 있는 대외관계는 미국과 2·29합의를 체결한 것이다. 김정일 시기에 시작된 미북 협상이 결실을 보아 북한은 우라늄 농축 프로그램을 중단하고 핵·미사일 실험을 유예하는 대신 24만 톤의 영양지원을 받기로 합의하였다. 2008년 이후 중단

---

11 이 내용은 박원곤, 「연속된 '균형'(balancing): 김정은 시기 대미전략 10년」, 『한국국가전략』 19호(2022. 7)의 내용을 중심으로 논의를 확장한 것이다.

된 북한 비핵화 협상이 2012년 재개되어 북한 최고지도자 교체 후 합의를 도출한 의미 있는 시도였다. 특히 김정은 체제 출범 직후에 협상이 타결되어 향후 비핵화 진전에 대한 기대를 높였다. 그러나 북한은 2·29 합의 체결 두 달 후인 4월 13일 장거리 로켓을 발사함에 따라 미국 주도로 유엔 안보리가 규탄 성명을 발표하면서 무력화되었다. 2·29합의를 위한 마지막 미북회담에서 이미 북한 장거리 로켓 발사 가능성이 제기되고 있는 상황을 참작하여 글린 데이비스 미 대표는 "위성발사가 합의를 무산시킬 수 있다"라고 경고했음을 증언한 바 있다. 그런데도 북한이 발사를 감행하여 2·29합의를 파기한 것은 다음과 같은 해석이 가능하다. 2·29합의를 위한 논의가 김정일 시대에 시작되었으므로 김정은이 특별히 반대하지는 않고 지속한 것일 수 있다. 그러나 동시에 2012년은 김정일이 선포한 '강성대국'의 해이므로 군사적 능력을 현시할 필요도 강했다. 특히 권력 세습 준비 기간이 짧았고, 백두혈통의 정통성이 약한 김정은으로서는 선대가 물꼬를 튼 실리외교보다는 본인의 능력을 보여 줄 수 있는 핵을 선택한 것으로 본다. 2·29합의를 파기한 김정은의 선택은 이전 시기 대미 전략과도 차별화된다. 전술한 20년간 북한은 도발, 대화, 합의, 파기, 도발의 수순을 반복했다. 그러나 합의가 이루어진 후 파기, 도발로 전환하기까지 일정 기간 합의에 따른 보상을 챙겼으나, 김정은 시기는 합의의 유예 기간을 초단기로 가져갔다.

2. 적대외교: 3차 북핵위기

2012년 2·29합의를 맺은 짧은 시간을 제외하고 2018년까지 김정은 체제는 핵 질주를 통한 적대외교에 몰입한다. 특히 한국, 미국, 중국과 관계가 최악으로 치달았다. 2013년 2월 북한은 3차 핵실험을 감행함으로써 한·미·중 모두에게 김정은의 선택을 분명하게 보여 주었다. 김정은은 불확실한 정치 상황에서 핵을 업적으로 내세워 정통성을 확보하고 권력을 공고화하려는 의지를 드러낸 것이다. 김정은의 의도는 지난 5년을 회고하는 2018년 연설을 통해서도 확인이 된다. 미국과 대결을 무릅쓴 결과 "국가핵무력건설이라는 력사적 대업을 5년도 안 되는 짧은 기간에 완벽하게 달성한 기적적 승리"를 성취했다는 것이다.

북한은 2013년 3월 당 중앙위 전원회의를 통해 '경제 및 핵 병진 노선'을 선포하고 "반미결전을 총결산"하는 "신념과 의지의 결정체"로 선전하였다. 미국과 실리외교를 추진하지 않고, 자력갱생과 대중 무역을 통한 경제발전을 도모하면서 핵을 통해 대미 대결에서 승리하겠다는 의지를 표현한 것이다. 이후 북한은 2013년 미국과 조건 없는 대화를 잠시 제의한 바 있지만, 2018년까지 핵 질주를 통한 적대외교에 몰입하였다. 2016년 1월 4차 핵실험, 9월 5차 핵실험, 2017년 9월 6차 핵실험을 감행하였다. 미사일도 2012년부터 2017년까지 총 75차례 발사하였다. 이전 김정일이 집권하던 16년 동안 총 26차례 미사일 발사 실험을 한 것과 명확히 대비되게 확실한 핵미사일 개발 의지를 표출하였다.

대중 관계도 2012년부터 2017년까지 최악의 상황을 연출하였다.

2012년 시진핑 주석 출범 이후 우호적 중북 관계를 구축하기 위해 정치국원 리젠궈(李建國)를 특사로 파견하여 친서를 전달하였지만, 3일 후 북한은 중국이 말리는 장거리 로켓 발사 시험을 감행하였다. 당시 중국의 입장은 북한이 장거리 로켓을 개발하면 미국이 미사일 방어 체계를 역내에 강화하는 명분을 줄 수 있음을 우려하여 북한에 자제를 요청한 것으로 알려졌다. 중국은 2006년 7월 이후 처음으로 북한 장거리 미사일 발사를 규탄하고 제재하는 일련의 결의안에 찬성하였다. 이후 북한이 핵실험과 장거리 로켓 발사를 지속하자, 중국은 유엔 안보리 대북 제재 결의안에 찬성하고 북한의 도발을 규탄하는 등 북중 관계는 지속적으로 악화되었다. 이후 북한은 2013년 5월 최룡해 당시 총정치국장을 베이징에 특사로 보내 중국의 지지를 요청했지만, 사실상 실패하자 대중 강경 노선으로 선회하여 오히려 중국을 압박하는 정책을 실천하였다. 대표적인 것이 친중 핵심 인사인 장성택을 중국의 만류에도 2013년 12월 공개 숙청한 것이다. 일정 수준의 냉각기를 가진 북중은 관계 개선을 시도하였지만, 결국 성과를 거두지 못했다. 북한의 연속된 핵실험과 장거리 로켓 발사 등이 중국의 대북 접근을 제한하였다. 그 이유는 북한의 군사적 도발을 원치 않는 중국의 요구를 북한이 충족시키지 않았기 때문이다. 북중 관계가 가장 악화한 시기는 2017년으로 양국의 공식 매체인 조선중앙통신과 환구시보 간 공개적 설전이 진행된 바 있다. 북중이 이른바 '혈맹'으로 양국 간 갈등이 있더라도 외부 공개를 극히 꺼려 왔던 전례를 감안할 때 공개 비난은 매우 이례적인 것으로, 그만큼 양국 관계가 악화하였음을 보여 준다. 예를 들어 조선중앙통신은 4

월 21일 중국을 겨냥하여 "우리에 대한 경제제재에 매달린다면 적들로부터 박수갈채를 받을지 모르겠지만, 우리와의 관계에 미칠 파국적 후과도 각오해야 한다"라고 비판하였다.[12] 이에 대해 『환구시보』는 "조선중앙통신의 처사는 평양의 고립을 심화시키는 효과만 있을 것"이라 비판하였다.[13] 그러나 북중 관계는 2018년 트럼프 미 대통령이 김정은과 정상회담을 발표하자, 중국이 즉각 개입하여 김정은을 북경으로 초대하여 시진핑과 회담함으로써 극적으로 관계가 개선되었다. 이런 현상은 미국, 북한, 중국 삼국 관계에서 나타나는 역동으로 북한이 냉전기에 지속해 온 시계추 외교를 재현한 것이다. 미중 양국의 권력 역동을 최대한 활용하여 양국으로부터 최대치를 받아내는 실리외교의 한 형태이다.

3. 역동: 부분 비핵화를 통한 실리외교 추진 실패

김정은 체제 출범 직후 2·29합의를 통한 실리외교는 단기간 내 중단되고, 2018년까지 한국, 중국, 미국을 대상으로 한 핵 개발 중심 적대외교가 펼쳐진다. 그러나 2018-2019년 한반도는 전례 없는 최대치의 해빙기를 맞이하여 전후 처음으로 미북 간 정상회담이 3차례 개최되고,

---

12 「조선중앙통신」, 2017년 4월 21일.
13 "環球時報: 朝中社再次施壓中國只會加劇朝鮮的孤立", 「界面新聞」, 2017년 4월 24일. https://m.jiemian.com/article/1270542.html(검색일: 2022년 3월 6일). 노화정, 「김정은-시진핑 시기 북중관계의 역동과 속성에 관한 연구」, 2022년도 이화여대 북한학과 석사학위 논문에서 재인용.

남북정상회담도 3차례 개최되었다. 그러나 시도된 한반도 평화프로세스는 2019년 2월 미북 하노이 정상회담이 결렬되고, 9월 스웨덴에서 미북 간 실무회담을 마지막으로 결국 종결된다.

한반도 평화프로세스를 평가하는 다양한 견해가 있지만, 북한이 추구하는 비핵화와 한미가 추구하는 비핵화 간의 격차가 컸고, 비핵화에 접근하는 방식도 상이한 것이 실패의 한 이유이다. 북한 체제 특성상 최고지도자 간 만남을 통한 문제 해결 방식이 유용할 수 있지만, 트럼프와 김정은 모두 진솔하게 한반도 평화를 추구했는지는 적지 않은 의문이 제기된다. 특히 한반도 평화프로세스를 시작한 북한의 의도는 비핵화보다는 마주친 상황에 대한 반작용 측면이 크다. 이전 미국 대통령과는 크게 차별화되는 지도력을 표출하면서 거칠게 북한을 몰아붙이는 트럼프에 대해 북한은 대화를 선택하는 것이 최선이라고 판단했다. 일례로 북한은 2017년 9월 미국 기자를 평양에 초청하여 "(트럼프가) 이성적이지 않거나, 어쩌면 너무 머리가 좋은지도 모르겠다. … 그가 지금 어디를 지향하고 가는 것이 아니라면, 도대체 무엇을 하는 것일까"라면서 "그의 다음 행보가 뭔지를 알아내야 하는데 너무나 어렵다"고 고백한 것은 당시 북한의 당황함을 보여 준다.[14] 따라서 김정은의 북한은 단기간 발전시킨 핵능력을 기반으로 대화에 나섬으로써 미국과 결단을 모색한 것으로 판단된다. 국제사회가 원하는 완전한 비핵화가 아닌 영변을 중심으로 한 부분 비핵화를 통해 제재를 해제하고, 미국과도 관계를

---

14 Evan Osnons, "Letter from Pyongyang: On the Brink," *The New Yorker*(September 18, 2017).

개선하여 사실상의 핵 보유국으로 자리매김하려고 시도한 것이다.

북한은 미북 대화를 파기하고 2019년 12월 당 중앙위 7기 5차 전원회의를 통해 자력갱생과 사상투쟁으로 무장하고 핵능력을 최대한 고도화하는 대미·대남 장기 대립전인 '정면돌파전'을 선언한다. 따라서 김정은 10년은 출범 초기 2·29합의와 2018-2019년 전례 없는 실리외교를 시도하였지만, 결국 적대외교가 지배하는 양상으로 귀착되었다. 특히 이전 시기와 비교할 때 핵에 대한 발전과 집착의 수준이 최대치로 강화되고, 이를 바탕으로 강압에 기반한 적대외교 양상을 표출하였다.

VI. 결론:
핵 포기 없는 실리외교는 불가능

탈냉전 이후 지난 30년 북한의 대외정책은 남한을 비롯한 미국, 일본, 서방국가와 관계 개선을 모색하여 주어진 어려움을 극복하려는 실리외교와 핵 개발로 야기된 적대외교를 반복하는 형태를 보여 왔다. 탈냉전 이후 소련을 비롯한 주요 동맹국을 상실하고 최대 우방국인 중국이 한국과 수교하는 등 최악의 대외환경을 맞이한 북한은 실리외교를 선택하여 한국, 미국, 일본과 관계 개선을 시도하였다. 그러나 결국 1993년 NPT 탈퇴를 선언하고 핵 개발을 시도하는 적대외교를 펼쳤다. 2000년대도 유사한 형태가 반복되어 남한과 관계는 유지하였지만, 1994년 체결된 제네바합의를 무력화하는 2차 북핵위기를 통해 적대외교를 강화하였다. 김정은 시기도 출범 직후 2012년 미국과 2·29합의를 체결하는 실리적 모습을 보였으나, 2018-2019년을 예외로 지금까지도 핵을 품은 적대외교가 대외정책의 핵심으로 기능한다.

이러한 실리외교와 적대외교가 병행하지 못하는 부정교합은 북한이 추구하는 핵 개발이 핵심 동인이다. 북한 스스로 실리외교의 한계를 상정할 수 있지만, 핵을 개발하는 한 북한과 일정 수준 의미 있는 관계를 맺기 어렵다. 한국, 미국, 일본 등 북한의 주요 실리외교 상대국이 북한 핵의 대상이 되는 이중성이 존재한다. 결국, 북한이 핵을 포기하지 않는 한 북한 실리외교는 성공할 수 없는 구조이다.

토 · 론

지정토론: 김재철, 신성호

자유토론: 김민석, 김숭배, 김승영, 김용호, 마상윤,

　　　　　박영준, 박인국, 윤영관, 이미숙, 임혁백

토론의 주요 주제

미중 패권 경쟁과 향후 10년

탈냉전기 미국의 전략과 일 · 중 · 북의 대응에 대한 평가

중국의 대만 침공 가능성과 우리의 대응 전략

북핵 문제와 남북한 관계의 장래

중국의 부상과 미중 사이에서 한국의 선택

한국의 대일 외교 방향

한국의 전략적 대외 역량 강화 방안

미중 패권 경쟁과 향후 10년

신성호: 역사의 변곡점이 될 향후 10년

지난 100년 내지 30년을 돌이켜보는 것은, 결국은 앞으로의 미래가 어떻게 전개될 것인가에 관심이 있기 때문입니다. 관련해서 미중을 중심으로 공통으로 나오는 주제는 지금 이 순간이 굉장히 중요한 역사적인 시기라는 점입니다. 바이든 대통령은 작년에 나온 국가안보전략보고서(NSS)의 서두에서 앞으로 10년이 모든 것을 결정하는 중요한 '변곡점(Inflection Point)'이 될 것이라 선언합니다. 시진핑 주석도 바로 작년 12월 30일 러시아 푸틴 대통령과 화상정상회의를 하면서 세계역사가 갈림길에 서 있다는 이야기를 한 것이 매우 인상적입니다. 실제 우리가 앞으로 100년이 어떻게 될지, 50년이 어떻게 될지 알기는 매우 어렵겠지요. 그러나 앞으로의 10년이 중요한 시기가 될 것이고, 그리고 그 10년 동안 미국의 전략으로 바이든 대통령은 '투자, 제휴, 능가(Invest, Align, and Outcompete)'를 제시하고 있습니다. 차태서 교수님께서 발표하셨듯이 투자(Invest) 전략의 경우, 미국이 그동안 외교정책의 과도한 확대로 인해 국내 경제력이 소진된 것을 고려하여 국내 경제 재건 투자에 주력하겠다는 것입니다. 두 번째, 제휴(Align) 전략은 국내적인 문제에 집중하는 동안 동맹국의 도움이 필요하기 때문에 이들과의 동맹과 결속이 중요하다는 것입니다. 마지막 세 번째, 능가(Outcompete) 전략은 결국 국내 경쟁력 강화와 동맹 결속을 통해 중국과의 전략경쟁에서 승리하겠다는 것입니다.

한편, 여기에 대해서 시진핑 주석은 2050년을 중화민족 부흥의 궁극적 시간표로 제시합니다. 관련해서 한 가지 가장 최근에 있었던 주목할 만한 사건은 시진핑 주석이 작년 12월 8일에 사우디아라비아에 가서 빈 살만과 양자회담을 한 일입니다. 양자회동 다음 날, 중동의 산유국으로 구성된 걸프협력회의(Gulf Cooperation Council, GCC)에서 앞으로 3년에서 5년 동안 중국과 GCC국가들이 에너지, 금융(Finance), 인공지능(AI)을 비롯한 기술혁신(Innovation Technology), 우주(Space), 문화(Culture) 등의 다섯 가지 분야에서 어떻게 협력할지를 논의했습니다. 저는 앞으로 3-5년이 중요한 또 하나의 변곡점이 되지 않을까 싶습니다. 이를 통해서 결국 중국이 추구하는 것은 페트로위안(petroyuan) 체제의 시작, 즉 지금 미국 패권의 기초를 제공하는 페트로달러(petrodollar)의 쇠퇴를 통한 페트로위안 체제를 구축하려는 의도가 있는 것 같습니다. 물론 그것이 3-5년 안에 끝날 것 같진 않습니다. 아마 최소한 10년 정도 과정을 지켜보아야 할 것입니다. 그리고 과연 그 페트로위안 체제의 구축이 어떻게 되느냐에 따라서 소위 지금까지 우리가 알고 있는 지난 70년간의 미국 중심의 자유주의 국제질서의 향방도 결정될 것 같습니다. 미국 주도 자유주의 국제질서의 가장 중요한 기초는 브레턴우즈(Bretton Woods) 체제로 상징되는 달러의 패권인데, 그것이 중국 위안화의 패권으로 넘어갈지, 또는 양분하는 과정으로 갈지, 그 향방이 앞으로 10년 내에 결정될 것 같습니다. 전 세계적으로는 러시아-우크라이나전쟁이 어떻게 전개될 것인지에 따라 굉장히 중요한 시기가 될 것 같고, 그와 더불어 작년부터 시작된 인플레이션 지속 여부,

세계경제 침체 여부도 앞으로 3-5년 동안 중요한 변수가 될 것 같습니다. 이러한 상황에서 진행되는 2024년 미국 대선도 또 다른 중요한 변곡점이 될 것입니다.

일본은 지난 10년간 아베 총리가 열심히 노력해서 경제부흥과 자강을 하려고 했는데, 결과는 지금 상당히 어려운 상황에 처해 있는 것 같습니다. 또한 북한의 경우 올해는 1차 핵위기 발생 30년이 되는 해임과 동시에, 한미동맹 70주년이 되는 해라는 점에서 올해 남북 간 강경한 대치 상황이 악화되는 것이 현실입니다. 그 점에서 3-5년 동안 한반도 정세 내지는 한국의 미래에 대한 우려가 심각한 상황입니다.

차태서: 미중 경쟁을 선악 대결로 이데올로기화하는 것은 위험

먼저 투자, 제휴, 능가(Invest, Align, Outcompete)라는 것은 국제정치학에서 얘기하는 쇠퇴국가(Declining Power)가 택할 수 있는 옵션이라 생각합니다. 내적 균형으로서의 투자(Invest), 그다음에 외적 균형으로서의 제휴(Align)를 통해서 신흥 도전국가를 누르는 전략은 공식 그대로인 것 같고요. 최근 미국 외교정책뿐만 아니라 미국 외교의 역사 전반에 걸쳐서 미국 예외주의(American Exceptionalism), 혹은 이러한 이데올로기적인 언어를 계속 사용하는 것이 갖고 있는 위험성에 관심을 두고 있습니다. 신성호 교수님께서 언급하신 것처럼 바이든 정부에 와서 '변곡점(Inflection Point), 중대 10년(Critical Decade)' 등의 표현이나, 지금 경쟁 상황을 미중 간의 국력 경쟁이나 패권 경쟁이라기보다는 민주주의 대 권위주의의 경쟁이라는 표현을 사용하고 있다는 점도 주목

할 만합니다. 그런데 저는 그런 이데올로기적인 전선이나 또는 선악 구도를 통해서 국제정치를 운영하는 것이 갖는 문제점을 강조하고 싶습니다. 미어샤이머(John J. Mearsheimer) 교수나 월트(Stephen M. Walt) 교수도 늘 강조하지만 자유주의 헤게모니 프로젝트가 결국에는 제국적 과잉팽창으로 갈 수 있기 때문에 만약 미국이 지금 바이든이나 많은 기존의 미국 예외주의자, 또는 네오콘 등의 시각으로 미중 경쟁을 바라본다면 어려운 상황이 발생할 수 있습니다.

냉전 초기 현실주의자들의 담론을 살펴보면 흥미로운 점이 있습니다. 우리가 케넌(George Kennan)이라고 하면 보통 냉전 초기의 '봉쇄전략의 아버지'라고 기억하죠. 그런데 실제로 케넌은 냉전 시기에 봉쇄전략의 실행 과정에 대해서 굉장한 불만을 품고 있었던 일종의 반체제적인 역할을 했습니다. 특히 월남전의 개입에 대해서는 모겐소(Hans Morgenthau)와 마찬가지로 극렬히 반대했고요. 하지만 1994년도 뉴욕타임스와 케넌의 인터뷰가 굉장히 인상적입니다. 봉쇄라는 것은 결국 봉쇄 이후 소련과 어떻게 지정학적인 선을 그어서 합의할 것인가에 대한 논의였다는 겁니다. 실제로 미국 외교정책에서 실행되었던 봉쇄전략은 '트루먼 독트린'이나 'NSC68'인데요, 'NSC68' 같은 경우에도 '자유의 국가 대 노예제 국가'라는 표현을 써서 이데올로기화하였고, 트루먼 독트린도 마찬가지였습니다. 그런데 케넌에 의하면 그런 식의 이데올로기화가 결국은 월남전과 같은 무의미한 피해를 야기했고, 이후 너무 길게 냉전이 지속되었다고 비판합니다. 현재의 미중 경쟁의 상황에서도 이러한 경고에 귀를 기울일 필요가 있다고 생각합니다. '민주

김재철, 신성호, 김민석, 김숭배, 김승영, 김용호, 마상윤, 박영준, 박인국, 윤영관, 이미숙, 임혁백

주의 대 권위주의' 혹은 '선과 악'이라는 형태로 밀어붙이기보다는 어떻게 미중이 서로 지정학적으로 타협할지에 대해 고민해야 합니다. 그 이후에는 미소 냉전과 비슷한 형태로 흘러갈 수도 있고, 미국의 승리로 갈 수도 있을 것입니다. 근데 지금 바이든의 외교가 너무나 현실주의자들이 경고했던 익숙한 형태의 자유주의적 헤게모니 혹은 예외주의 전략의 모습을 띠고 있어서, 이 부분에 대해서 계속 많은 논의가 있어야 할 것 같습니다.

김한권: 중국의 대안적 국제질서에 대한 논의는 계속될 것

신성호 교수님께서 말씀하신 페트로위안 체제와 관련하여, 미중 전략적 경쟁 구도에서 "중국이 대안적 국제질서를 가지고 있느냐" 하는 문제에 대해 중국 또한 온전하게 해답을 제시하지 못하는 측면이 있습니다. 하지만 부분적으로는 미국식 가치와 규범 질서를 비판하고 자신들의 진영화, 혹은 우방 국가들을 중심으로 새로운 대안적 제도와 같은 개념을 내세우고 있습니다. 예를 들어 인권과 민주주의의 가치에 대응하여, 가치의 다양화를 주장하는 모습으로 권위주의 국가들과 개발도상국가들의 이익을 강조함으로써 경제적 이익 연대를 만들어 가는 모습이 바로 그것이죠. 하지만 아직까지 중국의 입장은 이런 부분을 계속 추구하면서, 공식적으로는 미국을 대체하려고 하지 않고 미국의 패권이나 질서에 도전하지 않는다는 입장을 취하고 있다고 생각합니다. 앞으로도 미중 사이에서 이러한 대안적 국제질서에 대한 논의는 계속될 것으로 보입니다.

박인국: 과학기술 발전과 미중 간 패권 경쟁

중국의 패권 도전의 문제는 과학기술 발전의 측면을 고려해 볼 때 간단한 것이 아닙니다. 글로벌 공급망 문제는 바이든 대통령이 행정명령까지 내릴 정도로 중요한 사안입니다. 반도체, 배터리 등의 분야에서 기술 경쟁이 심화되면 소위 이원화(bifurcation) 이슈가 생기게 됩니다. 중국과 미국 사이에서 표준화 문제가 불거지면 산업적으로도 혼란이 초래될 것인데요, 이러한 과학기술 혁신은 미중 간 패권 경쟁이란 측면에서 굉장히 강력하고 위험한 요소로 보입니다.

김한권: 미중 간 기술 패권 경쟁은 지속될 것

기술 패권 부분과 관련해서 중국은 미국의 패권에 도전하지 않겠다는 기본적인 입장을 계속해서 밝히고 있습니다. 물론 이러한 공식적인 입장에도 불구하고, 각 분야별로 제도 및 사안별 기준에 대한 경쟁은 계속해서 나타날 것이며, 종합적인 대안적 국제질서를 제시하지는 못하지만 부문별로 국익과 현안에 따라서 경쟁은 지속적으로 발생할 것입니다. 특히 미중 전략적 경쟁 구도 속에서 기술 패권 문제는 경쟁의 향방을 좌우하는 매우 중요한 이슈이기 때문에 중국도 실제로는 이 부분에 대해서 물러설 생각이 없는 것으로 보입니다. 즉 온전한 대안적 국제질서를 제안하기보다는 현재 중국이 자신의 상황에 맞추어 꼭 필요한 부문에서의 기준과 표준을 부분적으로 제안할 것으로 봅니다.

김재철, 신성호, 김민석, 김숭배, 김승영, 김용호, 마상윤, 박영준, 박인국, 윤영관, 이미숙, 임혁백

김승영: 케넌식의 다극적 질서관은 한국에 위협적

　저도 조지 케넌에 관해 연구를 해 왔고, 폴 히어(Paul J. Heer) 박사
도 *Mr. X and the Pacific: George F. Kennan and American Policy in
East Asia*라는 책을 냈습니다. 케넌 같은 현실주의자가 전제했던 것은
미국의 국력이 근본적으로 한계가 있다는 점이었습니다. 또한 당시 소
련의 위협도 한계가 있었으며 공격적이지 않았다고 케넌은 말합니다.
한국 입장에서는 케넌 같은 현실주의적인 아이디어가 미국의 워싱턴 정
계를 지배할 경우에 한국에 상당한 위협이 온다고 생각합니다. 구한말
당시에 시어도어 루스벨트(Theodore Roosevelt)는 케넌과 유사한 방
식의 다극적인 질서관을 가지고 있습니다. 미국의 국력에 한계가 있기
때문에 결국은 지역 강대국인 일본의 역할을 인정해서 조선이 식민지화
되는 것을 인정해 주는 기류가 만들어진 것이지요.

　21세기의 상황에서 케넌적인 아이디어가 채택되기는 어렵습니다. 가
장 큰 이유는 미국 국력이 그렇게 쇠퇴한 단계는 아니고, 또 하나는 중
국이라는 대륙의 패권국가가 등장하는 것을 미국이 극도로 우려하기 때
문입니다. 그런 과정에서 미국은 중국에 대항하여 국력을 높이고, 전력
을 다해서 한국을 일본과 함께 미국 진영으로 끌어들이려 하는 것이죠.
그런데 우리가 주의해야 할 것은 미국의 국력이 쇠퇴하는 시점이 오면
다시 케넌과 같은 아이디어가 인기를 회복할 수 있다는 거죠. 트럼프
정책은 다소 변형된 측면이 있습니다마는, 케넌처럼 국력에 대해 인색
한 접근방식이 포함되었다는 점에서 유념할 점이 있다고 생각합니다.

차태서: 1940년과 현재 미국의 국력 차이를 고려해야

케넌에 대한 김승영 교수님의 의견에 동의합니다. 특히 저도 미국이 쇠퇴하고 있을 때 일종의 현실주의적 순간이 올 것이라 생각하고 있는데요, 퀸시 인스티튜트(Quincy Institute for Responsible Statecraft)가 그러한 담론을 대표한다고 생각합니다. 하지만 조지 케넌이 살던 1940년대는 단극적인 시대였다는 역사적인 차이를 고려해야 합니다. 그 당시 미국은 우리가 살펴보았던 1990년대 미국의 단극적인 순간들보다 훨씬 더 강력했습니다. 전 세계 국내총생산(GDP)의 40%였고, 핵을 독점했던 시대였지요. 그러한 차이점을 함께 고려해야 할 것 같습니다.

김재철, 신성호, 김민석, 김승배, 김승영, 김용호, 마상윤, 박영준, 박인국, 윤영관, 이미숙, 임혁백

탈냉전기 미국의 전략과 일·중·북의 대응에 대한 평가

김재철: 국가별 외교의 상호작용에 대한 설명 필요

이 프로젝트의 취지는 우리나라와 주요 주변 국가들의 지난 100여 년의 역사를 살펴봄으로써 이 지역에서 전개된 국제관계의 양상과 그에 영향을 끼친 요인들을 제시하는 것으로 생각할 수 있습니다. 이 점에서 거시 역사적 접근이라고 할 수 있으며, 이러한 작업이 성공적으로 진행된다면 우리가 과거와 현재를 이해하고 또 나아가 미래를 전망하는 데 필요한 통찰력을 제공해 줄 것이라 기대할 수 있을 것입니다. 다만, 사실에 대한 검토를 넘어선 해석과 설명의 필요성을 강조하고 싶습니다. 지금 시점에서 탈냉전 시기 주요 국가의 외교정책을 다시 검토할 때에는 무엇이 발생했는가를 정리하려는 시도를 넘어 지역에서의 상호작용의 양상이나 역동성(dynamics)을 이해하려는 노력을 반영할 필요가 있습니다. 따라서 사실을 제시하는 것을 넘어서 해석과 설명을 포함한 주장을 분명하게 제시할 필요가 있을 것으로 생각합니다. 이러한 노력을 통해 비로소 지역의 상호작용을 규정하는 요인이나 힘을 제시할 수 있을 것이고, 보다 분명한 설명이 제시될 때 독자들 또한 그 의의를 평가하게 될 것이기 때문입니다.

또 논의의 초점을 단순히 개별국가에만 집중할 것인지, 아니면 개별국가에 대한 논의를 국제관계의 차원으로 확대할 것인지의 문제를 고민할 필요가 있습니다. 대부분의 논의가 특정 국가에만 그 초점을 한정시키고 있는데, 이는 프로젝트의 취지를 달성하는 데 도움이 되지 않을

뿐 아니라 해당 국가의 외교정책을 이해하는 데도 제약 요인이 될 것입니다. 사실 탈냉전 시기, 유일한 초강대국이었던 미국을 제외하면, 모든 국가의 외교정책은 외적 요인의 영향을 받았고 심지어 미국의 외교정책도 시간이 가면서 중국의 부상을 위시한 외적 요인의 영향을 크게 느끼기 시작했습니다. 나아가 한 국가의 외교정책이 다른 국가의 그것과 어떻게 상호작용하는가에 관한 논의는 이 지역에서 전개된 국제관계의 역동성을 밝힌다는 프로젝트의 취지를 달성하는 데도 부합한다고 생각합니다. 이와 관련하여 각각의 발표들 사이에 논의의 초점을 통일시킬 필요성을 고민해 볼 필요가 있습니다.

다음으로, 탈냉전 시기에 발생한 상황을 어떻게 볼 것인가의 문제입니다. 많은 논의가 지금의 상황을 마치 발생할 수밖에 없었던 당연한 결과로 상정하고 있는 것으로 보입니다. 그러나 탈냉전 초기로 돌아가서 본다면 당시에 지금의 상황은 예견되지 않았습니다. 구소련의 붕괴로 유일의 초강대국 지위에 오른 미국은 자유주의 국제질서를 구축하려 들었고, 이에 관한 국내 또는 외부로부터의 중대한 도전을 인식하지 않았습니다. 아울러 중국이 개혁·개방을 시작할 때 고도성장이 예상되고, 또 이에 힘입어 지금과 같은 수준의 공세적·공격적 외교정책을 추구할 것이라는 점도 쉽게 예상되지 않았지요. 이러한 사실을 고려할 때 지금의 상황을 당연한 것으로 받아들이기보다 왜 그리고 어떻게 해서 이런 결과가 도출되었는지, 또 이와 관련하여 어떤 전환점이 중요하게 작용했는지 등에 대한 논의가 필요한 것으로 보입니다.

마지막으로, 탈냉전기 국제질서의 성격에 대한 재평가가 필요합니다. 탈냉전기 개별 국가의 외교정책을 보면 미국이 비교적 일관성을 보인 데 반해 중국과 일본 등 지역의 강대국은 조정과 모색을 이어 왔습니다. 이러한 차이는 무엇보다도 이 국가들의 국력의 차이를 반영한 것이었지요. 즉, 유일 초강대국 미국이 국력을 바탕으로 일관적인 방향을 유지한 데 반해, 상대적으로 열세에 있었던 중국과 일본은 미국의 외교정책 방향과 지역의 상황에 맞춰 자신의 외교정책을 계속해서 조정한 것입니다. 그렇다면 여기서 탈냉전기 미국이 구호로 내건 자유주의적 세계질서가 진정으로 작동했던 것이었는지, 아니면 국력이 계속해서 중요한 요인으로 작용했는지의 문제가 등장합니다. 바이든 행정부의 미국이 탈냉전기의 종언을 선언한 상황에서, 미국이 내걸었던 탈냉전기 국제질서의 성격을 다시 평가해 보는 것도 필요할 것으로 생각합니다.

박원곤: 북한은 비핵화 의지가 있었는가

탈냉전 시기의 상황이 예견되었는가, 어떠한 변수와 요인이 특정 상황에서 작용하였는가와 관련하여, 북한 핵 문제를 살펴보고자 합니다. 2023년 현재의 관점에서 보면 "과연 북한이 핵 포기 의지가 있었느냐"라는 질문을 할 수 있고, 만약에 그렇지 않았다면 결국 이런 상황은 일정 수준 예정이 되었다고 볼 여지가 있습니다. 물론 여기에 대해서는 많은 연구들이 있습니다만, 북한 외교사를 연구하는 것은 쉽지 않지요. 볼 수 있는 자료가 매우 제한적이고, 앞으로도 통일이 되지 않는 한 혹은 통일이 된다 하더라도 그런 자료들이 남아 있으리란 보장은 없기 때문에 북한이 과연 어떤 수준에서 고민을 하고 있었는지에 대해서 누구도 권위 있게 대답하기는 어려운 것이 사실입니다. 그럼에도 북핵과 관련하여 2009년은 중요한 시기였습니다. 그전에 6자회담, 그에 앞서서는 제네바합의가 있었죠. 따라서 당시에는 북한이 나름대로 핵을 포기할 가능성이 있었다는 주장이 있습니다마는, 저는 거기에 대해서도 의구심을 갖고 있습니다. 이를 반증하는 증거들이 적지 않고요. 중요한 것은 2009년 이후에 북한에 어떤 반대급부를 주더라도 과연 북한이 핵을 포기할 수 있을까 하는 의구심을 갖게 만들고, 2019년에 한반도 평화프로세스가 시작이 됐음에도 불구하고 북한이 한 번도 공개적으로 북한 비핵화를 인정하거나 공포하지 않았다는 것입니다. 그렇다면 앞으로 북한의 입장이 바뀌지 않을 것이며, 북핵에 대한 것은 상당 부분 예정되어 있었다고 볼 수 있습니다. 그렇다면 우리는 '그것을 어떻게 바꿔나갈 수 있는가'라는 것에 고민의 초점을 맞추어야 한다고 생각합니다.

김재철: 탈냉전기 미일중 3국을 둘러싼 주요 쟁점

탈냉전기 미국, 일본, 중국 3국 관련 주요 쟁점을 살펴보죠. 미국과 관련해서는 탈냉전기 자유주의 국제질서를 확립하려는 시도에 대한 도전, 미국 주도권의 약화가 초래된 원인에 대한 보다 상세한 논의가 도움이 될 것 같습니다. 그 원인과 관련하여 미국 내에서 다양한 설명이 제시되고 있습니다. 그 대표적인 것이 아마도 '내인론'과 '외인론'일 것입니다. 전자가 문제의 근원을 반테러 전쟁과 같은 미국의 행위에서 찾는다면, 후자는 중국의 부상과 같은 요인에 그 원인을 돌립니다. 이러

한 이견과 논쟁은 흥미로운 논의 주제라고 생각합니다.

중국과 관련해서는 우선 탈냉전기 중국의 외교정책이 일관되게 정해진 방향을 향해 전개되기보다 모색과 전환을 경험했다는 점을 살펴볼 필요가 있습니다. 구체적으로 2005-2006년경부터 중국 내에서 민족주의 강경론이 힘을 얻기 시작했고 2008년 베이징올림픽과 세계금융위기를 계기로 논의를 주도하기 시작했습니다. 이렇게 시작된 전환은 2012년 시진핑의 집권을 계기로 더욱 분명해졌지요. 이러한 모색과 전환에 대한 논의가 포함된다면 중국 외교정책에 관한 보다 입체적인 논의가 가능해질 것입니다. 다음으로 중국이, 특히 시진핑 집권 이후 '대안적 국제관계와 국제질서'에 관한 주장을 강화하고, 이에 대한 외부의 관심도 증대되고 있습니다. 중국이 이러한 주장을 구체화하고 또 실천에 옮길 것인지 여부는 지역 및 국제질서의 향방에도 중요한 요인으로 작용할 것입니다.

마지막으로 일본과 관련하여, 일본이 추구해 온 강대국 외교정책 가운데서도 아베 내각의 미일동맹을 중심으로 지역 질서를 재편하려는 시도는 외견상 상당한 성과를 거둔 것으로 보입니다. 더 굳건해진 미일동맹이 중국과 대치하는 지금의 상황은, 오바마 행정부 시기에 일본이 지녔던 미국과 중국 사이의 '강대국 협조 체제'의 출현과 이에 따른 일본의 소외라는 우려를 상당 부분 해소한 것으로 보입니다. 여기에 더해 일본은 자국의 국제적 역할을 더욱 확대했다고 평가하는 것 같습니다. 그렇다면 일본의 구상을 상당 부분 반영한 지금의 지역 구도가 과연 일본뿐 아니라 지역 국가들에도 축복이 될 것인가에 대한 의문이 생깁니다.

김한권: 2008년이 중국 대외정책 변화의 분기점

2008년 이후 중국이 국제질서에서 자국의 위상과 지위를 향상시키는 데 더욱 초점을 맞추는 점은 매우 중요합니다. 2008년에 올림픽을 성공적으로 개최한 후, 중국은 국내 정치적으로는 매우 강한 민족주의적인 요구를 마주하게 되고, 외부적으로는 금융위기로 미국의 영향력이 감소하면서 중국이 국제사회에 강한 모습을 보여야 하지 않느냐는 대외전략이 논의되었던 시기였습니다. 이에 따라 동중국해와 남중국해에 대한 영유권 분쟁이 불거지고, 또 미국이 2000년대 중반부터 준비해 왔던 대중국 헤징 정책의 일환으로 재균형 정책을 오바마 시기에 강하게 추진하면서 매우 중요한 변곡점을 맞았다고 생각합니다.

박철희: 일본의 강대국 외교와 약점

일본이 강대국 정치를 하는 건 맞습니다. 그런데 그 강대국 정치의 대상에 대해서는 세부적으로 뉘앙스를 분석해 볼 필요가 있습니다. 중국을 대상으로 맞서려고 하는 것은 분명한 것 같은데요, 한국은 좀 헷갈리게 해석하는 것 같습니다. 일본에서는 한국이 아무래도 너무 "친중국적이다", 그래서 한국과 중국을 같이 비판하고 있는 부분이 있다고 생각합니다. 이러한 측면을 고려하면, 이러한 강대국 정치가 일본에 과연 유리한 것인가 하는 문제에 있어서 저는 세 가지 약점이 있다고 생각합니다. 하나는, 일본이 미국과 지나치게 동조화한다는 점입니다. 일본의 외교가 어떤 때는 자기가 리드하면서까지 동조하는데요, 전략적인 자율성이 과연 얼마만큼 확보되고 있는지를 보면, 일본 외교는 겉으

로 보기엔 굉장히 주도적인 것 같지만, 그 실제 내용은 굉장히 방어적입니다. 둘째, 일본의 대한국 전략이 애매하거나 부정적인 측면이 남아 있고, 다자주의적으로도 예전에 비해 나서지 않고 있다는 점입니다. 일본이 강점을 보였던 부분은 아시아 외교와 지역의 다자외교를 꾸리는 점이었는데, 오히려 지역을 갈라치기하는 양상을 보이고 있는 현실은 일본이 극복해야 할 부분이라고 생각합니다. 마지막으로, 아직 일본이 좁은 포용주의를 극복하지 못하였다고 생각합니다. 생각이 비슷한 나라(Like-minded Countries)와 생각이 다른 나라(Different-minded Countries)를 가르는 경계선을 그리려고 하다 보니, 중간지대에 있는 나라들이 모두 다 상대편이라고 보기 힘듦에도 불구하고 우리 편이 아니라고 생각하는 편협한 면모를 볼 수 있습니다.

중국의 대만 침공 가능성과 우리의 대응 전략

김민석: 한국이 직면한 중국의 남중국해 위협

　지난 100년을 돌아보는 이유는 앞으로 일어날 일들을 고민해 보기 위함이라 생각합니다. 저는 현재 우리가 직면하는 위협을 첫째는 북한의 재래식 위협, 두 번째는 핵 위협, 세 번째는 중국의 남중국해 위협, 이렇게 세 가지로 보고 있습니다. 재래식 무기와 관련하여 이미 북한은 더 이상 개선할 여지가 없는 상황이고, 현재는 핵미사일에만 매달리고 있는데요. 굉장히 위협적으로 보이기도 하지만 역설적으로는 외통수 전략이기 때문에 핵을 사용하지 못하게 계속 막는 상황 속에서 북한이 핵무기를 더 만들면 경제적인 측면에서도 북한에 큰 부담이 될 것입니다. 제가 보기에는 이보다 더 위험한 것은 중국의 남중국해 위협이라고 생각합니다. 미국에서는 2032년쯤 돼야 중국이 대만을 상륙해서 점령할 수 있는 상륙전 능력이 생긴다고 예측하고 있으나, 최근 이 시기가 2027년으로 당겨질 것이라는 예측도 있습니다. 즉, 앞으로 5년에서 10년 사이에 남중국해는 분쟁 수역으로 변할 가능성이 굉장히 크다고 볼 수 있습니다. 앞으로 우리들은 이 문제에 대해서 집중적으로 고민할 필요가 있습니다. 한국 정부에서도 인도-태평양 전략을 발표했으나, 아직 구체적인 내용은 없는 상황입니다. 앞으로 이 문제를 어떻게 다루어야 할지 궁금합니다.

김재철, 신성호, 김민석, 김승배, 김승영, 김용호, 마상윤, 박영준, 박인국, 윤영관, 이미숙, 임혁백

김용호: 중국의 대만 침공 가능성과 사전 예방책

현재 미중 간의 최대 관심사 중의 하나가 대만 문제라고 생각합니다. 그렇다면 과연 중국이 대만을 상대로 군사적인 행동을 할 가능성이 얼마나 있다고 생각하는지, 우리 언론이나 또 학자들이 좀 과장하고 있는 면은 없는지 궁금합니다. 이어서 그러한 사태를 미연에 방지하는 방법의 하나로, 만약에 중국이 대만에 군사적인 도발을 하는 경우 한미일 군사동맹이 만들어질 것이므로 중국이 이런 일을 벌이지 않도록 외교적으로 중국에 경고하는 것이 효과가 있을지에 대해서 여쭤보고 싶습니다.

김한권: 무력 도발 가능성은 낮지만 시나리오별 대응 전략 필요

2027년 혹은 2032년까지 타이완 해협에서의 긴장은 계속 고조될 것으로 보이지만, 중국의 현재 군사력이나 경제적 상황으로 본다면, 무력 도발 가능성은 크지 않다고 봅니다. 특히 국내 정치적으로 장기집권의 기반을 닦은 시진핑 주석이 타이완 통일을 위한 전면전이라는 정치적 도박을 할 가능성은 크지 않다고 생각합니다. 단지 시진핑 주석의 장기집권 과정에서 타이완 통일 정책에 대한 정통성과 명확성이 분명하고, 이를 하나의 장기집권을 위한 정치적 명분으로 활용할 수 있으며, 중국이 군사력을 계속 증강시키고 있기 때문에 타이완 해협에서의 긴장은 고조될 것으로 보입니다. 건군 100주년이 되는 2027년을 중심으로 군사력을 증강시키는 분투목표를 계속 강화해 왔기 때문에, 2027년이 언급되고 있고요. 경제력이나 군사력을 볼 때 단기적으로 중국이 타이완을 전면전으로 침공할 가능성이 크지 않기 때문에 최근에는 22차 당

대회가 열리는 2032년에 맞추어서 침공 가능성이 언급되고 있습니다. 단, 몇 가지 우리가 주시해야 할 사항이 있습니다. 만약 시진핑 주석의 국내 정치적인 위상이 갑자기 격하되는 등 정치 혼란이 나타났을 때, 그리고 중국 경제가 급격하게 하강하면서 민심이 나빠지고 내부 불만이 높아졌을 때, 타이완 문제를 정치적으로 활용할 가능성이 있습니다. 따라서 중국 국내 상황을 지켜볼 필요가 있다고 봅니다.

한국은 시나리오별로 대응 전략이 필요합니다. 지금처럼 낮은 긴장 구도가 계속 유지된다면 한국은 현재 취하고 있는 원칙적인 입장만 유지하면 됩니다. 단지 우리가 우려하는 것은 시진핑 주석의 입장에서 무언가를 보여 주기 위해 외도를 점령해 버리는, 또는 그야말로 전면전을 벌이는 시나리오일 것입니다. 외도를 점령하는 시나리오 또한 대륙에 가까운 마쭈도(馬祖島)나 진먼도(金門島)를 봉쇄하거나 점령하는 것, 또는 타이완 본섬에 가까운 펑후제도(澎湖諸島)를 진입하여 대치하는 부분 등으로 구체적으로 나누어지는데요, 한국 입장에서는 미국과 선제적으로 시나리오별로 대응 전략을 논의하는 것이 현 상황에서 필요하다고 봅니다. 왜냐하면 중국이 계속해서 타이완 통일 정책을 펼칠 때에, 미국은 힘의 분산정책을 고려하고 있으며, 미국의 힘의 분산정책 중 하나는 한반도에서의 북한의 도발로 인해서 한미동맹과 미일동맹의 힘이 한반도와 타이완으로 나눠지는 것을 고려할 가능성이 있기 때문입니다.

북핵 문제와 남북한 관계의 장래

마상윤: 북한은 당시의 국제정세를 정확하게 인식하였는가

이번 세션에서 다룬 지난 30년을 돌아보았을 때, 북한이 과연 당시의 국제정세를 정확하게 인식하고 정책 결정을 하였다고 보시나요? 북한이 잘못 인식한 부분이 있다고 생각하신다면 말씀해 주십시오.

박원곤: 선핵 노선의 문제점

북한이 잘못 인식하고 있는 것은 선핵(先核) 노선이라고 생각합니다. 저는 북한이 선핵 노선을 통해 결코 현상을 돌파할 수 없다고 생각합니다. 2018년 4월 김정은은 많은 연구자들이 다루는 사회주의 경제건설 총력 집중 노선을 제시합니다. 그 전원회의 내용을 자세히 읽어 보면 핵을 포기하겠다는 얘기는 전혀 없습니다. 핵에 대한 승리를 선포하고 경제에 비중을 두겠다는 취지죠. 그런데 그나마도 1년 8개월 만에 정면 돌파전으로 돌아섰습니다. 그렇기 때문에 핵을 가진 북한이 과연 제대로 된 기능을 할 수 있을지에 대한 의문입니다. 특히 경제 문제가 해결되지 않고서 북한의 체제가 앞으로의 30년을 버틸 수 있을까에 대해서 의구심이 있습니다.

김용호: 남북한 관계의 보통국가 관계로의 전환 가능성

한반도 평화를 위해서는 남한이 북한을 국가로 인정하고, 결국 남북한 관계가 보통국가 관계로 전환되는 것이 바람직하다는 주장이 있습니

다. 이것이 과연 가능할지, 가능하다면 어떤 조건에서 보통국가 관계가 성립될 수 있는지에 대해서 여쭤보고 싶습니다.

박원곤: 보통국가와 멀어지고 있는 북한

남북 관계가 보통국가 관계가 될 수 있는가 하는 문제는 매우 중요하다고 생각합니다. 남북 관계가 보통국가 관계가 되려면 일단 북한이 보통국가가 되어야 합니다. 북한이 이전부터 사회주의 문명강국이라는 표현을 쓰긴 했습니다만, 2018년, 2019년에는 훨씬 혁명적인 요소를 줄이면서 나름대로 국제사회의 규범을 맞춰 가려는 노력을 보였습니다. 북한의 대외원칙에서 자주가 먼저 나오기는 했습니다만 평화와 친선이 함께 제시되었고, 평화라는 것은 북한을 인정하는 국가와는 관계 개선을 하겠다는 것을 말합니다. 물론 남한도 있겠지만 미국을 포함하는 의미를 담고 있었고, 당시 김정은은 보통국가 지도자의 모습을 보이려고 했던 측면이 있었습니다. 우려가 되는 것은 2020년부터 지금까지 북한은 오히려 과거로 돌아가는 '급진화'의 모습이 보인다는 점입니다. 특히 2022년 12월 조선노동당 8기 6차 전원회의에서 60년대, 70년대 사상투쟁과 천리마운동을 언급합니다. 전체적으로 정치 · 경제 · 사상 · 군사적 측면에서 이전보다 훨씬 더 급진화 양상을 보이고 있고 보통국가와는 훨씬 더 멀어지고 있다는 것이 우려스러운 상황입니다.

김재철, 신성호, 김민석, 김숭배, 김승영, 김용호, 마상윤, 박영준, 박인국, 윤영관, 이미숙, 임혁백

중국의 부상과 미중 사이에서 한국의 선택

이미숙: 중국의 부상과 한국의 대중국 협력

매일매일 국제정세를 읽어야 하는 저널리스트의 입장에서는 중국의 부상이 계속되는가에 대한 의문이 있습니다. 코로나가 중국에서 발병되어서 2개월 동안 은폐된 이후 전 세계가 코로나 팬데믹으로 고통받은 이후, 중국의 국력 신장은 이미 2022년이 정점이었다는 징후가 여러 군데서 드러나고 있습니다. 그렇다면, 전문가들께서는 중국의 부상이 지속되고 있다고 생각하시는지, 그렇다면 언제까지 부상이 지속되리라고 보시는지 궁금합니다. 이와 더불어, 인도-태평양 전략에서 중국과 관련하여 국제규범과 국제법에 따른 협력이 언급되었습니다. 그런데 시진핑 주석은 미중정상회담에서 북한의 핵 문제를 북한의 입장에서 안보 우려를 해소하는 것이라는 인식을 드러냈습니다. 그러면 이러한 중국을 한국의 협력 대상으로 볼 수 있는지, 그렇다면 어떤 부분에서 협력을 해야 하는 것일까요? 경제안보 시대라고 하고 일본에서는 경제안보에 대한 법까지 제정하는데요, 여전히 한국의 전문가들은 안미경중(安美經中)이라는 이야기를 하면서 '중국은 버릴 수 없는 나라', '협력 대상'이라고 하고 있습니다. 우리가 양보할 수 없는 안보, 북핵 문제에 관해서 시진핑이 다른 인식을 가지고 있다면, 중국과는 협력할 수 없다는 이야기를 당당하게 할 수 있어야 한다고 생각합니다.

김한권: 중국 부상의 장래와 한미일 협력의 중요성

말씀하신 대로 중국의 지속적인 부상이 가능할 것인가에 대한 논쟁이 있습니다. 무엇보다도 미국의 예방적 경쟁이 규범과 질서의 경쟁으로 나타나고 있고, 중국이 경쟁에서 지게 된다면 단기적인 충격뿐만 아니라, 장기적으로도 지속적인 부상이 어려울 것으로 생각됩니다. 경제정책 측면에서는 친정체제로 인한 최고지도자 리스크가 계속 부각되고 있는 것도 지속적인 중국의 부상에 대해 의문을 갖게 하는 요인이라고 생각합니다.

비핵화를 비롯한 북한 문제에 관해서는 우리가 지난 5년간 경험한 바와 같이 중국의 역할에 대해 과도한 기대를 갖지 않도록 주의해야 합니다. 다시 말해 한미일이 협력해서 억제력을 높이는 게 필요합니다. 하지만 한편으로는 한반도의 긴장완화라는 측면에서 한국과 중국이 이익을 공유한다고 봅니다. 만약에 북한이 계속해서 저렇게 도발한다면 한미일 억제력이 커지고 그 억제력은 궁극적으로 중국을 향할 것이기 때문이지요. 이러한 차원에서 한미일 협력에 집중해야 한다고 생각합니다.

임혁백: 한국의 바람직한 편승 전략

미중 패권 경쟁이라는 용어가 2008년부터 나왔고, 그 당시 경제력, 군사력, 기술력, 에너지력, 모든 면에서 미국이 우위에 있으므로, 중국은 당분간 미국의 패권에 도전하기 힘들 것이기 때문에 우리나라가 취할 수 있는 최선의 전략은 절충형 편승을 하는 것이라고 과거에 박원곤 교수님과 이야기를 나눈 적이 있습니다. 기본적으로 미국과 동맹을 맺

되, 완전히 일방적인 동맹이 아니라 3:7 정도로 절충적으로 편승하는 것이 좋다고 말한 것으로 기억합니다. 당시 정권은 대체로 절충형 편승에 충실했던 것 같은데요, 현 정부 하에서는 일방적 대미 편승을 강화하는 것으로 보이며, 특히 인도-태평양 전략이라든가, 대북 확장억제 전략에서도 이러한 경향이 나타나고 있습니다. 그렇다면 우리가 어느 정도 미국에 편승하는 것이 바람직한지에 대해서 의견을 듣고 싶습니다.

박원곤: 인태 전략에 나타난 한중 관계와 미국 확장억제의 중요성

인태 전략에 대해서는 다양한 평가가 있으리라 생각합니다. 인태 전략을 읽어 보셨겠지만 한국은 당연히 핵심적으로 미국과 같이 가는 것을 전제로 합니다. 하지만 이와 관련하여 몇 가지 고민은 분명히 존재합니다. 우선 미국과 일본은 자유롭고 개방된 인태 전략을 항상 얘기하는데요, 우리는 자유, 평화, 번영이라는 표현을 사용하고 있고, 협력의 원칙을 보면 첫 번째가 포용입니다. 그 내용을 보면 "특정 국가를 배제하지 않는다"라고 얘기를 하고 있거든요. 이러한 부분은 미국과 중국이 자신들에게 유리하게 해석을 할 수 있는 여지를 그렇게 열어둔 것이 아닌가 하는 생각이 듭니다. 이제 임혁백 교수님 말씀하신 것처럼 미국에 한 7, 8 정도 되고 중국에 2, 3 정도의 비중을 두고 있는 것으로 보입니다. 또한 우리가 미국이랑 함께 가긴 하지만 규범에 기반한 원칙이라는 얘기를 합니다. 하지만 저는 엄밀히 말하자면 미국이 자유주의적 국제질서를 제대로 지키고 있다고 생각하지는 않습니다. 이러한 측면에서는 일정 수준 여지를 두고 있다는 생각이 됩니다.

그렇다면 미국에 어느 정도 편승해야 하는가. 사실 저는 편승이라는 표현이 적절한지에 대해 의문이 있습니다. 현시점에서 한국에 가장 중요하고 시급한 것은 북한의 고도화된 핵위협이라고 생각합니다. 북한은 2022년 4월 25일 김정은이 직접 언급한 핵 독트린이 있습니다. 물론 북한이 그렇게 쉽게 핵을 쓸 수는 없다고 생각을 합니다만, 역사 속에서 전쟁은 늘 예상치 못한 상황에서 오인과 오해와 불신에서 시작이 되었습니다. 이런 점에서 북한의 핵 독트린은 오인과 오해, 불신 속에서 아주 초기에 핵을 쓸 수 있는 가능성이 높아진 것을 의미합니다. 3축 체제가 있기는 하지만, 핵에 대해서 우리가 일차적으로 의존해야 하는 것은 미국의 확장억제입니다. 즉, 확장억제를 조금 더 제도화하고 긴밀하게 해 나가야 하고, 이와 관련하여 미국을 설득하거나 압박할 필요도 있다는 것이 저의 개인적인 생각입니다.

박철희: 인태 전략의 핵심은 상호 존중과 호의에 기반한 협력

인태 전략과 관련하여, 우리가 북한의 위협에 대항해서 한미동맹을 강화하고 있는 것은 맞지만, 미국과 중국 중에서 미국과의 협력만 논의한 것이라고는 볼 수 없습니다. 이번 인태 전략은 기본적으로 지금까지 전략적 모호성으로 남아 있던 부분을 전략적 명확성으로 전환한 것이고, 이와 동시에 포용을 통해서 중국을 배제하지 않고 협력할 여지를 열어 놓았다고 생각합니다. 단, 굴종적인 협력이 아닌 상호 존중과 호의에 기반한 협력을 하겠다는 것이 최근 인태 전략의 포인트라고 생각합니다.

차태서: 탈단극구조 하에서의 한국의 선택

최근 몇 년 사이에, 특히 트럼프 시대 이후에 미국이 동맹국과 파트너들에게 보내는 메시지가 매우 분명해졌다고 생각합니다. 물론 트럼프에 비해 바이든은 조금 덜 강경하지만, 바이든 스스로도 부통령 시절에 "미국의 반대에 배팅하는 것은 좋은 선택이 아니다"는 발언을 했고, 2022년 2월에 나왔던 인태보고서의 경우에도 여러 인태 지역에서의 네트워킹을 얘기하면서 "특히 일본, 한국(Particularly Japan, Republic of Korea)", 이런 식으로 아예 한국과 일본을 찍어서 얘기하기 시작했습니다. 또 2022년 10월에 국가전략보고서(NSS)에도 굉장히 흥미로웠던 표현이 "지금 미중 경쟁 때문에 많은 국가들이 굉장히 어려워하는 것을 잘 알고 있는데, 그렇게 어려움에 처했다는 걸 알아주는 것이 우리가 중국과 다른 점"이라는 부분이었습니다. 이것도 일종의 탈단극 시대의 여러 현상들 중의 하나라고 봅니다. 미국은 세력권을 세우고 그것을 정렬해 가는 과정에 있는데, 각국이 정확한 입장을 표명하지 않는다면 좋지 않다는 메시지를 계속 보내는 것이죠.

최근 우리 언론이 미국 학자들과 인터뷰를 많이 하였습니다. 한 언론사는 현실주의를 대표하는 미어샤이머를, 다른 언론사는 자유주의를 대표하는 조셉 나이를 인터뷰하였는데, "한국은 어떠한 선택을 해야 하는가"라는 질문에 두 학자 모두 "한국은 더 큰 이익이 되는 쪽을 선택해야 하고, 그것은 미국"이라는 동일한 답변을 합니다. 미국의 메시지는 명확합니다. 우리는 이러한 탈단극구조 아래에서 최선이 아닌 선택지들 중에서 선택해야 하는 상황이 계속 이어질 것으로 생각됩니다.

한국의 대일 외교 방향

김숭배: 바람직한 한국의 대일 외교

1970년대부터 1990년대까지 일본 외교는 중재자, 혹은 균형자로서의 역할을 했다고 봅니다. 예를 들어 외교자료에 따르면, 나카소네 전일본 총리가 1986년도에 한국과 중국의 관계 수립에 대해서 언급을 했고, 북일 관계 개선에 관해서도 중국에 요구한 바가 있다고 합니다. 지금은 오히려 적극적인 공세적 기조를 보이고 있다고 생각합니다. 1960년대 이후부터 한미일 안보 협력을 논의했지만, 최근에는 일본이 한국은 필요 없이 미일 관계만 잘되면 괜찮다는 분위기가 높아지고 있습니다. 이런 상황에서 한국이 주체적으로 일본에 대해서 어떤 대일 외교를 해야 할지 궁금합니다.

박철희: 한미일 협력의 중요성과 한국의 주체적 대응

일본은 한국 없이 미일 관계만 잘되면 괜찮다고 생각하지 않느냐는 주장에 대해서 두 가지 생각해 볼 점이 있습니다. 하나는 미국이, 특히 바이든 행정부가 우리가 상상하는 것 이상으로 한미일 관계의 복원을 원합니다. 이러한 미국의 요청을 일본이 무시할 수는 없겠지요. 두 번째는 국제정세의 불안정성이 굉장히 높아지고 있기 때문에 한국하고 일본이 협력을 안 하면 손해라는 것을 일본도 너무 잘 알고 있습니다. 특히 한국이 미국과 가까워지고 있는 상황에서는 더욱 그렇습니다. 우리는 주체적인 대응을 위해 무엇을 해야 할까요? 먼저 우리의 시야를 넓

혀야 합니다. 일본에는 한국이 세상 돌아가는 것을 너무 모르는 우물 안 개구리라는 인식이 있습니다. 우리가 실제로 세상 돌아가는 것을 모르는 것은 아니지만, 앞으로도 시야를 넓혀 나가고 일본인의 이러한 인식을 바꾸어 나갈 필요가 있습니다. 또 하나는 자신감인데요, 대등하게 일본을 대할 마음가짐을 가져야 하고, 그러려면 피해자 의식을 넘어서야 합니다. 피해자 의식만 가지고는 절대로 일본에 주체적으로 대응할 수 없다고 생각합니다.

한국의 전략적 대외 역량 강화 방안

윤영관: 경제력에 걸맞은 전략적 능력 필요

우리의 전략적 선택과 관련해서 무엇이 잘되었고, 무엇이 잘못되었는지에 대해 논의한다면 크게 세 가지 정도로 요약할 수 있습니다. 미중대결이 심화되어 안보와 경제가 엮이는 바람에 한국의 입장에서 안미경중이라고 하는 선택이 갈수록 힘든 상황을 만들고 있다는 점, 두 번째는 북한의 안보위협이 고도화되어 한반도 평화가 갈수록 멀어질 뿐만 아니라 우발적 사고의 가능성이 훨씬 더 커지고 있다는 점, 세 번째는 한국의 경제발전이나 민주주의 발전을 가능케 했던 자유주의 국제질서가 우크라이나 전쟁으로 크게 도전받고 있는 점, 이렇게 세 가지가 바로 그것입니다. 그런데 구한말과 비교하여 우리 경제력이 세계 10위권까지 올라갔다는 점을 주목할 필요가 있습니다. 문제는 과연 우리가 10위권의 경제력에 걸맞은 전략적 능력을 갖추고 있느냐는 점이 크게 우려됩니다. 이러한 전략적 역량의 미흡한 부분을 채우기 위해 미국, 중국, 일본, 북한의 관점에서 어떠한 조언을 해 줄 수 있을지 궁금합니다.

박원곤: 우크라이나 전쟁과 북핵위기를 기회로

말씀하신 세 가지 사안에 대해 모두 동의합니다만, 조금 다른 시각에서 보면 기회도 될 수 있지 않을까 하는 생각이 듭니다. 특히 저는 우크라이나 전쟁과 관련하여 올해가 매우 중요한 시기라고 생각하고 있습니다. 자유주의적 국제질서를 공유하는 자유민주주의 국가가 단일대오를

김재철, 신성호, 김민석, 김승배, 김승영, 김용호, 마상윤, 박영준, 박인국, 윤영관, 이미숙, 임혁백

이뤄서 푸틴의 야심을 꺾는다면 많이 훼손된 자유주의적 국제질서를 다시 한번 회복할 수 있는 측면도 있다고 생각하고요. 북한 위협 및 우발적 충돌에 대해서도 굉장히 걱정되지만 반작용적인 점도 있습니다. 한미일이 안보 협력을 강화하고 있고, 확장억제가 굉장히 강화된 것에 대해 중국이 매우 불편하게 생각하고 있고요, 국내 여론도 북한에 대해서 매우 부정적으로 움직이고 있고, 한일의 핵능력이 열릴 가능성이 있기 때문에, 북한의 일방적인 '사실상의 핵 보유국으로서의 인정'을 쉽지 않게 하는 반작용의 가능성도 높다고 생각합니다.

박영준: 국가 대외전략에 대한 지식인과 정치인들의 토론 필요

구한말 일본 제국주의 시대 당시 조선 정치세력들이 과연 국제정세에 제대로 대응하였는가를 생각해 보면, 고종이 1873년에 친정을 시작하면서 일본과 중국의 정세를 파악하기 위해 젊은 정치인들을 키워서 파견한 일이 있습니다. 어떻게 보면 일본도 잘 알고 청나라도 잘 아는 사람들이었는데요, 결과적으로는 당시 조선에서 국제정세에 대한 지식을 가지고 있던 사람들이 1882년까지는 서로 협력하는 방향으로 나아갔지만, 1882년 임오군란이 일어나고 1884년에 개화파 세력들이 갑신정변을 일으키면서 일망타진됩니다. 그러다 보니 1884년 이후에 조선 정부 내에서는 일본이나 미국을 잘 아는 정치세력들이 없어지고, 청나라 모델에만 주로 의존하는 세력들이 있다 보니 효과적으로 대외정세에 대응을 못한 측면이 있었다고 생각됩니다.

21세기 상황을 보면, 우리가 구한말에 비해 국력 수준과 국제적 위상

도 올라갔을 뿐만 아니라 우리나라 사회에서도 진보와 보수, 또 여당과 야당 간 대외정책에 대한 다양한 논의가 진행되고 있습니다. 미중 경쟁 속에서 중국 모델을 선호하는 세력도 있는 것으로 알고 있습니다. 구한 말과 같은 과오를 반복하지 않기 위해서는 국가의 대외전략에 대하여 지식인 및 정치인들의 토론이 전제되어야 한다고 생각합니다.

차태서: 전략적 역량과 포퓰리즘

전략적 역량과 관련하여 우리가 가진 문제점의 하나는 포퓰리즘이라고 생각합니다. 점점 더 정치적 양극화가 심화되면서 부족주의화된 감성이 지배적인 것 같습니다. 경제 문제든 외교 문제든 우리에게 이익이 되느냐 안 되느냐의 문제이고, 매우 단순화된 형태로 이러한 문제를 해결하는 것을 방해하는 "나쁜 놈들을 때려잡아야 한다"는 해법을 주장하는 것이 전형적인 포퓰리즘 정치관인데요. 이러한 정치관이 외교 담론을 장악함으로써 전략적 역량을 약화시키는 데 굉장히 큰 영향을 주고 있습니다. 그런데 이러한 현상이 전 세계적으로 발생하고 있고, 뉴미디어나 경제적 양극화 등의 여러 가지 인프라에서 나타나는 것이기 때문에 이러한 포퓰리즘의 시대가 빨리 지나갈 수 있을지는 의문입니다.

박철희: 보수와 진보 간의 대화 필요

사실 한국은 여러 가지 전략적 능력이 많은데 활용을 못하고 있다고 생각합니다. 그 원인으로 두 가지를 지적하고 싶습니다. 하나는 종족주의가 너무 세지고 있습니다. 한국에서 보수와 진보가 너무 얘기를 안하거든요. 완전히 끊어진 대화의 다리를 놓지 않으면 아마 우리가 가지고 있는 능력을 계속 발휘하지 못할 것입니다. 에드윈 라이샤워(Edwin Reischauer)가 1960년 *Foreign Affairs*에 "Broken Dialogue with Japan"을 쓰고 나서 대사가 되었는데요. 당시 일본은 자민당이 정권을 잡고 있었으나, 진보정당인 사회당과 민사당의 영향력이 강해질 때였습니다. 라이샤워는 미국이 이러한 진보세력하고 대화를 못했기 때문에 문제가 크다고 지적하였습니다. 우리도 진보와 보수 간 '끊어진 대화(Broken Dialogue)'를 다시 이어 활성화할 필요가 있습니다. 또 하나는 정계를 중심으로 너무 지적인 대화가 부족한 것 같습니다. 너무 감성적이고 반지성적인 측면이 앞서는 것 같아서, 정치인들을 포함한 전문가 간 지적인 대화를 활성화시켜야 된다고 생각합니다.

한미일중
100년의 교훈

일시 : 2023년 9월 22일
장소 : 최종현학술원 회의실

토론: **박인국, 박영준, 전재성, 마상윤**

기획 및 편집: **김용호**

좌담회의 핵심 주제

20세기와 21세기 국제질서의 변화와 연속성
....

미국과 동아시아: 인식과 정책의 변화
....

미국 대외정책 접근법: 이념적 접근법 대 현실주의 접근법
....

동북아 국제질서의 특수성
....

한국 외교에 대한 평가
....

한국 외교의 향후 과제
....

박인국: 역사적 교훈을 얻기 위해 통시적 논의 필요

    지난 수년간 준비해 온 한미일중 100년에 대한 담론을 잘 마무리하기 위해 좌담회를 개최하게 되었습니다. 토론의 대상을 지난 100년으로 잡았지만 실제로는 구한말부터 거슬러 가기 때문에 150년이 더 정확한 표현일 것입니다. 이 시기를 크게 4개로 나누고 시기별로 세션을 나누어 스냅 사진을 찍었다면, 이번에는 통시적인 논의를 해 보려고 합니다. 우리들이 '한미일중 100년'이라는 대주제 아래 동아시아 국제관계 변천사를 재조명하기 위해 지난 100여 년을 네 시기(일본 제국주의, 냉전, 냉전의 이완과 해체, 탈냉전 이후)로 나누어서, 각 시기별로 핵심 주제에 대한 발표가 있은 후 지정토론과 자유토론을 치열하게 했습니다. 그 결과, 우리의 입장에서 한반도를 비롯한 동아시아의 국제관계를 이해하는 데 도움이 되었고, 또 다양한 시각에서 새로운 해석과 함께 시사점을 제시해 주었습니다. 이러한 논의를 바탕으로 우리가 현시점에서 무엇을 해야 할 것인지, 즉 역사적 교훈을 도출하기 위해 통시적 논의가 필요하다고 봅니다. 예컨대 20세기와 21세기의 국제정세가 완전히 다른 것인지, 혹은 어떤 연속성을 갖고 있는지, 그리고 한반도를 포함한 동아시아의 국제관계가 다른 지역들, 예컨대 유럽, 중동과 비교해 볼 때 어떤 공통점과 차이점이 있는지에 대해 토론해 주시기 바랍니다. 그리고 지난 100여 년 동안 미국을 비롯한 주변국의 동아시아 인식의 변화와 연속성, 한국 외교에 대한 평가와 향후 과제 등을 말씀해 주시기 바랍니다.

20세기와 21세기 국제질서의 변화와 연속성

박영준: 19세기 말 이래 아시아에서 지역 강대국의 패권 경쟁 지속

지난 세기와 이번 세기를 20세기 전반기, 20세기 후반기의 냉전기와 탈냉전기, 그리고 2010년부터 미중 전략적 경쟁 시대라고 본다면, 크게 네 시기로 분류해 볼 수 있을 것 같습니다. 그런데 모든 시기에 지역 강대국들의 패권 경쟁이 있었습니다. 20세기 전반기는 미국과 일본이 아시아-태평양 지역의 패권을 놓고서 경쟁하다가 전쟁까지 갔지요. 그 다음 냉전기는 미국과 소련 간의 패권 경쟁이 이 지역에서도 있었지만 직접적인 전쟁 충돌로 이어지진 않았습니다. 그 이유에 대해서는 나이(Josep Nye), 길핀(Robert Gilpin) 등이 설명하고 있고 굉장히 흥미로운 부분이 많습니다. 탈냉전기는 소련연방이 해체되면서 미국이 거의 유일하게 패권을 잡았던 시기라고 볼 수가 있고, 지금은 미중 패권 경쟁 시대라고 볼 수 있을 것 같습니다. 그런데 미중 패권 경쟁이 20세기 전반기 미일 패권 경쟁처럼 정말 전쟁으로 갈 것인가, 아니면 냉전처럼 전쟁으로 가지 않고 해소될 것인가 하는 궁금증을 일으키고 있는데, 이는 여러 가지 복합적인 요인들에 의해서 결정될 것이라고 생각합니다. 어쨌든 한반도를 포함한 동아시아 국제정세는 19세기 말부터 21세기 전반까지 지역 강대국들의 패권 경쟁이 핵심이라고 볼 수 있을 것 같습니다. 그 속에서 한국은 약소국에서 탈바꿈하면서 자기 운명을 개척해왔다고 봅니다.

전재성: 21세기 초국가 위협 증가와 바이든의 민주적 발전주의

  2차 대전 이후 국제정세는 시기에 따라 냉전기, 탈냉전기, 그리고 탈냉전기 이후의 탈탈냉전기로 나눌 수 있습니다. 냉전기 질서는 미국과 소련의 양극체제로 이루어졌고, 특히 자유진영은 자유주의 규칙 기반 질서를 이루는 성과를 보였습니다. 미국 주도 자유진영의 질서는 탈냉전기에 전 세계로 확장되었지요. 그러한 점에서 냉전기와 탈냉전기 국제질서는 상당한 연속성을 가지고 있다고 봅니다. 그런데 2022년 10월, 미국 백악관은 『국가안보전략서(*National Security Strategy*)』를 발행하면서, "탈냉전기는 종식되었다(post-cold war is over)"고 선언하였습니다. 미국의 단극체제가 사실상 막을 내리고, 미국과 중국 간의 전략적 경쟁이라는 새로운 시대가 열렸다는 것입니다. 이제 미국은 역사의 챕터가 바뀌었다고 생각하는데, 이것은 정책결정자들의 판단이고, 왜 그런지를 이제 학문적으로(academic) 연구하는 것이 매우 중요한 문제인 것 같습니다. 세계 질서가 정말 바뀌었는지를 따져 보아야 할 것입니다.

  탈냉전 30년 동안에는 실로 많은 변화가 있었습니다. 테러와 경제위기, 코로나 사태와 같은 초국가 위협이 등장하여, 그 이전의 국제질서에서는 볼 수 없는 대격변이 있었지요. 급속한 지구화가 이루어졌고 또 그 부작용으로 반세계화의 흐름도 등장했습니다. 이러한 초국가 위협은 탈냉전 이후의 국제질서에서 큰 힘을 발휘할 것으로 보입니다. 이전 국제질서에서는 국가 간 관계, 혹은 지정학이 가장 중요한 변수로 작용했지만, 앞으로는 국가를 넘어서는 초국가 위협이 국가 간 관계를 변화

시키는 중요한 동력이 될 것입니다.

그런데 탈냉전기의 최대 관심은 미국의 단극체제(uni-polarity)가 지속 가능한가라는 질문이었습니다. 많은 현실주의 이론가들은 단극체제는 양극이나 다극 체제에 비해 가장 불안정한 것으로 보았습니다. 왜냐하면 단극 국가가 아무리 자유주의적이고 다자주의적으로 세계 운영 전략을 추구한다고 해도, 다른 국가들에게는 위압적이고 일방적인 세력으로 느껴질 수 있기 때문입니다. 실제로 트럼프 대통령 시기의 미국 우선주의, 일방주의 미국 외교를 경험한 많은 국가들은 단극체제가 외교정책 변화에 의해 언제든지 위협적으로 변화할 수 있다는 사실을 체감하였습니다. 이와 대조적으로 자유주의 이론가들은 미국은 다르다고 봅니다. 미국은 '자유주의 패권(liberal hegemony)' 국가로서 '헤게모니'라는 측면이 중요한 게 아니라 '리버럴'이라는 측면이 중요해서 굉장히 이타적이고 다자주의적인 헤게모니라고 주장을 했는데, 결과적으로는 미국이 자유주의에서 스스로 벗어났기 때문에 패권만 남았지요. 그럼에도 불구하고 미국의 단극체제가 흔들리고 있는 원인은 미국이 탈냉전기에 했던 많은 정책의 실패들, 특히 9·11 이후에 이라크 침공 등으로 보는 견해도 있습니다. 그러나 단극의 약화와 자유주의의 쇠퇴는 중국의 부상과는 별개로 발생하는 미국 헤게모니의 쇠퇴로 인해 발생하는 문제이기 때문에 논리적으로 별개로 봐야 합니다. 우연히도 중국이 부상했기 때문에 패권의 쇠퇴라는 현상과 전략경쟁이 있을 뿐입니다. 하여간 구분해서 볼 필요가 있습니다.

미국의 국력이 상대적으로 약화되면서 미국 단극에 대한 균형 정책이 나타난 것도 탈냉전이 막을 내리면서 새롭게 나타난 현상입니다. 무엇보다 미국에 도전하는 중국의 외교정책이 미중 간 지정학적 경쟁으로 귀결되고 있다는 점에서, 20세기 국제정치와는 매우 다르다고 생각합니다. 20세기 중반 이후 미국이 패권국으로서 국제질서의 기본 틀을 만들고 유지하는 역할을 해왔지만, 중국은 미국 주도 질서를 전체적으로 대신할 수 있는 대안적 질서를 마련하고자 노력하고 있는 것으로 봅니다. 미국의 패권주의에 반대하면서 자유주의 이념과 구별되는 규칙 기반 질서를 제시해 보겠다는 것이지요. 중국은 국제연합(UN)의 힘을 강조하면서도 남반구 국가들의 동의에 힘입어 기존의 미국 주도 질서와는 다른 질서를 제시하고자 노력하고 있습니다. 20세기 국제질서가 기본적으로 자유주의 국제질서의 틀 안에서 일어난 변화였다면, 앞으로의 국제정치는 자유주의 국제질서 자체를 의문시하면서 이에 대한 도전이 거세어지는 소위 '질서의 균형(balance of order)'의 시대가 될 것으로 전망합니다.

앞으로 미국의 대응이 굉장히 중요한데, 미국의 대응으로 두 가지 시나리오를 생각해 볼 수 있습니다. 하나는 미국이 자유주의 질서(liberal order)를 스스로 깨는 자기 파괴(self-destruction)인데, 이것은 최선은 아닙니다. 과거 닉슨의 금태환 정지 선언, 레이건 때의 플라자 협정 등은 이런 자기 파괴(self-destruction)를 초래하는 정책들이 다른 질서 수립(reconstruction)으로 간 사례입니다. 이것이 어떤 식으로 가는지가 큰 차이를 초래합니다. 예를 들면 트럼프 방식이 있고, 그와 대조적으로 바이든 방식도 있습니다. 후자의 경우 민주적 발전주의(democratic developmentalism)라고 부르기도 하는데, 이것을 케인지언(Keynesian)이나 신 워싱턴 컨센서스(New Washington consensus)라고도 부를 수 있는 것입니다. 지난번 미국의 국가안보보좌관 설리번(Jake Sullivan)의 얘기처럼 미국도 시장 개입을 하는 발전주의(developmentalism)입니다. 그런데 우리는 권위주의 발전주의 국가만 경험했습니다. 그러나 민주적 합의에 기반을 둔 국가 개입의 발전주의가 성공한다면 워싱턴 컨센서스 속에서 새로운 자유주의 질서를 만들 수도 있기 때문에 그런 면에서는 탈냉전기의 큰 변화를 고려할 필요가 있을 것입니다.

미국과 동아시아: 인식과 정책의 변화

박인국: 20세기 초 미국의 동아시아 인식

지금까지 20세기와 21세기의 국제질서를 통시적 입장에서 전체적으로 조망해 보았습니다. 이제 개별국가로 들어가서 통시적인 관점에서 미국의 동아시아 인식의 변화에 대한 이야기를 하고자 합니다. 브래들리(James Bradley)가 쓴 『제국주의 순방(*Imperial Cruise*)』이라는 책에 나오는 이야기로부터 시작하고자 합니다. 즉 1905년 동아시아를 탐색하기 위해 시어도어 루스벨트(Theodore Roosevelt) 대통령이 보낸 아시아 순방 외교 사절단 프로젝트입니다. 이 프로젝트는 29명의 고위급 군사 및 정계 인사들로 구성된 외교 사절단이 샌프란시스코에서 'SS Manchuria'라는 크루즈 선박을 타고 동아시아 각국을 약 5개월 동안 순방하는 대형 외교 프로젝트였습니다. 제 생각에 이때 미국이 이 프로젝트를 진행한 이유이자 핵심 목적은 한국이 아닌 필리핀과 일본이었던 것 같습니다. 전통적인 유럽 열강을 몰아내고 독립을 하면서 북미대륙의 서북부를 통합한 미국의 입장에서는 태평양 진출을 위한 교두보 확보를 위해 필리핀 및 일본과의 관계 설정에 주력합니다. 그 이유는 이 두 나라가 향후 미국이 광활한 태평양 진출을 위해 가장 중요한 식량, 물, 연료를 제공받을 수 있는 곳이었기 때문이었다고 생각합니다. 이러한 요인이 필리핀과 일본을 미국의 핵심 이익으로 결정하는 데 작용했던 것 같습니다. 반면, 당시 미국의 관점에서 보면, 한국은 '부차적(secondary)' 이익에 불과했다고 할 수 있습니다. 지리적으로 한국이 일본과 근접해 있어 일본하고만 관계가 좋으면 굳이 한국과 적극적인 관계 유지 필요성을 느끼지 않았다고 볼 수 있습니다. 따라서 일본과의 외교관계에 대한 연장선상에서 보조적인 수단으로 한국과의 관계를 유지했다고 보겠습니다. 이승만 대통령은 미국이 두 번 한국을 포기했다고 상기시켰는데(1905년 시어도어 루스벨트가 가쓰라-태프트 밀약을 통해, 1945년 프랭클린 루스벨트가 얄타 밀약을 통해), 이때까지만 해도 한반도에 대한 미국의 인식은 대일 정책의 보조라는 틀에서 크게 벗어나지 않았던 것 같습니다.

마상윤: 미국은 동아시아에서 일본 중시

저도 동감인데요, 미국은 일본이라는 나라가 전통적으로 아시아에 있어서는 중요하다고 생각했던 것 같습니다. 미국의 입장에서는 일본이 능력도 있고 지리적인 위치도 훨씬 더 중요하기 때문에 일본을 중심으로 한 미국의 전략적인 시각을 바꿀 수가 없었던 것 같습니다. 예컨대 이승만은 냉전 중 반공주의를 강력히 내세움에도 불구하고 4·19로 인해 물러났는데, 그 이유가 물론 대내적으로는 이승만 독재 반대와 민주주의 열망이라는 요소가 컸습니다만, 미국 입장에서는 1950년대부터 이승만에 대한 인식이 굉장히 안 좋아졌었던 점을 꼽을 수 있습니다. 미국 국가안전보장회의(NSC) 문서에 이승만 대통령이 너무 말을 안 들어서 아이젠하워 대통령이 너무 골치 아프다는 내용이 있습니다. 그러니까 미국이 이승만 제거 계획도 몇 번씩 세우고 그런 것 아니겠습니까? 그런데 결정적으로 미국과 이승만의 사이가 틀어진 요인은 한일 관계였던 것 같습니다. 이승만이 평화선 선언 후 일본 어선을 나포한 일련의 행동이 한미 관계에 긴장감을 조성했고, 4·19가 성공할 수 있었던 배경에는 이승만과 미국 사이의 갈등이 있었던 것입니다. 이처럼 미국은 일본을 중심에 두고 한국을 생각하는 경향이 강하다고 볼 수 있습니다.

박인국: 동북아 지역패권국(regional hegemon)으로서의 미국의 부상

이런 과정을 거친 후, 미국은 서태평양 지역, 즉 동아시아 지역을 자신의 핵심적 이해 지역으로 인식하게 되며, 그 결과 이 지역에서 다른 국가의 패권을 불용인하는 정책을 일관되게 유지함으로써 동아시아는 미국의 핵심 이해 지역으로 자리매김하게 됩니다. 진주만 공습 이후 동아시아의 패자로 등장한 일본을 견제하기 위해 스탈린이 소련을 끌어들였고, 냉전 이후에는 소련을 견제하기 위해 중국을 죽의 장막에서 끄집어내면서 국제질서에 편입시켰습니다. 미국의 시각에서 볼 때, 2010년 후 최근 중국의 도전(assertiveness)과 굴기(Rise of China)는 이러한 미국의 동북아 패권 질서에 정면 도전하는 것이기 때문에 앞으로도 상당 기간 동안 미국의 중국에 대한 견제나 봉쇄정책은 정권 변화와 상관없이 맥을 이어 갈 것으로 관측됩니다.

박인국: 한국전쟁으로 미국의 대한반도 인식 변화

이런 맥락에서 본다면, 한국전쟁을 계기로 미국의 한반도에 대한 전략적 가치 인식이 새롭게 자리 잡게 되었다고 봅니다. 1949년 10월 마오쩌둥이 내전을 수습하고 간신히 중화인민공화국 수립을 선언한 후,

불과 8개월 만에 한국전쟁에 휘말리는 상황이 되었습니다. 장제스의 청군과의 투쟁 끝에 겨우 나라를 세우고 미국과도 새로운 관계를 만들어 갈 수도 있었지만 중화인민공화국 수립 선언 후 1년도 못 되어 터진 한국전쟁은 한반도를 중심으로 동북아를 자유진영과 공산진영 간의 양극체제의 첨예한 대척점으로 전환시켰습니다. 중국은 한국전쟁에 참전한 결과 죽의 장막 속에서 키신저의 핑퐁외교까지 무려 20년을 스스로 가두어 버리고 말았습니다. 이러한 극한적 대치상태를 영속시킬 정도의 신속한 한국전쟁 개입의 배경은 무엇인지를 살펴봐야 할 것입니다. 대개 미국이 일본을 확실히 미국의 영향권 아래에 두기 위해서, 한국에 대해 적극적인 개입을 했다고 보고 있습니다만, 한국전 당시 미국의 대한반도 개입 상황과 이러한 미국의 전략적 이해가 항구적일 것인가에 대한 객관적 점검도 유익할 것입니다.

두 번째 의문은 "미국이 한국전쟁 중 중국을 상대로 핵무기를 사용하지 않은 이유가 무엇인가"입니다. 하나의 가설로서 유럽 세력, 특히 영국 개입설이 있습니다. 만약 미국이 만주에 핵을 사용할 경우, 러시아는 만주와 시베리아가 있는 우랄산맥 동쪽 지역을 포기하게 되고, 이경우 러시아는 우랄 이서 지역으로 군사력을 이동할 것인데, 이렇게 되면 폴란드는 말할 것도 없고 서유럽 전체가 러시아의 위협에 직면하게 된다는 것입니다. 러시아는 당시 우랄산맥 동쪽과 서쪽을 나누어 군단을 아예 별개로 두고 운영했기 때문에 우랄산맥 동서 사이의 군사력 이동은 거의 불가능했으며, 만주 핵 사용 시 러시아 입장에서는 만주는 물론 우랄산맥 이동 지역을 내주게 될 것이고 소련은 이에 상응하는 유럽 지역 지배를 시도할 우려가 있었기 때문이라는 주장입니다. 당시 유럽의 맹주였던 영국의 입장에서는 이것은 엄청난 위협이었기 때문에 러시아가 우랄 이동 지역을 포기하지 않게 하기 위해 미국이 만주에서 절대 핵을 쓰지 못하도록 영국이 강력히 개입했을 가능성이 있습니다.

중국이 한국전쟁에 참전함으로써 잃어버린 것 중의 하나가 바로 대만일 것입니다. 국공내전 초기에 미국이 부정부패가 심했던 장제스의 군대에 대해 비판적이었던 점과 당시 미국 입장에서 대만의 전략적 가치가 크지 않기 때문에, 마오쩌둥의 한국전쟁 참전만 없었더라면 당시 중국의 대만 수복은 큰 어려움이 없었을 것으로 추정되고 있습니다.

전재성: 한국전쟁에서 미국의 제한전과 핵무기 불사용

매우 흥미로운 설명입니다. 두 가지만 간단히 코멘트를 하자면, 우선 한국전쟁 중에 핵무기를 사용하지 않은 것에 대한 연구는 지금도 여전히 진행 중인 것 같습니다. 그래서 사실 영국 입장이 굉장히 중요한 요소였고, 특히 우랄산맥 이서, 즉 유럽 대륙에 대한 세력균형이 굉장히 중요한 이유 중 하나였습니다. 두 번째로는, 한국전쟁의 목표를 트루먼 대통령도 제한전으로 봤기 때문에, 여기에서는 단지 공산권의 팽창을 막고 휴전을 하는 것이 주된 목표다 보니, 핵무기를 사용하기에는 너무 과하다고 생각하고 있었습니다. 맥아더도 전략사령부 현장 조사를 통해서 그런 입장을 갖고 있었기 때문에 사실 맥아더가 반드시 핵무기의 전략적인 사용을 주장했던 것만은 아니라고 볼 수 있습니다. 그가 비록 처음엔 핵무기의 전략적인 사용을 고려했으나, 실제로 이 전쟁을

진행해 가면서 만주 지역에 대한 핵 폭격 목표 설정이 굉장히 어려워졌습니다. 왜냐하면 전략적으로 중요한 시설이 있지 않기 때문에 적진에 대한 효과적인 타격이 잘 안되기 때문입니다. 또 산악 지역이라 핵무기 효용에 대한 고민도 있었고, 소련은 이때 이미 핵탄두는 만들었지만 운반 수단이 충분치 않았기 때문에 굳이 핵무기를 사용해서 소련을 자극할 필요가 없었습니다. 이런 여러 가지 내용들이 있는데 맥아더와 트루먼의 입장을 그렇게 단순하게 서로 반대로 보는 것에 대해서는 의문이 있습니다.

마상윤: 냉전 시기 미국과 영국의 인식 차이

한국전쟁을 중단시키는 휴전 협상이 체결된 후 개최된 1954년도의 제네바회의를 보면 각국 간의 인식의 차이를 확인할 수 있습니다. 한국, 베트남 관련해서 회의를 하는데 미국과 우리나라, 미국과 이승만 사이의 갈등도 있었습니다. 또 독특한 갈등이 영국과 미국 사이의 긴장 관계, 또 영국과 한국 사이의 긴장 관계가 있었습니다. 영국은 당시에 중국이라든지 소련과 긴장 관계를 좀 완화해야 된다는 입장을 취하고 있었어요. 그것은 당시 영국의 접근이었을 뿐만이 아니라 처칠도 일관되게 취하고 있었던 입장이었습니다. 다시 말해서 처칠은 '철의 장막' 얘기를 제일 처음 한 사람이고 소련에 대한 경고를 처음 한 사람이지만 그럼에도 불구하고 소련과 협력까지는 아니더라도 지나치게 대립적인 접근을 해서는 안 되고, 오히려 어느 정도는 관계를 맺어 가면서 그것을 유지해야 한다는 입장을 취했습니다. 아주 전통적인 영국의 세력균형 정책의 연장선상에서 나온 입장이라고 볼 수가 있는데, 미국은 그렇지 않았다는 것을 강조하고 싶습니다.

박인국: 1970년대 초 미국의 대중 정책 변화

그런데 흥미로운 것은 미국은 왜 1971년에 와서 중국과 외교 관계를 서둘렀을까 하는 것입니다. 1971년 소위 달러의 금 태환을 정지시킨 '닉슨 쇼크'로 금본위를 기초한 국제 금융 질서인 브레턴우즈 체제(Bretton Woods System)의 사실상 붕괴와도 관련이 있다고 봅니다. 당시 미국은 중국 경제를 서방 경제에 편입시켜 글로벌, 특히 미국의 경제위기를 극복하려는 의도가 있었다고 생각합니다. 물론 중국 경제의 성장 효과가 바로 나타나지는 않았고, 또 1989년 천안문 사건으로 개혁·개방이 주춤했지만, 덩샤오핑이라는 개혁·개방의 아이콘과 같은 인물이 나와 대서방 경제 개방 드라이브를 배경으로 천안문 사건 후 위축된 중국 경제를 1992년 남순강화(南巡講話)를 통해 다시 불길을 당기게 된 것을 주목해야 합니다. 그 시점에 중국 사람들은 한국이 어떻게 한국전쟁의 폐허에서 다시 일어날 수 있었는지, 일본이 어떻게 2차 대전의 패전국에서 다시 일어났는지를 면밀히 살펴보기 시작합니다. 그리고 그 비결이 '수출 주도 경제 체제 설정'과 이를 통한 '외환보유고 확보의 극대화'라는 결론에 도달하게 됩니다. 특히 1997년 동아시아를 강타한 소위 IMF 외환위기를 겪으면서 국가가 디폴트 위기를 당하지 않으려면 외환보유고 축적만이 살아남을 수 있는 첩경이라는 나름대로의 교훈을 체득했고 이 결과 2008년 금융위기로부터도 중국을 지켜내었

다고 확신하게 됩니다. 이 과정에서 소위 '베이징 컨센서스'라는 개념이 등장합니다. '베이징 컨센서스'는 중국 사람들이 만들어 낸 것도 아니고 서방 학자들이 만들어 발표를 한 것이지만, 시장 지향적 경제성장 정책을 지칭한 '워싱턴 컨센서스'와는 달리 '베이징 컨센서스'는 국가 주도의 경제 개발과 성장을 지칭하는 것입니다. 특히 개도국 입장에서는 금융위기에서 살아남은 중국에 대한 '신화(myth)'로서 '베이징 컨센서스'에 주목하게 됩니다.

중국이 이런 경이적인 경제성장을 이루는 과정에서 두 가지 결정적 계기가 있었는데, 2001년 중국의 세계무역기구(WTO) 가입과 2008년 베이징올림픽 개최입니다. 이 두 가지 대전환점을 계기로 중국의 외환 보유고가 2010-2011년에는 4조 달러에 이르게 됩니다. 2차 대전 후, 미국의 대동북아 정책의 큰 흐름을 보면, 진주만 공격 후에는 일본의 패망을 위해 소련군의 동북아 진출을 허용하였고, 전후에는 소련에 대한 견제 세력으로 2차 대전 전범국인 일본에 대한 예외적인 선처를 허용했습니다. 샌프란시스코강화조약이 대표적인 사례입니다. 그러나 70년대 이후 일본의 비약적인 경제 대국화에 대한 견제책으로 1985년 플라자 합의를 통해 '잃어버린 20년'을 초래하게 합니다. 플라자 합의 때는 15% 정도의 환율 조정을 통한 무역역조 시험이 목표였다고 합니다만, 그 정도의 조치가 어떻게 '잃어버린 20년'으로까지 확대되었는지에 대해서는 좀 더 면밀한 관찰이 필요할 것 같습니다. 그 후 베이징 컨센서스로 상징되는 중국의 굴기(Rise of China)를 만들어 준 가장 큰 외부의 지원은 미국으로부터 왔습니다.

2차 대전 이후 이렇듯이 다양한 지역 패권 도전 세력에 대해 미국은 흔들림 없이 동북아 지역 패권을 추구하였고 따라서 이 지역에 대한 미국의 작용과 반작용에 따라 한국, 중국, 일본은 수동적으로 변화를 수용하는 모습을 보입니다. 이는 처음에 언급한 1905년 '제국주의 순방(Imperial Cruise)' 때와는 전혀 다른 미국의 위상과 역할임을 알 수 있습니다. 그렇다면 어떻게 불과 50여 년 사이에 미국의 위상이 동북아에서 이렇게 달라지게 되었을까 하는 질문을 가질 수밖에 없는데, 저는 그 큰 전환점이 바로 한국전쟁이었다고 지적하고 싶습니다. 미국은 한국전쟁에서 예상 밖의 적극적 개입을 통해 미국의 동북아 지역에서의 핵심적인 역할과 국제질서 구축을 시현하게 됩니다.

마상윤: 미국은 핵 문제 관련 한국과 일본을 차별적으로 인식

한 가지만 첨언하겠습니다. 1970년대 박정희 대통령이 핵을 개발할 때 미국과 엄청난 갈등을 빚었는데, 당시 미국이 우리한테 핵을 개발하면 안 되는 이유를 제시했어요. 한국이 핵무기 개발을 하면 한미동맹이 깨진다, 또 한국에 원자력 발전용 핵연료를 줄 수 없다고 한 것은 잘 알려져 있지요. 이 외에 미국은 한국의 핵무기 효과가 제한적이라는 점을 지적하고 있어요. 예를 들어 북한과 한국을 비교해 보면, 한국에는 서울과 같이 고도로 밀집되어 있는 곳이 있어 핵을 떨어뜨리면 효과가 엄청 큰데, 북한에는 평양이 있지만 여기에 별로 시설이 많지 않기 때문에 핵을 터뜨린다 해도 타격의 효과가 서울 대비 상대적으로 크지 않다고 볼 수 있습니다. 즉 핵을 사용하는 효과가 대칭적이지 않다는 것입

니다.

한편 미국은 "만약에 일본과 한국이 핵을 갖게 됐을 때 또는 핵 능력을 갖게 됐을 때, 핵을 실제로 사용하려고 하는 의지가 다르다"라는 점을 강력하게 주장하고 있어요. 그러니까 일본은 핵에 노출되고 피해를 입었던 경험이 있기 때문에 핵에 대한 포비아(phobia)가 굉장히 강하고, 또 외부의 직접적인 핵 위협에 노출돼 있지 않기 때문에 핵농축 기술 능력을 갖는다 하더라도 핵무기 개발로 갈 가능성이 그렇게 높지 않다고 판단을 했던 것 같습니다. 그래서 미국이 일본에는 우라늄을 농축할 수 있는 권한을 허용했지만 한국에는 허용할 수 없다는 것입니다. 이것은 미국 외교 문서에 나오는 사실인데, 서울대 국제학연구소 연구교수 앵글(Benjamin A. Angel)이 발표한 "'The Only Thing': The US Response to South Korean Nuclear Weapon Development in the 1970s (IIA Issue Brief, 2023년 2월)"에서 잘 설명하고 있어요.

여기서 우리는 미국 정부가 핵무기 개발 관련 한국과 일본에 대한 인식의 차이를 볼 수 있습니다. 일본과는 달리, 미국이 보기에 한국은 우라늄 농축 기술을 갖게 되면 바로 핵무기 개발로 돌입할 것 같은, 그리고 그것을 갖고 실제로 전술 배치까지도 할 수 있는, 그럴 가능성이 굉장히 높은 나라로 봤던 것 같습니다. 이 때문에 한국은 핵무기 확산 가능성이 매우 높은 나라로 인식되었던 반면에 일본은 그렇게까지 하지 않을 것이라고 생각하여, 일본에는 핵농축 기술 개발을 허용하고 한국은 할 수 없다는 것입니다.

박인국: 트럼프 집권 이후 미국의 대중 정책과 한미 관계

트럼프 대통령 집권 당시 미 행정부 내에서는 대개 3가지로 대중국 정책 입장이 나누어져 있었습니다.

첫째는, 미중 사이에 심각한 무역역조가 있지만, 이것은 전형적인 무역역조 현상으로서 수출입 역조 현상을 시정하면 해결할 수 있는 숫자의 문제라고 보고 미·중 간 무역협상의 중요성을 강조하는 입장입니다. 주로 월가, 즉 증시의 안정에 초점을 두었는데 Steven Mnuchin 재무장관이나 NEC(National Economic Council)의 입장입니다. 두 번째는 중국의 '중국 제조 2025(Made in China 2025)'의 전략적 산업에 대한 과도한 보조금 지원 때문에 중국의 산업 정책 자체에 대한 구조적 개혁(reform)이 필요하다는 입장으로 주로 미국 무역 대표부(USTR)의 견해입니다. 셋째는, 개혁으로는 부족하고 중국과 경제 관계를 아예 단절시키는 디커플링(decoupling) 전략을 써야 한다는 담론으로 트럼프 행정부 당시 Peter Navarro NSC 부보좌관 등이 주장했습니다. 그런데 당시 미국 내부에서도 디커플링은 불가능한 일이라는 주장이 대세였는데, 왜냐하면 서로 간에 군사 대립 외에는 아무런 거래가 없었던 미소 냉전 시대에는 미소 간에 디커플링이 가능하겠지만 냉전 시대와는 달리 지금은 미중 간에 서로 빈번한 왕래와 경제적 밀착 관계가 형성됐기 때문에 완전한 경제 단절은 물리적으로 불가능하다는 입장입니다.

그런데 바이든 대통령 집권 이후 전직 대통령 정책을 죄다 뒤엎는 (ABC, Anything But Clinton) 전통을 버리고 트럼프의 대중국 봉쇄정책이 더 강화되는 기현상을 목도하게 됩니다. 이러한 기현상은 앞서 말

씀드린 동북아 지역에서 미국의 지역 패권주의에 도전하는 새로운 패권 경쟁자를 용납할 수 없다는 지난 80년의 미국의 대동북아 핵심 전략과 맞닿아 있다고 보겠습니다.

과거 100여 년 전, 1900년대 초반 미국이 한반도와 동북아와 조우했던 때로부터 시작해서 미국이 이 지역에 막강한 영향을 미치고 있는 현 시점까지 미국의 개입이 한반도의 운명을 좌우하는 결정적인 요소로 작용했다는 것이 이 시대의 핵심적 특성이라 하겠습니다. 그러나 이러한 시대적 특성에도 불구하고 한국도 미국에 의해 수동적으로 이끌려만 온 것이 아니라 적극적인 이해당사자로서 한미동맹을 기반으로 '대중국 봉쇄', '소련 해체', '잃어버린 20년의 일본', '미·중 분쟁 격화'로 이어지는 시대적 소용돌이 속에서도 국가 어젠다 개발에 능동적으로 대처해 왔다고 평가해야 할 것입니다. 이제는 지정학적 위치로나 경제적 위치, 특히 첨단기술 분야에서 일본에 못지않은 미국의 핵심 파트너로 자리매김해 가고 있는 점이 이 시대의 또 다른 특성이라고 봅니다.

미국 대외정책 접근법: 이념적 접근법 대 현실주의 접근법

박인국: 미국의 대중 강경책은 이념에 따른 것인가, 상황에 따른 것인가?

미국의 대중국 강경 노선이 이데올로기에 기반한 것인지, 아니면 현실적·실용적 필요에 기반한 것인지에 대한 분석이 필요하다고 생각합니다. 미국의 대중국 접근은 2010년을 전후로 확연하게 변했습니다. 1970년대부터 자유주의(liberalism) 혹은 실용주의(pragmatism)로 인해 미중 관계가 급속도로 가까워졌습니다만, 2010년을 전후하여 중국이 매우 도전적(assertive) 태도를 보이기 시작하자 미국은 대중국 강경 노선으로 선회하였는데, 이러한 정책기조 전환은 중국의 도전에 현실적인 대응을 한 것인지, 아니면 미국 자체가 자유주의를 포기하고 현실주의(realism) 접근을 선택했기 때문인 것인지에 관한 것입니다. 다시 말하면, 이데올로기가 먼저 나오고 상황이 생긴 것인지, 아니면 상황이 발생한 후 그 상황을 뒷받침해 주거나 사후 설명을 위해 이데올로기가 생긴 것인지에 대한 것입니다.

마상윤: 미국의 대외정책은 이념 중시 속에 세력균형 고려

미국이 이념에 의해서 정책을 세우는 것인지, 아니면 상황 혹은 세력균형에 의해서 정책이 세워지는 것인지에 대한 질문을 해 주셨는데, 키신저가 이 질문에 대해 오래전에 답을 제시해 왔습니다. 키신저는 미국을 이념 중심적인 나라라고 정의를 내리며, 그런 미국의 성격을 근본적으로 바꾸기는 어렵겠지만 그래도 현실적인 상황을 되도록 중시해야 한

다는 입장을 강조해 왔습니다. 그건 어떻게 보면 국제정치의 유럽적인 접근을 키신저가 좀 더 강조했던 것이었다고 봅니다.

조금 전에 논의한 것처럼 한국전쟁에 미국이 굉장히 신속하게 개입을 했는데 거기에도 두 가지 요인이 모두 있다고 봅니다. 첫 번째는 세력균형이고, 두 번째는 이념적인 이유라고 생각합니다. 일단 미국의 개입은 북한의 남침을 소련의 사주에 의한 공산진영 전체의 도발이라고 보고 이에 대해 세력균형을 견지하고자 했던 대응이라고 볼 수 있습니다. 그러다 보니 38선을 회복한 이후에는 미국 내에서 대한반도 정책을 두고 큰 논의가 있었습니다. 조지 케넌(George Kennan) 같은 사람은 현상을 회복한 다음에는 더 이상 개입을 해서는 안 된다는 주장을 했었습니다. 그런데 그 말이 먹히지 않았고, 다시 38선이 돌파됐고, 다시 중국군(중공군)이 개입을 하면서 진퇴가 계속 왔다 갔다 하는 상황에서 미국은 빨리 발을 빼려고 하는 식으로 정책을 바꾸게 됩니다. 이것이 무엇을 보여 주는가 하면, 미국 내에서도 항상 이념적인(이데올로기적인) 접근과 세력균형에 입각한 접근이 왔다 갔다 한다는 것을 보여 줍니다. 키신저식으로 정리를 하자면, 유럽의 다른 전통적인 강대국들과는 달리, 미국은 대외정책 접근에 있어 이념(이데올로기) 중심적인 성격이 굉장히 강하다고 말할 수 있을 것 같습니다.

박인국: 미국은 시계추처럼 대외 개입과 철수를 반복

그러니까 미국은 이념과 현실적 세력균형 사이, 혹은 국제주의와 고립주의 사이에서 개입과 철수를 '왔다 갔다(back and forth)' 반복하는

경향이 있다는 점을 지적하신 것 같습니다. 그렇다면 트럼프가 주장하는 신고립주의도 트럼프로 인해 새롭게 생긴 어떤 새로운 접근 방식이기보다는, 미국의 대외 접근법에 내재된 전통적인 개입과 철수, 아니면 작용과 반작용의 병존이나 되풀이의 일환으로 볼 수 있는 것입니까? 사실 확실한 대북 억제력과 공포의 균형(balance of terror)을 가져야 하는 우리로서는 미국의 대북 및 대한반도 정책이 시계추(pendulum)와 같이 두 가지 다른 정책의 사이를 왔다 갔다 하는 것에 대해 세심한 경계를 해야 할 상황입니다.

마상윤: 2차 대전 이후 미국의 국제주의 기조, 그러나 일시적 후퇴도

분명히 그런 부분이 있다고 생각하고 말씀하신 바에 동의합니다. 미국이 건국 이래 고립주의를 오랫동안 취하다가 국제주의로 간 뒤로는 다시 완전히 고립주의로 돌아간 적은 별로 없었던 것 같습니다. 사실상 2차 대전 이후 미국은 영구적인 국제주의로 갔다고 볼 수 있습니다. 그런데 미국의 힘이 쇠퇴하고 있다는 것이 고립주의가 다시 나타날 수 있는 굉장히 중요한 요인이 됐기 때문에 고립에 대한 우려는 상당한 정당성이 있다고 보고 있습니다. 그러나 저는 여기에서 일본의 역할을 주목해 봤으면 합니다. 미국이 동북아에서 고립주의로 돌아가려고 하는 순간마다 일본이 개입을 해서 미국의 전략적 관심을 동북아까지 확장시켰고, 미국을 동북아에 잡아놓는 역할을 했습니다. 아시아-태평양(Asia-Pacific), 인도-태평양(Indo-Pacific)이라는 말을 만들어 가면서, 지리적으로는 미국이 동아시아에 속해 있지 않지만 사실상 여기에 있는 존

재로 묶어 두는 역할을 했다고 볼 수 있습니다. 미국은 고립으로 가려고 하는 내재적인 성격이 있지만, 또 개입을 해야 한다는 경향도 있어서, 그 경향을 유지·확대시켜 이 지역을 떠나지 않도록 하는 일본과 한국의 역할이 분명히 필요하다고 생각합니다.

유럽에서도 미국은 국제주의와 고립주의가 번갈아 작동하는 경향을 보여 주었어요. 2차 대전 당시에 미국이 처음에는 전쟁 개입을 크게 주저하는 모습을 보였습니다. 영국 처칠이 계속해서 도와 달라고 얘기를 하는데 전쟁에 합류하지 않는 시기가 약 2년 이상 있었습니다. 그것을 보면, 요즘하고는 생각 혹은 조건이 완전히 똑같지는 않았을 수도 있는데, 당시 프랭클린 루스벨트(Franklin Roosevelt) 대통령과 같은 사람들은 독일이 유럽을 장악하는 것이 우리에게도 위협이 될 수 있다는 잠재적인 위험을 느꼈지만, 미국 국민의 상당수는 그것이 우리하고 무슨 상관이야라는 생각을 했었던 것 같습니다. 즉 미국의 국익이 독일의 유럽 제패에 의해서 위협을 받을 수도 있다는 생각을 하는 사람도 분명히 있지만, 그렇게 생각하지 않는 사람들도 여전히 미국 내에 있었다는 것입니다.

결국 동아시아 지역에 대해서도 현재 미국의 국익이나 경제적인 이익을 따지면 굉장히 중요한 지역이라고 생각을 하겠지만, 그럼에도 불구하고, 그렇지 않다고 생각하는 사람들도 있다는 것입니다. 만약 그런 사람들이 정치적으로 힘을 받는다면 미국의 동아시아 정책에 실질적인 영향을 미칠 가능성이 없지는 않다고 말씀드릴 수 있겠습니다. 아시아의 중요성, 더 크게는 인도-태평양 지역이 미국 국익에는 분명히 중요한 지역임에는 의문의 여지가 없으나, 그럼에도 불구하고 달리 생각하는 사람들이 항상 있을 수 있기 때문에 우리가 거기에 대한 경계를 항상 할 필요가 있다고 생각합니다. 또 루스벨트 대통령이 잘 보여 줬지만, 미국 민주주의 시스템이 리더가 혼자 생각해서 되는 게 아니지 않습니까? 선거를 통해 당선도 되어야 하고, 의회의 비준도 받아야 합니다. 그런 의미에서 당장 2024년에 있을 미국 대선도 굉장히 걱정되는, 어떻게 보면 역사의 분수령이 될 수도 있는 그런 상황이 아닌가 생각합니다.

동북아 국제질서의 특수성

전재성: 동북아 국제질서는 유럽·중동과 달라

　동아시아의 국제관계는 다른 지역과 차이가 큰데, 대표적으로 세계적인 강대국들이 동아시아에 몰려 있다는 것입니다. 미국과 중국, 러시아와 일본 등 세계에서 경제력과 군사력이 월등한 국가들이 동아시아에 집중되어 있어, 세계적 세력 각축이 곧 지역적 각축으로 쉽사리 전환되는 특징을 가지고 있지요. 즉, 지역 질서가 세계 질서에 매우 민감하다(porous)는 특징을 가지고 있습니다. 그런 만큼 세계적 강대국 간 충돌이 동아시아를 배경으로 일어날 확률이 매우 높지요. 특히 동북아 지역은 이러한 강대국들이 지역적으로 집중되어 있는 지역으로, 소위 동아시아의 4대 열전 지역, 동중국해, 대만 해협, 한반도, 남중국해 중 3개의 열전 지역이 동북아에 몰려 있습니다. 또 미일중러가 다 제국을 경험했던 강대국이기 때문에 이들 국가들이 패권국이 됐을 때 제국 부활에 대한 불안감이 있어서 강대국 정치가 더 충돌적일 수밖에 없습니다.

　둘째, 다른 지역의 경우, 지역을 구성하는 국가의 숫자가 많아 강대국들 간의 경쟁을 완화해 줄 수 있는 다자적인 완충 장치가 만들어지기 쉽지요. 그러나 동북아는 많아야 7개국이기 때문에 다자체제(multi-polarity)가 작동하기 굉장히 어려운데, 유럽이나 중동에서는 약소국이나 중견국이 밸런싱(balancing) 파워라든지 캐스팅보트(casting vote) 역할을 하지만 동북아는 그렇지 않은 것입니다. 아세안만 하더라도 10개 국가가 미국과 중국 사이에서 다양한 완충 장치를 만들어 왔습니다. 같은 동아시아지만 동북아시아는 세계적 초강대국 이외에 한반도만 위치하고 있어, 사실상 강대국 간 직접적 충돌을 완화해 줄 수 있는 완충 지역은 매우 작은 편이지요. 오히려 한반도가 강대국 간 충돌의 최전선에 위치하고 있어 이들 갈등을 온몸으로 체현할 수밖에 없는 상황입니다.

셋째, 동아시아는 현재 미중 세력 경쟁의 중심에 놓여 있습니다. 미국과 중국은 모두 비유럽 국가로서 강대국이 되었고, 둘 다 예외주의(exceptionalism)적 특성을 가지고 있습니다. 미국은 중세를 경험하지 않은 이민자 국가이며, 자유주의 패권이라는 독특한 세계 질서의 비전을 제시해 오고 있습니다. 중국 역시 과거 제국이었다가 다시 패권국으로 등장하는 독특한 이력을 가지고 있으며, 비서구 국가로서 세계 패권에 도전한다는 점에서 미래의 향방을 정확히 알 수 없다는 특징을 가지고 있습니다. 다시 말해 미국 예외주의(American exceptionalism)와 일종의 중국 예외주의(Chinese exceptionalism)를 가진 두 초강대국이 부딪히고 있는 것이 역사적으로 유례가 없는 상황입니다.

넷째, 동아시아에는 비서구 제국들로서 중국과 일본이 자리 잡고 있습니다. 과거 제국들은 유럽 또는 서방의 기원을 가지고 있지만, 이 두 국가는 비서구 국가로서 향후 강대국이 되었을 때 어떠한 정책을 추구할 것인가에 대한 불확실성이 여전히 남아 있지요. 근대 이전의 과거의 경험이 미래에 투사될 가능성이 존재합니다. 중국은 중국 나름의 중국 몽을 제시하지만 그 내용이 어떻게 전개될지는 예측하기 어렵습니다. 어떤 전문가는 "조공 체제가 부활될 것이다"라고 막연하게 얘기하는데, 중국도 근대 이전의 역사적 경험이 유용할지 잘 모르는 상황 속에

364   좌담회 한미일중 100년의 교훈
한미일중 100년 II: 냉전 해체와 중국의 부상(1970-2023)

서 세력 전이가 일어나고 있는 것입니다.

동북아 질서의 마지막 특징은 한국을 포함해서 일본, 중국 모두가 불완전 주권국가로서, 주권을 완성시키기 위한 통일 혹은 보통 국가의 정책을 추구하고 있어, 다른 일반적인 국가들의 대외정책과는 다른 모습을 보인다는 특징을 가지고 있습니다. 분단국가로서 주권의 제약을 받고 있는 불완전한 두 개의 중국과 두 개의 한국, 그리고 헌법적 제약이 있는 일본은 자기네가 완전한 주권국가가 되기 위한 게임을 별도로 벌이고 있기 때문에 국제정치와는 별도로 우리는 통일의 문제가 있고 일본은 개헌의 문제가 있어서, 주권에 관련된 문제와 국제정치 세력균형 문제가 복합되면서 굉장히 복잡한 양상을 보이고 있다는 것입니다. 따라서 우리는 근대 이행이 완결되지 않았기 때문에 생기는 문제가 더 많습니다. 그런 면에서 이제 우리 과거 외교전략이 그것을 해결하기 위한 대전략 구도가 있었는지를 좀 반성해 볼 필요가 있습니다.

박인국: 미중 헤게모니 경쟁의 성격

미어샤이머(John Mearsheimer) 교수가 글로벌 패권(hegemon)은 존재하지 않고 지역적 패권만 존재하는데, 지역적 헤게모니를 두고 서로 경쟁하거나 지역적 이익이 충돌되는 곳에서 갈등이 생긴다고 주장합니다. 그 이론에 따르면 현재 동북아 정세는 미국이 동북아를 포함하여 태평양으로 진출하면서 확장된 미국의 지역적 헤게모니가 중국의 전통적 지역적 헤게모니와 충돌하고 있는 상황으로 볼 수 있겠지요? 서태평양이 미국의 핵심 헤게모니 지역에 편입되었다고 본다면 서태평양 지역의 핵심인 동북아에서는 미국의 전통적인 고립주의와 국제주의 간 구별의 실익이 없어졌다고 볼 수 있는지 모르겠습니다.

전재성: 글로벌 헤게모니는 지역 헤게모니 등장을 견제하기 마련

미어샤이머의 주장도 굉장히 흥미롭습니다. 미어샤이머가 지역 헤게모니의 오버랩도 중시하긴 하는데, 사실 그의 기본적인 입장은 오버랩이 안 돼도 다른 지역에 지역 헤게모니가 등장하면 결국은 미국의 이익과 충돌하기 때문에 강대국의 비극으로 끝난다는 것입니다. 그러니까 강대국이 자기 안보를 결정하는 방식은, 자신과 관계가 없는 지역이라도 지역 헤게모니가 나오면 결국 나의 안보에 위협을 가한다는 등식이 성립됩니다. 미국의 입장에서도, 비록 막강한 해군력으로 대양에서 다른 어떤 힘도 멈출 수 있게 하는 파워가 있어서 보다 여유가 있긴 하지만, 지역 헤게모니로 부상하는 중국의 위협이 결코 예외는 아니라는 것입니다.

이와 관련된 흥미로운 논쟁거리는 중국의 대만 통일 문제와 관련하여, 이것이 지역 헤게모니에 관한 문제인지, 아니면 중국의 주권(sovereignty)에 관한 문제인지를 먼저 결정해야 할 것 같습니다. 미국 MIT대학 글레이저(Charles Glaser) 교수는 이것은 중국의 주권에 관한 문제니까, 중국의 대만 통일은 지역 헤게모니를 확대하거나 영향을 미치는 것은 아니라고 주장했습니다. 따라서 미국이 대만을 내주고, 한미동맹과 미일동맹을 완전히 강화하고, 남중국해를 막는 것으로 충분히 중국의 세력 팽창을 막을 수 있다고 주장했는데, 이것은 고립주의

(isolationism)와는 명백히 다르다고 봅니다.

박영준: 서유럽과 한미일이 연합하여 유라시아의 위협에 대응해야

글로벌 차원에서 지역별로 지정학적 특성을 분석한 이론을 소개합니다. 냉전 시기였던 1950년대 중반, 일본 문화인류학자이자 교토대학 교수인 우메사오 다다오(梅棹忠夫)는 국제사회 구조가 유라시아 대륙의 제1지역과 그 주변부에 해당하는 서유럽 및 일본 등 제2지역으로 분화된다는 이론을 제시했습니다. 제1지역은 그 당시 소련과 중국을 의미하고 있습니다. 그러면서 유라시아 대륙 국가들은 전체주의적 정치문화, 제정(帝政)의 전통, 민주주의 발달 낙후라는 특징이 있지만, 서유럽과 일본 등은 봉건주의 경험, 작은 영토 국가들, 민주주의 수용의 특성을 갖고 있다고 보았습니다. 그러면서 서유럽과 동아시아 국가들은 유라시아 대륙 전체주의 국가들의 위협에 직면해 있다는 인식을 가져야 한다고 주장했습니다. 현재 한국과 일본 등이 미국과의 동맹을 강화하면서, 나토와의 연계도 강화하는 현상은 이러한 지정학적 인식에 바탕을 둔 전략의 추구라고 볼 수 있을 것입니다. 바이든 행정부가 추구하는 나토와 인도-태평양 지역 동맹을 연결하는 시도에 우리가 참가하고 있는 것은 그 연장선상에 있다고 봅니다. 즉 아시아에서 한미일 안보협력이 진전되고, 유럽에서 나토가 확대되는 것은 대륙 전체주의 국가에 대한 대응 차원으로 의미를 부여할 수 있을 것입니다.

한국 외교에 대한 평가

마상윤: 한국은 해방 이후 역사적 기회의 창을 잘 활용

한국은 식민지 시기를 거치면서 해방 직후에 사실상 국제적인 지위가 거의 없었다고 봅니다. 그런 상황에서 지금까지 이렇게 부강한 국가를 건설한 것은 해방 이후 순간순간 열렸던 역사적 기회의 창을 우리가 놓치지 않았기 때문이라고 생각합니다. 특히 박정희 시대에 산업화를 했던 것도, 한 10년만 늦었어도 산업화를 못 했을 것 같다는 생각이 듭니다. 박정희 시대의 산업화와 연관되어 일본과의 국교정상화라든지, 베트남 파병이라든지 그 당시로서는 논란이 될 수밖에 없는 정치적 결정이었지만, 역사적으로 우리에게 열렸던 기회를 잡지 않았다면 과연 산업화가 이루어질 수 있었을까 싶습니다.

올해가 카이로선언 80주년인데, 카이로선언에서 프랭클린 루스벨트 대통령이 한국을 독립시키는 것에 관해 "적절한 때에(in due course)" 독립시키겠다고 했습니다. 해방 전후에 우리의 지위가 그렇게 낮았던 것을 명백하게 보여 주는 문구라고 생각합니다. 그럼에도 불구하고 중요한 것은, 루스벨트가 한국을 독립시켜야겠다는 생각을 했다는 것인데, 다만 언제 독립시키느냐는 문제에 있어서 적어도 30–50년 신탁통치한 다음에 독립시키겠다는 얘기였습니다. 그 뜻은 한국의 자치 능력을 믿지 못하겠고 일본으로부터는 이제 떼어 놔야 하겠지만 자생이 안 되는 나라이기 때문에 일단 신탁통치를 해야 한다는 생각을 했다는 것입니다. 그렇다면 왜 한국은 자치 능력을 의심받았는가 하면, 그 답은

"해 본 적이 없으니까"인 것 같습니다. 우리가 물론 수천 년의 왕조 시대 역사를 가지고 있지만 적어도 근대적인 의미로의 나라를 경영해 본 적이 없기 때문에 거기에 대한 능력을 의심을 받았던 것입니다. 루스벨트 사례에서 잘 알 수 있는 것처럼 한국에 대한 외국인의 인식이 결국 한국의 국제적 지위를 반영하는 것이었습니다. 해방 직후 이승만 대통령이 가장 고민했던 문제가 한국의 국제적 지위(status)에 관한 문제였다고 생각합니다. 한국은 당시 냉전 상황에서는 반공의 최전선에 선 나라였고, 그것을 위해서 미국의 전폭적인 지지와 지원을 받는 나라여야 한다고 이승만은 생각하고, 또 그것을 이용하려고 했는데, 미국은 꼭 그렇게 생각하진 않았던 것 같습니다.

박영준: 한미동맹, 북방정책, 최근 한미일 협력이 한국 외교의 전환점

해방 이후에 우리나라 정부가 각 시기마다 굉장히 중요한 정책으로 위기를 극복했다고 생각합니다. 냉전 초기에는 6·25전쟁이 있었지만, 전쟁 결과 한미동맹이 형성됐는데, 냉전기에 형성된 한미동맹은 우리가 선택할 수 있었던 최적의 대안이었다고 생각합니다. 다음에 탈냉전기 국면에서는 노태우 정부가 추진했던 북방외교가 우리가 할 수 있는 최선의 대전략이었다고 생각합니다. 중국뿐만 아니라 동유럽 공산국가 및 소련과도 관계를 수립함으로써 탈냉전기에 국익을 극대화하는 데 기여하였습니다. 그러나 2010년대 중반부터 2020년대에 탈냉전 국면이 끝났습니다. 2022년 미국 국가안보전략서가 "탈냉전기 시대는 완전히 끝났다(Post Cold-War era is definitely over)"라고 표현하

고 있듯이, 이제는 탈냉전기 이후의 세계로 접어들었다고 보아야 할 것입니다. 이런 상황에서 지난 문재인 정부는 전략적 모호성을 추구했지만, 최근 윤석열 정부는 작년부터 한일 관계정상화, 한미동맹의 글로벌 포괄적 전략동맹화, 한미일 협력체제 강화, 한미 핵협의그룹(Nuclear Consultative Group) 창설, 한미일 안보협력 강화 등을 추진하고 있습니다. 이번 윤석열 정부의 외교는 이승만 대통령 때 한미동맹 체결과 박정희 정부의 한일 국교정상화, 노태우 대통령 때 북방외교에 못지않은 대외전략의 변화라고 생각합니다.

전재성: 한국의 대외 인식과 외교의 변화

한국 외교를 평가하기 전에 한국인의 국제사회에 대한 인식을 살펴볼 필요가 있습니다. 19세기 말 이래, 한국은 근대 국제정치체제를 받아들였는데, 과거와는 근본적으로 다른 유럽 기원의 주권국가(sovereign state) 체제를 받아들이면서, 제국주의 단계의 주권국가 체제를 경험하게 되었습니다. 주변의 강대국, 그리고 서방의 강대국들이 한국을 식민지화하려고 했던 경험을 온몸으로 체험하였고, 이러한 경험은 근대 국제정치체제의 침략성을 부각시키게 되었습니다. 더욱이 이러한 과정에서 많은 전쟁을 몸소 겪었기 때문에 기본적으로 현실주의적 인식을 갖게 되었다고 봅니다. 한국은 비서구 국가로는 유일하게 스스로 제국이 된 일본의 식민지배를 대만, 만주와 함께 받았습니다. 더구나 대만, 만주는 근대 독립국가 수립 이전이어서 대한제국을 선언한 한국으로서는 서구가 아닌 일본 제국의 식민지 통치를 받은 유일한 국가 사례가 되었다는 점에서 매우 특징적입니다. 이후 한국은 식민지 경험을 탈피하고자 하는 탈식민이 중요한 국가 과제가 되었습니다.

더욱이 한국은 독립과정에서 온전한 주권국가를 이루지 못하고, 민족과 영토, 그리고 정부가 양분되는 분단의 아픔을 겪게 되었지요. 이러한 불완전 주권국가가 된 것은 내부적 요인보다 외부적 침탈에 의한 것으로 인식되어, 주변 강대국들의 한반도 정책에 대한 근본적 불신을 가지는 계기가 되었습니다. 한국은 국가의 독립과 번영을 추구하기 위해 주변 강대국, 그리고 북한으로부터 안보를 유지해야 할 필요성을 느꼈고, 이 과정에서 미국이라는 강한 동맹국이 외교 안보 정책의 주축이라는 인식이 발생했지요. 한미 관계는 여러 우여곡절을 거쳤지만 궁극적으로 미국의 동맹 유지 정책이 한국의 안보에 핵심적 사안이라는 점이 현재까지 유지되고 있습니다. 최근까지 미국에 대한 한국의 선호도는 다른 나라에 비해 매우 높으며, 향후 세계 질서에 대한 미국의 공헌도에 대한 예상에서도 한국은 강한 신뢰를 가지고 있습니다. 미국이 애초에 19세기 제국주의 세력으로 동아시아에 진출했고, 또 신미양요 등 한국과의 관계 설정에서 많은 굴곡이 있었던 점을 생각해 보면, 이러한 한미동맹에 대한 강한 인식은 국제관계의 고난에서 비롯되었다고 생각됩니다.

그동안 한국은 생존과 경제 발전에 주력했고, 이 과정에서 장기적인 외교 대전략보다는 당면한 국제정세에 대한 반응적인 단기 전략에 치중한 경향이 강했습니다. 또 한국은 정부수립 이후 미국 주도의 자유주의 국제질서 속에서만 존속해 왔고, 미국이 패권국가로서 국제적 공공재

(public goods)를 제공하는 국제 환경 속에서만 존속해 왔지요. 따라서 모든 시대를 관통하는 대미 전략이 한국의 생존과 발전에 매우 중요했다고 볼 수 있습니다. 한국이 약소국에서 벗어나 중견국(middle power)의 국력을 가지고 외교 대전략을 추진할 수 있었던 시기는 대략 냉전이 종식된 1990년대라고 생각됩니다. 그 이전에도 이승만 대통령과 박정희 대통령은 국가 발전을 위하여 중장기 외교전략을 추구하고자 했으나, 국제정세의 변화 속에서 제한된 외교 자원을 가지고 중장기 외교전략을 추구하는 데는 한계를 보였지요. 노태우 정부 이후에는 중견국 국력을 가지고 비교적 중장기적인 외교 대전략(grand strategy)을 수립하려 하였으나, 각 행정부별 역량에 따라 이러한 노력은 차별된 성과를 거두었습니다. 특히, 노태우 행정부 당시의 북방정책은 대북 정책과 외교 정책을 통합한 패러다임을 제시할 수 있는 매우 우호적인 환경을 맞이했지요. 냉전이 종식된 직후 북한과의 관계 재설정, 그리고 소련 및 중국과의 수교를 통해 외교 대전략에 걸맞은 여러 전략을 추구할 수 있었습니다. 그러나 한국의 북방정책이 너무 성공적으로 진행되자, 생존 위협을 느낀 북한이 핵무기를 개발하면서 현재까지 이어지는 북핵 문제를 맞이한 것도 사실이지요. 한국이 외교 대전략의 목표를 올바르게 설정하고, 이를 실행할 수 있는 외교 수단을 만드는 것도 중요하지만, 장기적인 관점에서 다양한 요소를 고려하는 것이 중요하다고 생각합니다.

한국 외교의 향후 과제

전재성: 한국이 원하는 국제질서를 수립하기 위해 노력해야

이제 한국은 중견국을 넘어서서 신흥 선진국의 외교전략을 추구할 수 있습니다. 미국과 중국의 전략경쟁은 물론, 급변하는 탈냉전 이후의 국제정세 속에서 한국이 원하는 국제질서를 수립하기 위해 노력해야 합니다. 국가의 단기적 이익과 단기적인 세력균형을 위해 외교정책을 수립하는 것이 아니라, 한국의 국익과 가치에 맞는 국제질서를 실현하기 위해 장기적인 노력을 기울여야 합니다. 이를 위해서는 다른 국가를 설득할 수 있는 탁월한 식견과 중장기 전략이 필요하지요. 전략적 비전과 더불어 이를 실행할 수 있는 정책 자원을 축적하는 일이 매우 중요합니다. 특히 4차 산업혁명 시대에 한국의 국력을 뒷받침할 수 있는 신기술의 패러다임에서 우위를 점하는 노력이 무엇보다 중요하다고 봅니다. 향후 신기술은 과학과 산업, 정부와 사적 부문이 하나가 되는 기술 혁신 생태계를 필요로 합니다. 현재 한국은 반도체와 배터리 부분에서 앞서가고 있지만 슈퍼컴퓨터, 양자컴퓨터, 인공지능, 첨단 반도체 분야에서 더욱 많은 축적을 통해 비전을 추구할 수 있는 정책 자원을 마련해야 합니다.

박영준: 최근 한반도 안보 불안을 고려하여 한국의 외교전략 수립 필요

최근 미중 간 경쟁에 더해서 국제 안보 정세가 복잡해지고 있습니다. 우선 북한의 핵 능력이 2006년에 1차 핵실험을 한 이후에 급속도로 증가되고 있고, 작년 9월에 북한이 핵무력 선제공격을 공포했습니다. 물

론 블러핑(bluffing)의 목적도 있겠지요. 그러나 냉전 시기에 소련이나 중국보다도 훨씬 더 핵 선제 사용의 문턱 또는 조건을 5가지 정도로 넓혀 놓았기 때문에 북한의 핵 능력이랄까, 핵전략을 객관적으로 봤을 때, 분명히 굉장히 위협적인 것이 되고 있다고 봐야 할 것 같습니다. 그래서 앞으로 10년 내에 북한 핵탄두가 300발까지 간다는 전망이 틀리지 않을 것으로 생각합니다.

두 번째는 러시아와 우크라이나의 전쟁인데 이것이 예상보다 장기화되고 있고, 그 과정에서 한반도를 포함한 국제 안보도 영향을 받고 있습니다. 왜냐하면 러시아는 유엔 안보리 상임이사국이어서 국제분쟁을 중재하거나 해결해야 할 역할을 가진 나라인데, 이 나라가 먼저 전쟁을 벌인 것이고, 또 핵확산금지조약(NPT)에서 핵 보유가 인정되는 5개국 중의 하나이지만 전술핵 사용 가능성도 시사했으며 심지어 벨라루스에 전술핵도 재배치시켰기 때문입니다. 그래서 NPT 체제도 사실상 러시아의 행동으로 말미암아 동요가 되고 있다고 볼 수 있습니다. 그러니까 유엔 안보리 체제와 NPT 체제가 모두 흔들리고 있는 것입니다. 이것이 한반도에 큰 영향을 줘서 지금 상황이 냉전 때보다도 더 심각한 상황이 될 수도 있는 여지가 있습니다. 사실 러시아도, 당시 소련도, 핵 군비 통제까지는 했는데 이제는 이것마저 흔들리는 상황이 되었습니다. 그럼 우리는 이제 어떤 정책을 취해야 할 것인가? 윤석열 정부가 취하고 있는 한미동맹의 포괄적 전략동맹화, 핵협의그룹 창설, 한일 관계정상화를 통한 한미일 안보협력 강화 등 일련의 조치들이 이런 복잡한 상황에 나름대로 대응하려고 하는 의미를 갖고 있다고 생각합니다. 이런 관점에서 보면 나토 정상회담에 계속 참가하는 것도 굉장히 큰 의미를 가지고 있다고 봅니다.

한국의 구체적인 외교 과제는 앞으로 한미동맹을 어떻게 할 것인가, 또 한미일 협력은 어떻게 할 것인가 등입니다. 안보적인 측면에서는 워낙 북한, 중국, 러시아의 핵 전력이 증가하고 있는데, 앞으로 10년 내에는 중국이 핵탄두 천 기, 북한이 수백 기 이상 가질 것으로 봅니다. 따라서 제가 볼 때는, 한미일 간의 확장 억제 연대 외에 한국, 미국, 일본, 그리고 호주까지 포함해서 새로운 형태의 확장 억제 강화를 추진할 수 있기를 바랍니다. 유럽에서 영국, 프랑스가 각각 핵탄두를 가지면서 미국과 더불어서 나토를 지탱하고 있는 것과 유사하지요. 더불어 중국, 러시아, 북한이 보유하고 있는 핵에 대응하는 안보 체제, 즉 구조적인 조정이 필요하다고 생각합니다.

박인국: 북핵 문제의 새로운 도전과 국제사회의 대응

박 교수님께서 북핵 문제와 동북아 핵확산 저지 문제의 심각성을 잘 언급해 주셨습니다. 북한의 1993년 제1차 북핵위기 이후, 30년간 북핵 위기 해결을 위한 다양한 외교적 노력을 기울여 왔지만, 양자, 3자, 4자, 6자 회담을 포함한 모든 조치들이 다 수포로 돌아갔습니다. 1994년 제네바합의 후 북한은 10년 만인 2003년에 이를 공식 파기하며 1월에 NPT를 탈퇴했습니다. 이후 2003년부터 2007년까지 6자회담 협상을 총 6차례 거듭하며 9·19공동성명을 채택하였으나, 2009년 5월에 북한이 2차 핵실험을 감행하며 6자회담의 결실인 9·19공동성명을 파기하였

고, 2012년 헌법을 개정하여 핵보유국임을 선언하였습니다. 2022년에는 핵무기 선제공격 가능성을 시사한 데 이어 2023년에는 핵무력을 공식 법제화하는 단계에 이르렀습니다.

2009년 북한의 2차 핵실험 이후, 중국 측에서는 공산당 중앙외사영도소조가 북한의 비핵화보다 한반도 평화 유지를 우선시하며 북한을 감쌌고 이 시기에 미국의 오바마 행정부가 '전략적 인내' 정책을 채택함으로써 결과적으로 국제사회의 체벌에 대한 북한의 내성(sense of impunity)을 길러 주어 결국 핵무기 개발의 백지 위임장(Carte Blanche)을 쥐어 줬다는 비난에서 자유로울 수 없게 되었습니다.

특히 2023년 8월 푸틴-김정은 정상회담 이후 러시아의 기술 원조로 인해 다탄두 탑재 (MIRV), 극초음속 미사일 탑재 등 획기적인 불법 기술 이전 가능성이 동아시아 안보질서에 새로운 Game Changer가 됨으로써, 한미 간 지속적으로 강화하고 있는 확장억제 체제를 완전히 재구상해야 하는 상황에 처할 수도 있습니다.

북한이 미국 본토를 겨냥한 2차 핵 타격 능력을 확실히 갖추게 되면, 한국과 일본은 1961년 유럽이 직면했던 것과 같은 근본적인 문제, 즉 '과연 미국이 서울이나 도쿄를 위해 뉴욕이나 워싱턴을 희생할 수 있겠는가?'라고 하는 심각한 질문이 재현될 것입니다.

미중 경쟁과 러-우 전쟁의 여파로 북·중·러 간 결속이 강화되면서, 중국과 러시아의 대북제재결의에 대한 공공연한 거부권 행사로 유엔 안보리 제재의 실효성에 근본적 회의를 갖게 된 것 또한 매우 우려스러운 상황입니다.

박인국: 최근 한미 기술동맹을 위한 한국 외교의 과제

이러한 한반도 안보 지형 변화 가운데에서도 최근 미국이 한국을 보는 인식에 커다란 변화가 있다고 생각합니다. 한국전쟁 때와는 전혀 다른 양상이지요. 2023년 캠프 데이비드에서 있었던 한미일 3자정상회담이 그 모습을 잘 보여 주고 있습니다. 이 캠프 데이비드 회담은 첨단기술동맹으로 전환할 수 있는 계기가 마련되었습니다.

미국이 글로벌 공급망의 핵심 분야인 반도체와 배터리 분야에서 미국의 공급 능력에 대한 위기의식이 팽배해진 상황에서 한국이 이 두 분야에서 세계 시장 점유율은 매출기준 반도체 20%, 배터리 24%를 차지하고 있어 첨단기술동맹 차원에서는 신뢰할 수 있는 핵심 파트너의 지위를 가지고 있다는 사실이 기술동맹으로의 전환이라는 새로운 시대전환의 서막을 알리고 있다고 하겠습니다.

이제 한국은 이러한 첨단기술을 바탕으로 'price-taker'가 아니라 'price-maker'로서 세계 시장을 미국과 함께 석권하는 기술동맹이 될 수 있습니다. 반도체는 말할 것도 없고, 중국이 현재 시장의 63%를 점유하고 있는 EV 배터리 산업에서도 미국과 한국이 서로 긴밀히 협력할 수 있는 공간을 확보하게 될 것입니다. 원래 배터리는 한국이 기술을 선점했었고, 미국과 유럽이 아직 한국 기술 수준까지 따라오려면 시간이 걸릴 것입니다.

한미동맹 70주년을 맞아 앞으로 다가올 제2기의 새로운 한미동맹 70년은 한국이 지금까지의 일방적인 안보 수혜자의 지위에서 보다 대등한 지위에서 호혜적인 첨단과학기술동맹으로 발전하는 시기가 될 수 있을

것입니다. 이러한 안보와 첨단과학기술을 아우르는 새로운 시도를 구체화할 수 있는 분야로 다음 세 가지를 생각할 수 있습니다.

첫째, 핵발전 원료인 농축 우라늄 공동 생산과 공급을 위한 한미 간 또는 한미일 간 컨소시엄을 형성하는 것입니다. 전 세계 약 450개의 원자로에 공급하는 농축 우라늄 원료를 러시아가 46%, 중국이 약 10-15%를 차지하고 있어, 양국을 합하면 60%를 초과합니다. 러·중의 농축 우라늄 공급 중단 시 발생할 글로벌 원자력 발전 중단은 상상을 초월할 위기를 초래할 것입니다. 한미 간 컨소시엄을 통해 우리 원전 27기에 대한 농축 우라늄 확보는 물론이고 안정적인 글로벌 공급망 형성에 주도적인 역할을 할 수 있게 될 것입니다.

두 번째로, 해군 선박 제조 분야에서 한미 간 파트너십 또는 컨소시엄을 발전시켜야 합니다. 미국이 100년 전인 1920년 제정한 존스 법안(Jones Act)에 잠수함을 포함한 미국 해군함정의 건조는 미국 영토 내에서만 가능하도록 되어 있습니다. 그 결과 극소수의 함정 제조사의 독점적 지위를 허용하여 가격과 건조 속도 면에서 경쟁력이 크게 뒤지고 있다고 합니다. 한국은 수많은 세계정상급 조선소와 풍부한 경험, 그리고 우수한 인력을 갖추고 있어 한미 간 컨소시엄 파트너가 될 수 있는 충분한 역량을 갖추고 있습니다.

세 번째로, 우주 산업에서 파트너십이 필요합니다. 한국이 지구 저궤도에 정찰 위성 425사업 모델 5기를 수년 내에 쏘아 올리고 2030년까지 44기의 소형 군집위성을 쏘아 올리면 북한 핵무기 관련 시설의 위치와 이동 상황을 현재와는 비교가 되지 않을 만큼 소상히 파악할 수 있게 될 것입니다. 더욱이 한미일 3국 간 인공위성을 통한 정보가 원활하게 공유될 경우 북한 핵무기와 TEL 등 관련 시설의 움직임이 거의 실시간으로 파악이 가능해져서 북한 핵무기 자체를 거의 무력화시킬 수 있습니다.

박영준: 한미의 우주개발 협력 필요

우리나라 핵심적인 기술의 발전을 위해 한국과 미국, 일본, 호주 간의 발전용 우라늄 농축 공급망, 조선 산업, 우주 산업 등 첨단과학기술 자원의 네트워크를 강화할 필요가 있다고 생각합니다.

2023년 봄 한미 정상회담에서 미국 주도의 달 탐사 계획, 즉 아르테미스 계획(Artemis Program)에 우리가 참가하기로 했고, 일본도 참가한다고 표명했습니다. 사실 1990년대에 미국이 주도하는 ISS(Internet Space Station)에 우리도 참가하도록 요청을 받았는데, 우리가 그때 거절했다고 합니다. 이것은 우리나라 우주 발전에 있어서 큰 실수라고 생각합니다. 만약 그런 우주개발 계획에 한국도 참여하고, 일본도 참여하게 된다면 우리 기술도 업그레이드되고, 저궤도 위성의 공동 개발이나 정보 공유까지도 진행할 수 있었을 것 같습니다. 그런데 아르테미스 계획에 참가한다는 한미 정상 합의 이후 실질적으로 한국항공우주연구원 등에서 뭘 해야 할 것인가에 대한 후속적인 과제 수행은 없다고 합니다. 정상들 차원에서는 굉장히 좋은 결과들이 많이 나오고 있는데, 실무 차원에서는 여전히 협력이 구체화되지 못하는 취약점을 드러내고 있는 것 같습니다. 가령 일본의 경우, 수상 관저에 우주개발 전략본부장을 두고 있는데, 우리는 그런 거버넌스가 상대적으로 취약한 상태입니다.

참가자 프로필

강태웅
(현) 광운대 동북아문화산업학부 교수
(전) 일본사학회 총무이사, 서남포럼 운영위원, 도쿄대 객원연구원

김명섭
(현) 연세대 정치외교학과 교수
(전) 한국정치외교사학회장, 연세대 이승만연구원장,
  Geopolitics 편집위원

김민석
(현) 한국항공우주산업진흥협회 상근 부회장
(전) 국방부 대변인, 중앙일보 군사안보전문기자 겸 논설위원,
  한국국방연구원 선임연구원

김숭배
(현) 부경대 일어일문학부 일본학전공 교수
(전) 충남대 초빙교수

김승영
(현) 일본 간사이외국어대 교수
(전) 영국 셰필드대 동아시아학과 부교수, 애버딘대 정치학과 조교수,
  조선일보 외교담당 기자

김용호
(현) 서울대 아시아연구소 방문학자, 윤보선민주주의연구원장
(전) 인하대 교수, 중앙선거관리위원, 한국정치학회장

김재철
(현) 가톨릭대 국제학부 교수
(전) 세종연구소 연구위원

김종학
(현) 서울대 정치외교학부 교수
(전) 동북아역사재단 연구위원,
　　　국립외교원 안보통일연구부 교수 겸 외교사연구센터 책임교수

김한권
(현) 국립외교원 인도태평양연구부 교수
(전) 아산정책연구원 중국연구센터장, 국가안보실 정책자문위원,
　　　국방부 정책자문위원

남기정
(현) 서울대 일본연구소 교수, 서울대 일본연구소장(직무대리)
(전) 일본 도호쿠대 법학연구과 교수, 국민대 국제학부 교수

남정호
(현) 한국언론진흥재단 미디어본부장, 이화여대 겸임교수
(전) 중앙일보 논설위원·칼럼니스트, 외교부 정책자문위원

마상윤
(현) 가톨릭대 국제학부 교수, 한국국제정치학회 차기회장
(전) 외교부 정책기획관·전략기획관

박영준
(현) 국방대 안보대학원 교수, 국방대 국가안보문제연구소장,
　　　국가안보실 정책자문위원
(전) 한국평화학회장, 현대일본학회장, 한국정치외교사학회장

박원곤
(현) 이화여대 북한학과 교수, 동아시아연구원 북한연구센터 소장
(전) 한동대 국제지역학 교수, 한국국방연구원 연구위원,
　　　외교부 정책자문위원

박인국
(현) 최종현학술원장
(전) 한국고등교육재단 사무총장, 주UN대사, 외교통상부 외교정책실장

박지향

(현) 서울대 명예교수

(전) 서울대 중앙도서관장, 한국영국사학회장

박철희

(현) 서울대 국제대학원 교수, 국립외교원장

(전) 서울대 국제대학원장, 서울대 국제학연구소장, 현대일본학회장

박태균

(현) 서울대 국제대학원 교수, 한국역사연구회장

(전) 서울대 국제대학원장, 역사비평 주간, 대학신문사 주간

송민순

(전) 외교부 장관, 국회의원, 북한대학원대 총장

신각수

(현) 법무법인 세종 고문, 세토포럼 이사장

(전) 주일대사, 외교부 제1·2차관, 스탠퍼드대 초빙연구원

신성호

(현) 서울대 국제대학원 교수, 서울대 국제학연구소장

(전) 미 국방부 아태안보연구소 연구교수, 브루킹스연구소 동북아 펠로우

심규선

(현) 일제강제동원피해자지원재단 이사장, 서울대 일본연구소 객원연구원

(전) 동아일보 편집국장·대기자, 세종연구소 이사, 화해치유재단 이사

안호영

(현) 북한대학원대 석좌교수

(전) 북한대학원대 총장, 주미대사, 외교부 제1차관

우승지

(현) 경희대 국제학부 교수

(전) 국립외교원 교수

윤영관

(현) 서울대 정치외교학부 명예교수, 아산정책연구원 이사장

(전) 외교통상부 장관, 미래전략연구원장, 한반도평화연구원장

이동률

(현) 동덕여대 중어중국학과 교수

(전) 현대중국학회장, 통일부·외교부 정책자문위원

이미숙

(현) 문화일보 논설위원

(전) 문화일보 워싱턴 특파원, 문화일보 국제부장

이완범

(현) 한국학중앙연구원 사회과학부 교수, 한국학중앙연구원 현대한국연구소장

(전) 한국학중앙연구원 한국학술정보관장,

    The Review of Korea Studies 편집장

이원덕

(현) 국민대 일본학과 교수

(전) 현대일본학회장, 한국정치학회 부회장, 외교부 자문위원

이재승

(현) 고려대 일민국제관계연구원장, 고려대 국제대학 장 모네 석좌교수

(전) 고려대 국제대학원장, 존스홉킨스대학 펠로우

이홍구

(현) 서울국제포럼 이사장

(전) 국무총리, 주미대사, 통일원 장관

이희옥

(현) 성균관대 정치외교학과 교수, 성균중국연구소장

(전) 현대중국학회장, 한국정치학회 부회장, 일본 나고야대 특임교수

임혁백

(현) 고려대 정치외교학과 명예교수

(전) 광주과학기술원 석좌교수, 대통령자문 정책기획위원,

    고려대 정책대학원장

장훈

(현) 중앙대 정치국제학과 교수

(전) 한국정당학회장, 한국의회발전연구회 이사장, 한국정치학회장

전재성

(현) 서울대 정치외교학부 교수, 동아시아연구원 국제관계연구센터 소장

(전) 한국국제정치학회장, 서울대 국제문제연구소장, 일본 게이오대 방문교수

정병준

(현) 이화여대 사학과 교수

(전) 이화사학연구소장, 한국문화연구원장

정재정

(현) 서울시립대 국사학과 명예교수, 서울역사박물관 운영위원장

(전) 서울시립대 대학원장, 동북아역사재단 이사장,
    대한민국역사박물관 운영자문위원장

조명철

(현) 고려대 사학과 교수

(전) 역사학회 이사, 동양사학회 이사, 일본사학회장

조양현

(현) 국립외교원 인도태평양연구부 교수, 국립외교원 일본연구센터장

(전) 국립외교원 외교사연구센터장, 하버드대 웨더헤드센터 Academic
    Associate, 싱가포르 국립대 동아시아연구소 Visiting Fellow

차태서

(현) 성균관대 정치외교학과 교수

(전) 한국국방연구원 안보전략센터 연구원, 중앙대 국익연구소 전임연구원,
    공군사관학교 군사전략학과 전임강사

하영선

(현) 서울대 명예교수, 동아시아연구원 이사장

(전) 남북정상회담 준비위원회 원로자문회의 위원, 대통령국가안보자문단,
    서울대 국제문제연구소장

홍용표

(현) 한양대 정치외교학과 교수, 평화나눔연구소장

(전) 통일부 장관, 통일연구원 연구위원, 한국정치학회 연구이사

한미일중 100년 Ⅱ
냉전 해체와 중국의 부상
(1970-2023)

1판 1쇄 펴낸날 2023년 12월 30일

엮은이 | 최종현학술원
편집 | 김용호, 구환모, 유혜영

펴낸이 | 김시연
펴낸곳 | (주)일조각
등록 | 1953년 9월 3일 제300-1953-1호(구 : 제1-298호)
주소 | 03176 서울시 종로구 경희궁길 39
전화 | 02-734-3545 / 02-733-8811(편집부)
　　　 02-733-5430 / 02-733-5431(영업부)
팩스 | 02-735-9994(편집부) / 02-738-5857(영업부)
이메일 | ilchokak@hanmail.net
홈페이지 | www.ilchokak.co.kr

ISBN 978-89-337-0828-6   03340

값 30,000원

• 엮은이와 협의하여 인지를 생략합니다.